Haftungsausschluss:

Die Ratschläge im Buch sind sorgfältig erwogen und geprüft. Alle Angaben in diesem Buch erfolgen ohne jegliche Gewährleistung oder Garantie seitens des Autors und des Verlags. Die Umsetzung erfolgt ausdrücklich auf eigenes Risiko. Eine Haftung des Autors bzw. des Verlags und seiner Beauftragten für Personen-, Sach- und Vermögensschäden oder sonstige Schäden, die durch die Nutzung oder Nichtnutzung der Informationen bzw. durch die Nutzung fehlerhafter und/oder unvollständiger Informationen verursacht wurden, ist ausgeschlossen. Verlag und Autor übernehmen keine Haftung für die Aktualität, Richtigkeit und Vollständigkeit der Inhalte und ebenso nicht für Druckfehler. Es kann keine juristische Verantwortung und keine Haftung in irgendeiner Form für fehlerhafte Angaben und daraus entstehende Folgen vom Verlag bzw. Autor übernommen werden.

Sollte diese Publikation Links auf Webseiten Dritter enthalten, so übernehmen wir für deren Inhalte keine Haftung, da wir uns diese nicht zu eigen machen, sondern lediglich auf deren Stand zum Zeitpunkt der Erstveröffentlichung verweisen.

Bibliografische Informationen der Deutschen Nationalbibliothek

Die Deutsche Nationalbibliothek verzeichnet diese Publikation in der Deutschen Nationalbibliografie; detaillierte bibliografische Daten sind im Internet über http://dnb.dnb.de abrufbar.

1. Auflage 2024

Published by Remote Verlag, ein Imprint der Remote Life LLC,
3833 Powerline Rd., Suite 301-C, 33309 Fort Lauderdale, Fl., USA

Projektmanagement: Melanie Krauß
Lektorat und Korrektorat: Heike Maillard, Sarah Pfeifer, Fabian Galla
Umschlaggestaltung: Verena Klöpper
Satz, Layout und Illustrationen: Verena Klöpper
Abbildungen im Innenteil: © Claudia Nagel

ISBN Print: 978-1-960004-52-9
ISBN E-Book: 978-1-960004-53-6

www.remote-verlag.de

CLAUDIA NAGEL

DER SCHLÜSSEL ZUR EMOTIONALEN FREIHEIT

Erlernen Sie die Kunst der emotionalen Selbstkontrolle

www.remote-verlag.de

Inhalt

»Das Zusammentreffen
zweier Menschen
ist wie der Kontakt
zweier chemischer
Substanzen:
Wenn es zu
einer Reaktion kommt,
verwandeln sich beide.«

Nach C.G. Jung

WIDMUNG

Mit diesem Buch
möchte ich mich
bei meinen
Patienten und
Kunden bedanken.
Sie haben sich
mir geöffnet,
Ihre Lebensgeschichte
erzählt und mich
an Ihren Gefühlen
teilhaben lassen.
Danke für Ihr Vertrauen
und den gemeinsamen
Lern- und Entwicklungsprozess.

Einleitung

Emotionale Freiheit ist für uns alle ein hohes Gut und natürlich auch für mich und meine Arbeit. Sie ermöglicht uns, wir selbst zu sein und frei von alten Mustern, Prägungen und Vorurteilen aufrichtig und wesensgemäß zu handeln. Wir werden wohl emotional nie ganz frei sein, aber sie dient uns als oberstes Ziel unserer Persönlichkeitsentwicklung.

Manche Gefühle sind jedoch so stark, dass sie uns beherrschen und wir nicht aus innerer Freiheit heraus handeln können. Wir werden immer wieder in den gleichen Situationen wütend, verlieren unser Selbstvertrauen, fühlen uns schuldig oder ziehen uns zurück. Es wäre schön, wenn wir ganz einfach frei entscheiden könnten, wie wir uns verhalten. Stattdessen handeln wir immer wieder auf die gleiche Weise, als hätten wir nichts dazugelernt.

Solche Verhaltensweisen beruhen auf negativen Gefühlsmustern, die sehr hartnäckig sind. Manche Menschen haben immer wieder das Gefühl, nicht gut genug zu sein, manche werden schnell sehr wütend, manche wollen es allen recht machen und vernachlässigen sich selbst, andere werden leicht eifersüchtig. All das sind normale menschliche Gefühle, aber wenn sie uns beherrschen und unser Leben beeinträchtigen oder gar zur Hölle machen, dann müssen wir etwas tun. Wenn Sie wollen, können Sie die Gefühlsmuster finden, sich mit ihnen beschäftigen und sie dadurch überwinden. Durch diese innere Kontrolle erringen Sie diese innere emotionale Freiheit.

Kontrolle und Freiheit gehören hier zusammen wie die zwei Seiten einer Medaille. Emotionale Freiheit können Sie nur finden, wenn Sie sich aus dem Griff alter, häufig unbewusster emotionaler Reaktionsmuster befreien. Um sich zu befreien, müssen Sie ungünstige Gefühlsreaktionen bewusst wahrnehmen und ihnen entgegensteuern. Kontrolle heißt hier also nicht, dass Sie sich selbst wie ein Oberlehrer bei jedem Fehler am Ohrläppchen ziehen. Sondern es heißt, dass Sie sich nicht unbewusst steuern lassen, sondern wahrnehmen, was Sie beeinflusst, und es heißt, dass Sie verstehen, warum und wie tiefsitzende Verhaltensmuster Sie beeinflussen. Erst dann können Sie entscheiden, ob Sie ein Verhalten zulassen wollen oder eben auch nicht.

Solche emotionalen Muster können uns fest im Griff haben. Dann fühlen wir uns ausgeliefert und hilflos. In diesem Buch bezeichne ich ungünstige emotionale Muster als Monster, denn wie Monster halten sie uns in ihren Klauen.

Die Monster lungern in Höhlen am Rand unseres Lebensweges und warten darauf, dass wir vorbeikommen. Dann kommen sie heraus und überwältigen uns. Wir wissen gar nicht, wie uns geschieht. Eben noch war alles sonnig und fröhlich und auf einmal verändert sich die Landschaft, die Stimmung wird dunkel und ungemütlich. Mit den Monstern ist nicht zu spaßen. Um ein Monster außer Gefecht zu setzen, müssen wir seinen wunden Punkt kennen. Denn eigentlich möchte das Monster keines sein. Wenn wir den wunden Punkt kennen, weil wir unsere eigenen Verhaltensmuster von außen betrachtet haben, können wir das Monster befreien und in ein liebenswürdiges Wesen verwandeln. Dieses liebenswürdige Wesen existierte, bevor das Monster in unserer Lebensgeschichte auf die Welt kam. Monster entstehen durch falsche Behandlung, meist im Kindesalter. Sie verbergen aber etwas Gutes in sich. Die Reise zum Inneren unseres Selbst führt uns an den Monstern vorbei, um das Gute in ihnen zu entdecken und uns und sie zu befreien. Das ist ein lebenslanger Prozess, der nie aufhört, denn manchmal werden Monster wieder lebendig oder wir entdecken neue Kollegen von ihnen. Aber es ist gerade diese Reise, die das Leben ausmacht.

Auf Ihrem Lebensweg begegnen Sie nicht nur Ihren eigenen Monstern, sondern auch anderen Menschen, deren Reisen von Monstern begleitet werden. Manchmal verbünden sich Monster miteinander und machen es zwei Menschen schwer, zueinander zu finden oder in Frieden miteinander zu leben. Jeder Mensch wird von Monstern begleitet. Manche haben mit ihnen Frieden geschlossen, manche übersehen sie absichtlich – trotzdem existieren sie. Sie kommen dann heimlich von hinten angeschlichen und sind auf einmal da.

Monster haben immer eine Geschichte. Sie entstehen, weil andere Menschen versuchen, uns nach ihren Vorstellungen und Anforderungen zu gestalten und zu erziehen. Von Kindheit an lernen wir Verhaltensweisen, die von uns erwartet werden. Manche dieser Verhaltensweisen entsprechen uns überhaupt nicht. Das ist beispielsweise bei einem wissbegierigen Kind der Fall, das von seinen Eltern immer wieder gebremst wird, weil es zu viele Fragen stellt. Je nachdem, wie wenig einfühlsam das geschieht, ist das Kind verletzt und enttäuscht. Da Kinder nichts lieber möchten, als ihre Eltern glücklich zu machen, lernen sie schnell, sich so zu verhalten, dass die Erwachsenen nicht mit ihnen schimpfen. Aber damit wird in ihnen etwas unterdrückt, was dem Kind sehr wichtig ist: zum Beispiel Fragen zu stellen und mit einem offenen Blick durch die Welt zu gehen.

Kindern wird häufig etwas antrainiert: Das scheint zum Erziehungsprozess zu gehören, der sie auf das Leben in der Gesellschaft vorbereiten und der zu einer besseren Impulskontrolle führen soll. Denn in einer Gemeinschaft kann nicht jeder immer sofort das machen, was er möchte. Aber es gibt Eltern, die ihre Probleme nicht bewältigen können und dies an ihrem Kind auslassen. Aus einem solchen, oft lieblosen Verhalten entstehen beim Kind Gefühls- und Verhaltensmuster, die wie Schutzmechanismen wirken und die Seele des

Kindes schützen sollen. Das ist ein natürlicher psychischer Prozess, damit das Kind den seelischen Schmerz nicht spürt. Er wird unterdrückt und so entsteht ein Gefühls- und Verhaltensmuster, das nicht wirklich zum Kind passt, sondern etwas von ihm fernhält. Das Kind wächst (um im Beispiel zu bleiben) zu einem braven Erwachsenen heran, hält sich zurück mit seinen Meinungen, unterdrückt die eigene Schaffensfreude. Aber mit der Zeit wird dieser Erwachsene immer unglücklicher, zieht sich zurück, hat Rückenschmerzen und fühlt sich unwohl. Manchmal hat er, wie aus dem Nichts, einen richtigen Wutausbruch, bei dem er andere Menschen verletzt und kränkt – daran sind möglicherweise schon einige Freundschaften zerbrochen. Gelingt es dem Erwachsenen, die Gründe für Wut und Rückzug zu verstehen, kann er seine natürliche Wissbegierde und Kreativität entdecken. Er findet zu sich und zu mehr innerer Freiheit, weil er mit den verschiedenen Möglichkeiten, sich zu verhalten, spielen kann. Mal lässt er seiner Neugierde und Kreativität freien Lauf, mal kann er sich zurücknehmen und eine Situation erst einmal beobachten.

Das meine ich mit innerer Freiheit: sich aus den Fesseln der Vergangenheit zu befreien, ungünstige Gefühlsmuster abzulegen und dadurch mehr Gefühls- und Handlungsalternativen zu entwickeln. So können Sie Schritt für Schritt zum Kern Ihres inneren Selbst gelangen. Die Kraft, die für die Abwehrmechanismen gebraucht wurde, können Sie für etwas Konstruktives und Produktives nutzen.

Dieses Buch ist ein Selbsthilferatgeber – es will Ihnen dabei helfen, Ihren eigenen schädlichen oder schwierigen Mustern auf den Grund zu gehen, zu lernen, sie zu kontrollieren und damit zu überwinden, damit Sie sich aus den emotionalen Fesseln der Vergangenheit befreien können. Anhand von Fallgeschichten werden Sie 20 Monster kennenlernen und verstehen, wie jedes von ihnen entstehen konnte. Aus jeder

der Fallgeschichten können Sie hoffentlich etwas lernen – für sich und im Umgang mit anderen. Neben dem Text und den Fallgeschichten bietet das Buch auch Arbeitsblätter, die Sie zudem im Internet herunterladen können (s. QR-Code).

Das Buch ist auch ein Beziehungsratgeber – es hilft Ihnen dabei, andere besser zu verstehen und dadurch Konflikte zu überwinden, die trennen, statt zu verbinden. Die meisten Menschen mögen keinen Streit und keine Konflikte, sie wollen lieber glücklich und zufrieden leben. Sie wollen gemocht, geliebt, anerkannt und gesehen werden, für das, was sie tun und leisten. Es ist jedoch schwer, lieb mit einem Menschen umzugehen, der uns beschimpft, attackiert oder sich im Konflikt einfach abwendet. So geht es in diesem Buch auch darum, neben der inneren Freiheit bessere Beziehungen zu entwickeln – mit sich selbst und anderen. Dadurch werden wir automatisch zufriedener und glücklicher. Der Weg ist nicht immer einfach, aber ich verspreche Ihnen, es lohnt sich. Ich habe das an mir selbst und mit meinen Patienten und Klienten erfahren.

Sie können dieses Buch also lesen, um sich selbst besser zu verstehen und an sich zu arbeiten, um andere, Ihren Partner, Freunde oder Kollegen besser zu verstehen, oder beides. Oder einfach nur, weil Sie das Thema interessant finden.

Im ersten Teil beschreibe ich den theoretischen Hintergrund zu negativen Emotionen. Dazu beschäftige ich mich mit der Frage, warum emotionale Freiheit wichtig ist und warum es sich lohnt, nach ihr zu streben. Danach erläutere ich, wie Emotionen und Emotionsmuster zustande kommen, anschließend, wie man mit negativen Emotionen umgeht und schließlich, was der Lohn der Mühe sein wird.

Im zweiten Teil stelle ich Ihnen konkret anhand je einer Geschichte 20 verschiedene Gefühlsmuster vor, erläutere, wie sie entstehen, wie Sie sie auflösen können und wie Sie anderen helfen, die in ihren eigenen Mustern gefangen sind. Diese

Kapitel sind so aufgebaut, dass Sie sie einzeln lesen können, da jedes Kapitel für sich allein verständlich ist. Sie müssen also nicht das ganze Buch von vorne bis hinten lesen, aber Sie können es auch gern als Ganzes lesen.

Ein Hinweis noch: Ich benutze nur zur besseren Lesbarkeit das generische Maskulinum, aber ich meine damit immer alle Geschlechter, männlich, weiblich und divers.

Wie die meisten Bücher hat auch dieses eine persönliche Vorgeschichte. Seit fast 20 Jahren bin ich Psychoanalytikerin und Psychotherapeutin. In meinem ersten Berufsleben hatte ich Betriebswirtschaftslehre studiert und war im Finanzberatungssektor unterwegs. Aber ich war nie glücklich – besser gesagt, war ich, seit ich denken kann, unglücklich. Ich fühlte mich nie richtig und hatte das Gefühl, in meinem Leben liefe etwas falsch, ich wäre nicht ich selbst, sondern machte viele Dinge, um andere zu beeindrucken, um zu gefallen, um gemocht und anerkannt zu werden.

Also wollte ich etwas komplett anderes studieren und verlegte mich auf Psychotherapie und Psychoanalyse – mit dem Ziel, beides in der Wirtschaft anzuwenden. Wer Psychoanalytiker werden will, muss vorher eine Psychotherapie gemacht haben sowie Studium und Ausbildung mit einer Lehranalyse begleiten. In der Zeit habe ich mich zwar gewollt, aber gleichzeitig auch gezwungenermaßen, mit meinen eigenen Verhaltensmustern und meinen Monstern beschäftigt. Und da dieser Prozess nie ganz aufhört, begegne ich ihnen immer noch und immer. Ich kenne fast alle der hier beschriebenen Monster persönlich; mit manchen habe ich mich geeinigt, mache kommen mir allerdings immer noch in die Quere.

Damit will ich sagen, dass negative Gefühle und die entsprechenden Muster zu uns gehören, sie sind Teil von uns, mal mehr, mal weniger und nicht jeder muss das ganze Spektrum kennen und erfahren haben, aber – und das ist wichtig – sie sind Teil des Menschseins und damit auch »normal«.

Es kommt dabei natürlich auf die Ausprägung der negativen Gefühle an, denn die Grenze zwischen normal und behandlungsbedürftig ist fließend. Aber sie gehören zu uns und gleichzeitig ist es unsere Lebensaufgabe, uns aus ihren Fesseln zu befreien, indem wir sie in unser Leben integrieren, denn dann verlieren sie an Macht über uns.

Innere emotionale Freiheit hat vor allem das Ziel, gelassener und zufriedener zu werden – eine gute Voraussetzung zum Glücklichsein und für ein erfolgreiches Leben. Ich wünsche Ihnen viele gute Erkenntnisse und hoffe, dass das Buch Ihnen dabei hilft, dass Sie vor allem sich selbst näherkommen und das dann auf andere übertragen können.

Alles Gute dafür,

Ihre

Claudia Nagel

www.claudia-nagel.de/downloads

Grundlagen

Was wirklich wichtig ist im Leben

Es gibt zwei Dinge, die wirklich wichtig sind im Leben und aus denen heraus sich alles andere ergibt:

Erstens möchten wir gern ganz wir selbst sein, frei von inneren Zwängen und Mustern. Wir möchten unserem eigentlichen Wesen gemäß leben, unser Sosein genießen und Freude am Leben haben. Dieses Gefühl haben wir dann, wenn wir mit unserem Wesenskern verbunden sind. Den müssen wir jedoch oft erst entdecken und unsere innere Freiheit entwickeln, um direkt aus diesem Wesenskern, dem Selbst, heraus zu handeln.

Zweitens möchten wir schöne und gute Beziehungen mit unseren Liebsten, unseren Freunden, Bekannten und Kollegen unterhalten und uns in diesen Beziehungen aufgehoben fühlen. Sich aufgehoben zu fühlen, gibt Sicherheit und aus der emotionalen Sicherheit heraus können wir es dann mit der Welt, ihren Unsicherheiten und Widrigkeiten aufnehmen. Nicht jeder Mensch hat das gleiche Sicherheitsbedürfnis. Manche lieben das Risiko und ständige Veränderungen, aber es gibt meistens auch in ihrem Herzen einen Winkel, der Sicherheit braucht. Generell ist es für die meisten Menschen wichtig, ein Zuhause und eine Heimat zu haben, sich zugehörig zu fühlen – zu einem Partner, einer Familie, einer Gruppe.

Mit unserem Denken und Handeln beeinflussen wir andere Menschen und ihr Leben. Deswegen sollten wir uns für unsere Worte und Taten verantwortlich fühlen. Die meisten von uns möchten das zwar, aber es gibt Situationen, in denen wir nicht wir selbst sind und Dinge sagen und tun, die wir hinterher bereuen. Weiterhin gibt es Situationen, in denen wir uns fremd in uns selbst fühlen, weil wir eine merkwürdige Ängstlichkeit oder eine Irritation, vielleicht auch eine ungewöhnliche Schuld spüren – obwohl diese Gefühle der jeweiligen Situation nicht entsprechen und uns fremd sind. In diesen Fällen haben wir den Eindruck, nicht wir selbst zu sein. Unsere Gefühle übernehmen dann das Kommando. Wenn es sich um positive Gefühle der Zuneigung und Liebe handelt, ist das meistens kein Problem. Aber wenn es sich um schwierige Gefühle handelt, sollten wir ihnen auf den Grund gehen. Sie rauben uns unsere Kraft und Energie, weil wir uns dann mit etwas beschäftigen, was mit der konkreten Situation nichts zu tun hat.

Wir wissen aus Psychologie und Neurowissenschaften, dass wir unsere Gefühle beeinflussen und verändern können – darum geht es in diesem Buch. Es gibt natürlich viele Dinge zwischen Himmel und Erde, die wir nicht beeinflussen können, vor allem Schicksal und Glück. Beides haben wir nicht in der Hand. Aber wenn wir unsere ungünstigen Gefühls- und Verhaltensmuster aktiv in etwas Konstruktives verwandeln, können wir auch mit einem schwierigen Schicksal leichter umgehen.

Hinter der Idee, das eigene innere Selbst zu entdecken, liegt die alte philosophisch-psychologische Lebensformel »Werde, der du bist«.[1] Sie ist nicht neu und in abgewandelter Form findet sie sich bereits als eine der apollinischen Weisheiten beim Orakel von Delphi und steht dort über dem Tor zum Apollo-Tempel. Die erste Weisheit lautet »Erkenne dich selbst«, sie soll von Chilon von Sparta stammen, der als einer der Sieben Weisen des antiken Griechenlands im 6. Jahrhundert v. Chr. lebte. Der in der Antike berühmte Sänger Pindar fordert »Werde, der du bist« in seinen Oden an Pythia, bekannt als Weissagerin im Orakel von Delphi. Die Menschheit beschäftigt sich also schon sehr lange mit der Frage nach dem eigenen Wesen, auf die jeder seine eigene Antwort finden muss. Denn unsere inneren Wesenskerne unterscheiden sich voneinander. Jeder ist einzigartig und auf seine Weise vollkommen und schön.

Doch wie erkennt man sich selbst? Wie findet man seinen Wesenskern und seine eigene Identität? Wer bin ich, woher komme ich und was soll ich tun?[2] Das sind zentrale Fragen für uns. Sie sind vielen Menschen in den letzten Jahren immer wichtiger geworden. Das hängt mit der allgemeinen Verunsicherung zusammen, die aus den geopolitischen Krisen, Kriegen und aus der Globalisierung entstanden sind. Es hilft, mit dieser Verunsicherung zurechtzukommen, wenn wir uns zugehörig und geborgen fühlen. Der Mensch, zu dem wir gehören, oder die Gruppe, in der wir uns geborgen fühlen, werden dann Teil unserer Identität.

Unser Wesenskern, unser Selbst, liegt oft gut versteckt hinter äußeren Ansprüchen und Forderungen, die uns vorschreiben, wie wir zu sein und uns zu verhalten haben. Diese Ansprüche und Forderungen sind durch Bezugspersonen und unseren kulturellen Kontext geprägt und werden von Geburt an an uns gerichtet. Denken Sie nur daran, dass manche Eltern »entscheiden«, dass ihr Kind ein Wunderkind in Mathe, Sport oder Musik sein wird – und zwar, bevor sie das Wesen des Kindes entdeckt haben. Und es geht in unserem Leben beständig so weiter. Immer gibt es jemanden, der behauptet zu wissen, wie wir eigentlich sind oder sein sollen, und der uns die entsprechenden Vorstellungen überstülpt. So legen sich emotionale Reaktions- und Verhaltensmuster wie Schalen um unseren Wesenskern, bestimmen, wie wir diesen Ansprüchen und Forderungen genügen sollen, und verhindern, dass wir und andere zu ihm durchdringen.

Wenn wir mehr innere Freiheit gewinnen wollen, müssen wir uns aus den Mustern befreien, die uns wie Fesseln einengen. Wir müssen uns selbst und vor allem die Muster kennenlernen, die nicht hilfreich, sondern schädlich sind, die uns nicht guttun oder sogar andere Menschen kränken. Das Buch greift die wichtigsten dieser unguten Muster auf und erläutert sie. Es ist wichtig, die ganz persönliche Lebens- und Leidensgeschichte mit einer tieferen Bedeutung, die hinter jedem Muster verborgen ist, ans Licht zu holen. Denn in ihr steckt ein Hinweis auf den Teil unseres Wesenskerns, der nicht erlaubt ist. Wenn diese Geschichte sichtbar wird, kommt auch der entsprechende Aspekt des Wesenskerns ans Licht. Das ist eine schöne, aber auch schwierige Erfahrung. Sie führt zu mehr innerer Freiheit und Selbstbestimmtheit.

Diese innere Freiheit ermöglicht uns einen anderen Umgang mit unseren Liebsten, mit unseren Freunden, Kollegen und Bekannten. Vor allem, wenn wir nicht aus inneren Mustern und Zwängen heraus handeln, sind wir in der Regel bereit, uns auf andere einzustellen und können sie besser verstehen. Neben der Gesundheit sind die Beziehungen zu anderen Menschen das Wichtigste im Leben. Ohne sie machen materieller Reichtum und Berühmtheit auch keinen Sinn.

Unglücklich machen uns vor allem Konflikte, Streit und Auseinandersetzungen in Beziehungen mit Menschen, die wir gernhaben. Manchmal sind es auch innere Konflikte, die uns unglücklich machen, aber diese haben meistens auch mit unseren Beziehungen zu anderen Menschen zu tun. Insbesondere in der Partnerschaft und in der Familie prallen wir mit anderen zusammen und reagieren nicht immer achtsam, liebevoll oder fair, sondern manchmal auch zynisch, abwertend, kritisch und kränkend.

Sie mögen es vermutlich genauso wenig wie ich, wenn Sie hinterher bereuen, was Sie gerade gesagt haben. Es ist ein schreckliches Gefühl. Meistens lassen wir unsere schlechte Laune an den Menschen aus, die wir am meisten lieb haben. Das ist nicht besonders hilfreich und freudvoll für den Anderen. Wenn wir also in Frieden mit uns selbst sind und unsere negativen Gefühlsmuster in positive verwandelt haben, können wir unsere Beziehungen aktiv und vor allem positiv gestalten. Und letztlich möchten wir das doch alle – eine schöne Beziehung zu anderen Menschen aufbauen.

Wie unsere Emotionen entstehen

Gefühle sind besonders wichtig, weil sie unsere Wahrnehmung, unser Denken, unseren Körper, unseren Schlaf, unser Verhalten – also im Prinzip einfach alles – steuern. Mich beschäftigt vor allem, wie Gefühle entstehen, was sie eigentlich sind, ob und wie wir sie verändern können – denn wie das genau geschieht, ist noch nicht ganz klar.

In den Neurowissenschaften hat sich in den letzten drei Jahrzehnten sehr viel getan und verschiedene Wissenschaftler haben ganz unterschiedliche Vorstellungen davon, wie das Gehirn funktioniert. Zudem sind viele Zusammenhänge noch nicht ausreichend erforscht und verstanden – auch das heutige Verständnis der Funktionsweise des Gehirns und unseres Geistes beruht auf vielen noch ungelösten Annahmen. Dennoch will ich mit diesem Buch versuchen, Ihnen zu helfen, mit Ihren eigenen Gefühlen aktiv umzugehen und sie nicht einfach als gegeben hinzunehmen. Dass das möglich ist, ist eine mittlerweile breit geteilte Vorstellung.[3] Die grundlegenden Quellen zu meinem Verständnis von Emotionen und ihrer Entstehung sind in der Endnote aufgelistet.

Die folgende Übersicht fasst alle für unseren Zweck wichtigen Konzepte zusammen:

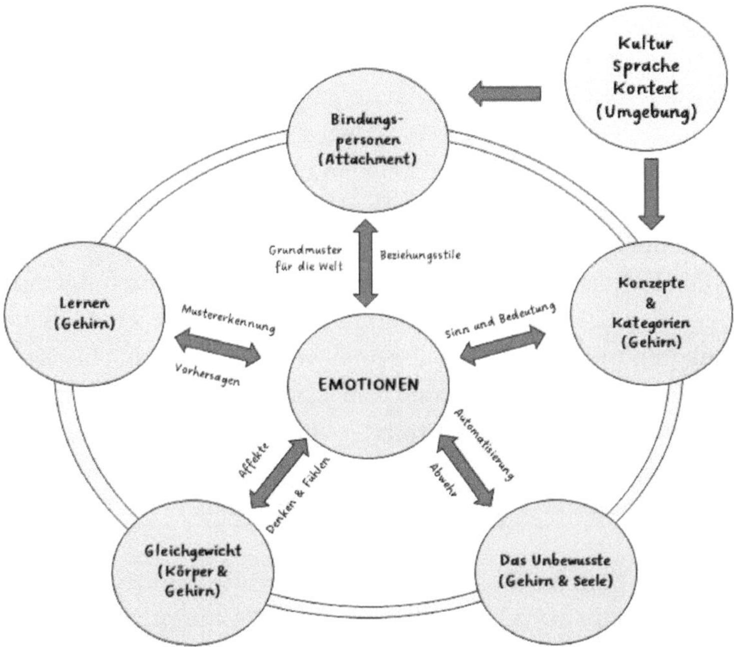

Abbildung 1: Wie Emotionen entstehen (eigene Darstellung)

Warum Bindungspersonen so wichtig sind

Wenn ein Baby auf die Welt kommt, verfügt es bereits über genetische Veranlagungen, die seinen Wesenskern mitprägen, und über ein Gehirn, das bereits aus einer riesigen Anzahl von Neuronen und neuronalen Verknüpfungen besteht. So kann es schon zu Beginn seines Lebens sehr viele Laute und Geräusche unterscheiden und ist dadurch in der Lage, ganz verschiedene Sprachen zu lernen. Mit der Zeit schafft es die überflüssigen neuronalen Verbindungen ab (Pruning), stellt sich auf die vorherrschenden Laute und Geräusche ein, schafft neue und stärkt bestehende neuronale Verknüpfungen (Tuning). Unsere innere Welt entsteht immer im Zusammenspiel mit der Außenwelt. Durch sensorische Außenreize, wenn es etwas zu sehen, zu hören, zu riechen, zu schmecken und zu tasten gibt, kann sich das kindliche Gehirn entwickeln. Gibt es diese Reize nicht, werden die ursprünglich dafür zuständigen Teile des Gehirns neuen Aufgaben gewidmet. Babys, die beispielsweise für eine lange Zeit kein Licht zu sehen bekommen, verlieren die Fähigkeit zu sehen, weil diese Verknüpfungen nicht benötigt werden.

Die Entwicklung des Gehirns wird bestimmt durch Bezugspersonen, die genetische Veranlagung, deren epigenetische Ausprägungen und den allgemeinen Kontext (Sprache, Kultur, Familie). Durch Pruning und Tuning wird das Gehirn das gesamte Leben hindurch ständig verändert – das nennen wir Plastizität. Das neuronale Netzwerk, welches das Gehirn ausmacht, steht nie still. Es verändert sich ständig.

Am wichtigsten für die Entwicklung eines Kindes sind die Bezugs- oder auch Bindungspersonen, die Eltern oder andere Menschen, die einen intensiven Kontakt mit dem Baby haben. Durch die Bezugspersonen lernt es die Welt kennen. So erkennt es seine Mutter durch deren Laute sofort, weil es sie bereits in der Gebärmutter gehört hat, ebenso den Vater oder andere nahe Bezugspersonen. Nach ein paar Wochen kann es bereits Gesichter unterscheiden. Das Gehirn des Kindes entwickelt sich vor allem in der Beziehung mit den Menschen um sich herum, für eine gesunde Entwicklung braucht ein Baby unbedingt eine soziale Welt. Kinder, die nicht angesprochen, aufgenommen, geknuddelt und gestreichelt werden, entwickeln psychische und körperliche Defizite, die später häufig zu schweren Erkrankungen führen.

Durch den Austausch mit seinen Bindungspersonen lernt das Kind soziale Verhaltensweisen kennen, die sich in seinem Gehirn als dauerhafte Grundmuster abbilden und dann im späteren Leben für »normal« gehalten werden. Wird zu Hause beispielsweise immer ein spöttischer Tonfall angeschlagen, verinnerlicht das Kind dies als eine ganz normale Verhaltensweise. Die frühkindlichen Beziehungserfahrungen schaffen Grundmuster und führen zu Grundreaktionen. Sie geben unserer sozialen Welt einen Sinn und legen fest, wie wir anderen Menschen begegnen, mit ihnen zusammen sind, mit ihnen arbeiten, sie lieben oder hassen. Psychologisch am wichtigsten sind die im Kindesalter entwickelten Bindungsmuster, die davon abhängen, wie verlässlich, vertrauenswürdig, liebevoll und unterstützend sich die Bezugspersonen dem Kind gegenüber verhalten. Wir kategorisieren die Welt und unsere Mitmenschen nach diesen ersten Erfahrungen, welche die Grundlage für unsere späteren Beziehungskategorien darstellen.

Wenn ein Kind in einer häuslichen Umgebung aufwächst, die von Liebe und Fürsorge, von Spiel und Verständnis geprägt ist, sind die Chancen sehr groß, dass es einen sicheren Bindungsstil entwickelt. Ein positiver Bindungsstil trägt dazu bei, das Gehirn für Wachstum, Regulierung und immunologische Funktionen zu formen, während negative Bindungsstile das Gegenteil bewirken, z. B. lebenslange körperliche und emotionale Krankheiten. Negative, unempfängliche und unsensible Fürsorge führt zu chronisch hohem Stress und hohen Cortisolspiegeln (Stresshormonen) mit neurotoxischen Auswirkungen, die das Immunsystem schädigen und bestimmte Erkrankungen begünstigen.

Ein sicherer Bindungsstil basiert auf einem Gefühl der Sicherheit, der Wärme und des Vertrauens in die Bindungsperson. Später lässt sich das am besten als die Fähigkeit beschreiben, anderen Menschen gegenüber offen und ehrlich zu sein, ihnen zu vertrauen, dauerhafte Beziehungen aufzubauen, Selbstvertrauen und ein allgemein stabiles und positives Bild von sich selbst und anderen zu haben. Solche Menschen haben in der Regel keine Probleme mit langfristigen Beziehungen.

Die anderen drei Bindungsstile sind laut Bowlby: ängstlich-ambivalent, ängstlich-vermeidend und desorganisiert/gestört.[4]

Der *ängstlich-ambivalente Bindungsstil* ist das Ergebnis von instabilem, unvorhersehbarem Verhalten der Bindungspersonen. Diese werden vom Kind zwar misstrauisch beobachtet, doch es sucht auch ihre Anerkennung und fürchtet ständig, verlassen zu werden. Durch das ambivalente Verhalten ist das Kind immer wieder verunsichert und fragt sich, was denn nun richtig sei. Im Erwachsenenalter fühlen sich diese Menschen von ihren Partnern oft ungeliebt, obwohl sie sehr an romantischen Beziehungen interessiert sind; sie fühlen sich emotional abhängig, fürchten, abgelehnt zu werden, vertrauen anderen nicht und verlassen sich nicht auf sie. Häufig haben sie ein geringes Selbstwertgefühl.

Die *ängstlich-vermeidende Bindung* rührt von der Erfahrung her, dass die emotionalen Bedürfnisse des Kindes nicht erfüllt werden. Diese Kinder werden nicht liebevoll und fürsorglich behandelt. Oft haben die Bezugspersonen keine Zeit oder Energie dafür, sich mit ihnen zu beschäftigen, ihnen die Welt zu zeigen und zu erklären und sie in den Arm zu nehmen – sie werden sich selbst überlassen. Dadurch fühlen sie sich ungeliebt und unbedeutend. Sie haben später im Leben Schwierigkeiten, ihre Gefühle zu verstehen und auszudrücken, sie meiden intime Beziehungen.

Eine Kombination aus diesen beiden Bindungsstilen wird als *desorganisierte bzw. gestörte Bindung* bezeichnet. Diese Kinder sind häufig sehr wütend und zornig und zerstören oft das Spielzeug anderer Kinder. Diese Kinder werden von ihren Bezugspersonen vernachlässigt, nicht geliebt oder missbraucht. Oft sind sie lange Zeit von ihren Bezugspersonen getrennt oder müssen früh sehr schwierige Lebensumstände durchleben. Im Erwachsenenalter wirken sie häufig, als hätten sie viel Selbstvertrauen, das allerdings eher eine Schutzhülle darstellt. Es fällt ihnen schwer, ihre Gefühle zu kontrollieren, sie können leicht explodieren; andererseits ist ihre emotionale Ausdrucksfähigkeit eingeschränkt.

Warum unser Gehirn Kategorien und Konzepte konstruiert

Kategorien sind entscheidend für unser Gehirn. Sie werden durch Erfahrungen gebildet, die aus Zusammenfassungen und Abstraktionen entstehen. Alles, was wir erleben, versuchen wir mit bereits gebildeten Kategorien abzugleichen. Eine Kategorie ist eine zweck- oder zielorientierte Zusammenfassung, die als Oberbegriff über Dinge, Erlebnisse, Handlungen, Ereignisse und Erfahrungen gelegt wird. Die mentale Repräsentation von Kategorien nennt man Konzept.[5] Kleinkinder können zum Beispiel schon sehr früh verschiedene Spielzeuge kategorisieren und unter dem Zweck »sie klingeln« zusammenfassen, selbst wenn es sich um einen Teddybären, eine Puppe und ein Fahrrad handelt. Das ist sehr erstaunlich, weil nicht die Tatsache, dass sich die Dinge ähneln, sondern der gemeinsame Zweck ursächlich für die Kategorienbildung ist. Das macht das Lernen für künstliche Intelligenz so besonders schwierig, weil der Zweck für eine Software (zumindest heute) nicht immer offensichtlich ist, für uns als Menschen hingegen schon.

Unsere Wahrnehmung der Welt überprüft alles auf Ähnlichkeit mit bereits vorhanden Konzepten. Wenn es noch kein Konzept für eine neue Erfahrung gibt, wird dieses ad hoc konstruiert, und zwar aus einer Menge von ähnlichen Erfahrungen, die eine ähnliche Zielsetzung verfolgten.

Durch Kategorienbildung entstehen Emotionen aus ihrer Vorstufe, den Affekten. Emotionen und der Ausdruck von Emotionen sind sprachlich und kulturell auf der ganzen Welt verschieden. Ursprünglich dachten Wissenschaftler, es gäbe für alle Arten von Grundemotionen (Liebe, Hass, Trauer,

Wut etc.) eine überall gleiche Art von Ausdruck und nur einen Schaltkreis im Gehirn für die jeweilige Emotion. Diese Idee ging auch mit der Vorstellung einher, dass unser Gehirn, vereinfacht dargestellt, aus drei verschiedenen Teilen bestünde: erstens aus dem für unser Überleben zuständigen sogenannten Reptilienhirn, zweitens dem für unsere Gefühle zuständigen limbischen System und drittens dem für das Denken zuständigen Neokortex. Die Theorie des »dreieinigen Gehirns« vertreten viele Psychologen, Therapeuten und Berater auch heute noch, sie gilt jedoch nach Feldman Barrett[6] als überholt. Wir wissen zudem, dass feste Gefühlsschaltkreise, die unser Gehirn angeblich an- und ausschalten kann, nicht existieren.

Unsere Wahrnehmung von Gefühlen folgt unseren individuellen Kategorien und Konzepten. Sie beruhen auf unseren individuellen Erfahrungen und kontextabhängigen Zuschreibungen, die unser Gehirn abhängig von allem, was es bisher erlebt hat, konstruiert hat. Wenn Sie und ich beide sagen, »Ich habe Angst«, »Ich bin unglücklich« oder »Ich bin glücklich«, dann können wir damit sehr verschiedene Gefühlszustände meinen. Das macht das gegenseitige Verstehen manchmal sehr schwierig. Wir können nie genau wissen, was der Andere gerade wirklich fühlt, das legen immer die uns eigenen Gefühlskonzepte fest. Es ist zwar leichter, sich innerhalb eines Sprach- und Kulturraums zu verstehen, aber dennoch bestehen zum Teil große, individuelle Unterschiede.

Dadurch, dass die Bindungsperson eines Kindes sehr früh dessen innere und äußere Zustände mit bestimmten Gefühlsworten beschreibt, ihnen also eine Bedeutung zuschreibt, lernt das Kind, wie sich ein Emotionskonzept anfühlt. Wenn es in drei verschiedenen Situationen von seinen Eltern gefragt wird, warum es so wütend ist (im Supermarkt auf dem Boden liegend, wenn es auf der Straße nicht weitergehen will und wenn es laut losschreit), dann bildet das Gehirn ein Konzept für »wütend sein« auf der Basis von Ähnlichkeiten – beispielsweise, weil dem Kind in allen Situationen das Herz laut pocht, der Mund trocken wird, ihm irgendwie komisch ist und es schreien muss. Wenn ähnliche Ereignisse mit denselben Effekten passieren, werden sie unter dem Gefühlskonzept »ich bin wütend« zusammengefasst und so entstehen ganz individuelle Gefühlskonzepte für alle wichtigen Gefühle.

Wie unser Gehirn durch Emotionen lernt und Vorhersagen macht

Ganz zu Beginn seines Lebens kann das Baby noch keines der vielen Signale aus dem eigenen Körper und dem Umfeld deuten. Es lernt aber mit der Zeit und sehr schnell, Muster in der Informationsflut zu finden. Dieser Mustererkennungsprozess ist ein statistisches Lernen. Feldman Barrett beschreibt beispielsweise, wie das Kind aus einem Strom von Lauten allmählich Silben und dann Wörter und dann Sätze herausfindet, indem sein Gehirn Wahrscheinlichkeiten beobachtet, beispielsweise die Art und Weise, wie bestimmte Laute immer wieder oder auch nie aufeinanderfolgen. Wenn sie häufiger aufeinanderfolgen, könnten sie eine Silbe bilden und wenn sie selten aufeinanderfolgen, stehen sie eventuell für eine Trennung.[7]

Vielleicht bemerken Sie hier eine Ähnlichkeit zu den Large Language Models (LLM), die aktuell die Debatte um die künstliche Intelligenz prägen. Diese Modelle tun etwas Ähnliches: Sie bilden Wörter und Sätze auf der Basis von Wahrscheinlichkeiten, »verstehen« allerdings deren Sinn nicht, dafür fehlt ihnen (noch?) die Fähigkeit zur zweckorientierten Kategorisierung. Bedenken Sie, mit wie vielen Bildern aus vielen unterschiedlichen Perspektiven man ein LLM trainieren muss, damit es sicher einen Hund von einer Katze unterscheiden kann. Ein Kind kann das bereits nach wenigen Begegnungen.

Das Gehirn ist also ein System, das ständig neue Wahrscheinlichkeiten berechnet. Das tut es vor allem, um zukünftige, notwendige Aktivitäten vorherzusagen. Unser Gehirn ist eine Art »Vorhersage-Maschine«. Es versucht immer, auf der Basis von bisherigen Erfahrungen Wahrscheinlichkeiten zu errechnen, die es dann auf gegenwärtige und zukünftige Ereignisse anwendet. Bevor etwas passiert, macht es bereits eine Vorhersage darüber, was als Nächstes kommt, um sich und das gesamte Körper-Geist-System darauf einzustellen. Nichts ist schlimmer, als wenn das System derart aus der Balance gerät, dass es nicht mehr zu ihr zurückfindet. Diese Vorhersagen werden mit extremer Geschwindigkeit und jenseits unserer Bewusstseinsschwelle gemacht. Wir können ihnen leider nicht zuschauen. Durch diese Wahrscheinlichkeitsberechnungen bildet sich das Gehirn seine eigene Wirklichkeit, es sagt bestimmte Entwicklungen vorher, konstruiert sie – deswegen nennt man diese Theorie auch die Theorie der konstruierten Gefühle –, und reagiert auf die konstruierten Vorhersagen. Für uns wirkt es jedoch, als wäre es andersherum.

Die Vorhersagen können falsch oder richtig sein. Wenn sie falsch sind, werden sie in der Regel vom Gehirn korrigiert, das nennt man Lernen. Aber nicht alle falschen Vorhersagen werden überarbeitet, manche sind so eingefahren, dass sie als nicht korrigierbar erscheinen. Wenn es sich bei solchen eingefahrenen Gefühlsmustern um schwierige Gefühle handelt, spreche ich hier von »Monstern«.

Wie unser Körper und Geist zusammenspielen

Unser gesamtes Gehirn-Geist-Körper-System basiert auf Homöostase und arbeitet darauf hin, immer wieder ein überlebensnotwendiges physiologisches Gleichgewicht zu erreichen und zu erhalten. Dabei ist die Grenze zwischen Körper und Geist (auch Psyche genannt) sehr durchlässig. Beide sind immer an allem, was wir denken, fühlen und tun, beteiligt. Jedes Ungleichgewicht im Gesamtsystem gefährdet (ab einem bestimmten Ausmaß) unser Überleben und muss daher behoben werden. Beide, Körper und Geist, signalisieren ein Ungleichgewicht in Bezug auf ein Bedürfnis und daraus entsteht ein Gefühl: Wenn wir Hunger haben, wollen und müssen wir essen; wenn uns kalt ist, sollten wir uns wärmer anziehen. Hunger und Kälte sind unangenehme Gefühle, sie motivieren uns und treiben uns an, etwas zu tun, damit unser Bedürfnis befriedigt wird. Sie sind aber keine emotionalen Gefühle bzw. Emotionen, sondern nur bewusste Wahrnehmungen eines unerfüllten Bedürfnisses. Wenn wir uns eines solchen Gefühls noch nicht bewusst sind oder uns ganz allgemein einfach gut oder schlecht fühlen, dann nennen wir es einen Affekt. Affekte helfen, aus einem Ungleichgewicht in ein neues Gleichgewicht zu gelangen.

Affekte sind Prozesse, bei denen immer zwei Vorgänge ablaufen: eine Bewertung, auch Valenz genannt – eine Situation ist gut oder schlecht, angenehm oder unangenehm – und eine Aktivierung oder Erregung, d. h. eine physiologische Reaktion des autonomen Nervensystems. Dabei tendieren Menschen in ihrem Handeln bei einer positiven Valenz zu einer Annäherung, bei einer negativen Valenz zu einer Vermeidung. Sobald der Körper seine Komfortzone verlässt, muss er handeln, um das (Zerstörungs-)Risiko für den gesamten Organismus zu verringern. Diesen affektiven Zuständen sind wir unterworfen. Manchmal können wir sie nicht erkennen, weil sie unbewusst sind, oder wir erkennen sie nur sehr schematisch. Unser Gehirn-Körper-Geist-Seele-System ist immer in einem affektiven Zustand, der Auskunft gibt über unser Körper-Geist-Seele-Gleichgewicht.

Zur Gleichgewichtsherstellung tragen alle hormonellen Prozesse, die Atmung, der Herzschlag, das Glukoselevel oder das

Immunsystem bei. Das Körperbudget zeigt an, wie viel Energie das Gehirn »organisieren« muss, damit der Körper weiterleben kann. Es wird nicht nur durch innerkörperliche Aktivitäten verändert (z. B. durch die Ausschüttung von Hormonen, Erhöhung des Herzschlags, Senkung der Atemfrequenz), sondern auch durch Emotionen und durch Begegnungen mit anderen Menschen. Das Köperbudget kann ausgeglichen oder unausgeglichen sein, wenn wir uns z. B. müde und erschöpft fühlen, weil wir eine Nacht nicht geschlafen haben.

In der Psychologie unterscheiden wir zwischen Emotionen und Gefühlen. Emotionen und Stimmungen sind eine Untergruppe und besondere Art von Gefühlen. Es gibt auch nicht-emotionale Gefühle, sie beziehen sich auf sensorische Zustände, auch Hunger und Durst sind nicht-emotionale Gefühle. Emotionen dienen unserem Überleben, genauso wie Affekte. Sie regulieren physiologische und psychologische Zustände.

Alle unsere Bewusstseinszustände werden zumindest von einem Affekt oder sogar von einer Emotion begleitet, es gibt keinen Bewusstseinszustand, der nicht von einem affektiven und/oder emotionalen Zustand begleitet wird. Das bedeutet, dass es kein Denken ohne Fühlen gibt, denn nur durch Fühlen, also eine bewusste Wahrnehmung, kommen wir überhaupt zum Denken.[8]

Jede Entscheidung, jede Handlung, ist immer durch Interozeption beeinflusst – so nennt man die Wahrnehmung des Innenlebens unseres Körpers und des Körperbudgets. Sie bringt auch den Affekt hervor. Ohne Interozeption gibt es keine Gedanken, Erinnerungen, Entscheidungen, Träume, Wahrnehmungen – sie ist immer dabei. Das gesamte Nervensystem muss ständig auf zwei Arten von Informationen reagieren können: auf Informationen aus dem Körperinneren wie beispielsweise Hormone, Glukose, Sauerstoffgehalt im Blut oder Körpertemperatur und auf Informationen, die der Körper von außen sensorisch, also über unsere fünf Sinne, wahrnimmt. Beide Arten von Informationen stehen im engen Zusammenhang miteinander. Eine scharfe Trennung zwischen innen und außen gibt es nicht, weil sich der gesamte Körper über das Gehirn, die Interozeption und die Fokussierung auf das Körperbudget steuert. Für unser Gehirn sind beides, unser Körperinneres und unser Körperäußeres, gleichwichtige Datenlieferanten.

Unser Gehirn wählt für sich und damit für uns Daten aus, die zu unseren bisherigen Mustern passen oder sie gegebenenfalls verändern, und so konstruieren wir unsere Wirklichkeit. Das Gehirn filtert die für unsere persönliche Weltsicht passenden Informationen heraus und versucht, in sein Vorhersagerepertoire alles, was einen Einfluss auf unser Körperbudget haben könnte, durch Lernen zu integrieren. Das wiederum gestaltet unser Handeln und unser Denken.

Emotionen weisen unseren Wahrnehmungen eine Bedeutung zu. Sie geben den Ton an, auch wenn wir sie nicht immer bewusst wahrnehmen. Ein berühmtes Experiment[9] konnte nachweisen, dass Richter kurz vor dem Mittagessen weniger Begnadigungen gewähren und härtere Bestrafungen verhängen als nach dem Mittagessen. Und vielleicht kennen Sie Folgendes auch von sich selbst: Wenn Sie morgens einen Streit mit Ihrem Partner hatten oder aus anderen Gründen schlecht gelaunt sind, urteilen Sie später am Tag über andere Menschen eher negativ und haben häufig Schwierigkeiten, sich eine positive Idee von der Zukunft zu machen und entsprechend zu planen.

Wenn Affekte bewusst werden, sind sie eher unspezifisch. Wir fühlen uns schlecht oder gut, erschöpft oder voller Tatendrang. Emotionen hingegen können, je nach den vom Gehirn erworbenen und entwickelten Kategorien, die sie bezeichnen, sehr spezifisch sein.

Wer nur über wenige Emotionskonzepte verfügt, also eine geringe emotionale Granularität besitzt, kann beispielsweise nur zwischen glücklich und unglücklich unterscheiden, aber nicht zwischen ängstlich und depressiv. Kinder im Alter von zwei bis drei Jahren können noch nicht zwischen traurig, wütend und ängstlich unterscheiden, sollten das im Erwachsenenalter jedoch gelernt haben.[10] Je höher die emotionale Granularität, je besser man also zwischen den verschiedenen Feinabstufungen von Emotionen unterscheiden kann, desto mehr emotionale Intelligenz hat man, und die verhilft laut Daniel Goleman[11] zu mehr beruflichem und privatem Erfolg und zu mehr Zufriedenheit. Wenn wir in der Lage sind, viele verschiedene Emotionstöne zu erkennen und zu benennen, dann kann unser Gehirn sehr viel bessere Vorhersagen und Verhaltensreaktionen konstruieren. Unsere Bandbreite an Reaktionsmöglichkeiten ist also viel größer, als wenn wir nur ein kleines Arsenal von Konzepten und Reaktionen hätten.

Emotionen sind so wichtig, weil sie allem, was wir tun und denken, Sinn und Bedeutung verleihen. Sie geben unseren inneren körperlichen und affektiven Zuständen für die jeweilige Situation einen Begriff und damit auch eine Art von Handlungsanweisung.

Warum das Unbewusste so wichtig ist

Nun scheint unser Gehirn nicht nur Vorhersagen für das Gesamtsystem zu machen, sondern automatisiert diese auch, weil es Energie sparen will. Das Gehirn arbeitet so effizient wie möglich, denn Energie ist ein kostbares Gut, das nicht immer und überall zu finden ist. Je häufiger bestimmte neuronale Strukturen benutzt werden, desto mehr Energie spart das Gehirn und desto stabiler werden die Verbindungen, weil sie entsprechende Verstärkung erhalten. Sie entwickeln sich von einem Trampelpfad zu einer Autobahn. Dadurch wird die Bandbreite der Vorhersagen reduziert, sie werden durch die Automatisierung schließlich mit einer Wahrscheinlichkeit von eins getroffen.

Normalerweise sieht das Gehirn eine Korrekturschleife vor, falls es sich in der Vorhersage irren sollte. Es kann sein, dass die Situation vielleicht doch anders ist als prognostiziert, dann wird dieser Vorhersagefehler korrigiert. Das ist einer der Gründe, warum unser Gehirn ständig und immer in Bewegung ist. Manchmal wird die Vorhersage nicht korrigiert, sondern der Sinnesinput wird so gefiltert, dass er zur Vorhersage passt. Wenn Sie als Kind von Ihrer Bindungsperson zu allem, was Sie gestaltet und gemacht haben, immer nur Kritik hören wie »Das ist ja nicht schlecht, aber …«, dann verinnerlichen Sie diese dauerhaft kritische Stimme und erwarten sie auch von anderen Menschen, die Sie später treffen und die mit Ihrer Bezugsperson nichts zu tun haben. Ihre individuelle Vorhersage, wie andere Menschen auf das reagieren, was Sie früher einmal gern und voller Stolz gezeigt haben, wird dann vielleicht lauten: »Man lehnt mich und meine Arbeitsergebnisse eh ab.« Das kann leider ein ganzes Leben lang so bleiben. Aber wenn Sie sich dieses Reaktionsmusters bewusst werden, können Sie beginnen, neue, positive Emotionskonzepte und damit auch Handlungsalternativen zu entwickeln.

Wenn wir in der Therapie und im Coaching über Emotionen sprechen, reden wir häufig über bewusste und unbewusste Emotionen. Viele Gefühle werden uns nicht bewusst, sondern jenseits unserer Bewusstseinsschwelle im Gehirn konstruiert und verarbeitet. Sie beeinflussen dennoch unser Handeln und unsere Wahrnehmung. Nicht alle Gefühle schaffen es, bis an die Spitze der bewussten Wahrnehmung vorzudringen, bleiben im Unbewussten, sind aber dennoch wirksam. Das ist bei der Menge an Informationen, die ein Gehirn verarbeiten kann, nicht verwunderlich. Weil unser Gehirn ein hochkomplexes System ist, kann es verschiedene Verbindungsmuster zwischen Neuronen kreieren, die für das gleiche Gefühl oder die gleiche Reaktion zuständig sind. Wenn eine völlig neue Situation vorkommt, kann unser Gehirn Teile dieser Muster zu neuen Mustern kombinieren. Es konstruiert also ständig neue Musterkombinationen und für ein und dieselbe Empfindung gibt es immer mehrere neuronale Verschaltungsmuster. Bei 128 Milliarden Neuronen, die in einem Gehirnnetzwerk miteinander verbunden sind, entstehen ca. 500 Billionen Neuron-zu-Neuron-Verbindungen – das sind unvorstellbar viele Verbindungen (500×10^{12}).[12] Dabei kann ein Neuron mit mehreren Tausend anderen Neuronen verbunden sein. Es leuchtet also ein, dass wir nicht alles bewusst wahrnehmen können, sondern dass nur, was gerade besonders wichtig zu sein scheint, unsere Bewusstseinsschwelle erreicht.

Zudem werden unsere Erinnerungen auf verschiedene Art und Weise in verschiedenen Netzwerken gespeichert. Man spricht von unterschiedlichen Gedächtnisarten, beispielsweise dem impliziten und expliziten Gedächtnis. Zu den impliziten Gedächtnisinhalten gehören sensorische, emotionale und prozedurale Erinnerungen, wie z. B. das Gehen oder Fahrradfahren, aber auch beispielsweise eine emotionale körperliche Versteifung, wenn jemand laut und aggressiv spricht. Sehr frühe, häufig vorsprachliche Bindungsmuster und Hintergrundaffekte werden in dieser impliziten Form gespeichert und sind später nicht direkt der Sprache zugänglich. Sie zeigen sich eher in Haltungen und Verhaltensweisen. Explizite Gedächtnisinhalte sind z. B. Worte, Sprache(n), Geschichten, Regeln, Umgangsformen und autobiographische Erinnerungen. Sie sind sprachlich unmittelbar zugänglich.

Beide Gedächtnisarten sind normalerweise miteinander verbunden und nur in Ausnahmefällen, z. B. bei traumatisierenden Erlebnissen, werden diese Verbindungen unterbrochen. Das traumatische Erlebnis wirkt wie abgekapselt von der Sprache. Es ist aus diesem Grund schwer erreichbar und damit schwer zu therapieren.

Wie wir innere Freiheit erlangen

Warum unser Körper im Gleichgewicht sein sollte

Der alte Spruch »Nur in einem gesunden Körper wohnt ein gesunder Geist« (»Mens sana in corpore sano«) wird durch die heutigen Erkenntnisse der Neurowissenschaften bestätigt. Körper und Geist sind, wie wir eben gesehen haben, untrennbar miteinander verbunden. Wenn unser Körperbudget grundsätzlich eher ausgeglichen und der Situation gut angepasst ist, hat es unser Gehirn leichter und es muss sich weniger um den Körper kümmern. Wir fühlen uns gut, d. h., unser Affekt ist positiv. Ungesundes Essen (zu viel Zucker und Fett), zu wenig Schlaf, zu wenig Bewegung, zu wenig Entspannung, zu viele und die falschen Medikamente, bringen unser Körperbudget durcheinander. Ein dauerhaft unausgeglichenes Körperbudget macht krank. Der Körper reagiert mit Diabetes, Bluthochdruck und allen möglichen anderen Erkrankungen.[13] Das leuchtet ein, ist aber nicht so leicht zu verändern. Auch echte menschliche Begegnung mit körperlicher Berührung ist wichtig für unser Gesamtsystem. Sie kann durch Kontakte in den sozialen Medien nicht ersetzt werden. Diese können sogar krank machen. Daraus folgt: Essen Sie gesünder, bewegen Sie sich mehr, entspannen Sie sich, schalten Sie Ihre Gedankenkreisel im Kopf hin und wieder aus, suchen Sie sich Menschen, mit denen Sie gern zusammen sind. All das tut Ihrem Körper, Ihrem Geist und Ihrer Seele gut.

Wie wir uns eine differenzierte emotionale Wirklichkeit schaffen

Es ist besser für Sie, wenn Sie mehr emotionale Schattierungen wahrnehmen und benennen können, weil Ihr Gehirn dann genauere Vorhersagen treffen und besser reagieren kann. Wenn Sie nur zwei emotionale Konzepte kennen, wie »Ich fühle mich prima« und »Ich fühle mich schrecklich«, kann das Gehirn keine präzisen Vorhersagen treffen, denn die Konzepte sind zu allgemein. Wenn Sie jedoch statt »prima« noch andere Konzepte kennen wie »glücklich« , »froh«, »stolz«, »heiter«, »entspannt«, »inspiriert«, »zufrieden«, »dankbar«, »entzückt«, »begeistert«, »humorvoll«, »behaglich« ... und statt schrecklich »gereizt«, »verärgert«, »wütend«, »beschämt«, »verlegen«, »reuevoll«, »mürrisch«, »sauer«, »ärgerlich«, »ängstlich«, »traurig«, »melancholisch«, »verzweifelt«, dann kann Ihr Gehirn bessere Vorhersagen machen und damit besser und präziser reagieren. Die Bandbreite an Emotionen in sich zu erkennen und benennen zu können, also emotional intelligent zu sein, ist wichtig – für Ihren Umgang mit sich selbst und für den Umgang mit anderen.[14]

Sie können im Laufe Ihres Lebens immer noch neue Emotionen kennenlernen. Dazu gibt es verschiedene Möglichkeiten. Ich rate meinen Klienten, gute Romane zu lesen (keine Fachliteratur, dort geht es nur sehr selten um Emotionen), weil gute Schriftsteller sich gerade durch eine vielfältige Beschreibung sehr unterschiedlicher Emotions- und Gemütszustände auszeichnen. Wenn Sie sich in die Personen des Romans einfühlen und sich die Gefühle vorstellen, erweitern Sie Ihr eigenes Emotionale-Konzepte-Repertoire. Wenn Sie dann in eine schwierige Gefühlssituation kommen, können Sie (zunächst für sich selbst) versuchen, präzisere Worte zu finden als nur plakative Oberbegriffe. Manche Menschen schreiben auch gern Tagebuch. Das macht jedoch nur Sinn, wenn Sie sich die Mühe machen, Ihre inneren Zustände präzise zu beschreiben. Es gibt im Internet auch eine Fülle von hilfreichen Emotionslisten, die viele verschiedene Begriffe enthalten. Es lohnt sich, dort nachzuschauen, wenn Sie nicht so genau beschreiben können, wie es Ihnen geht.

Auch eine andere Sprache zu lernen, kann Ihren Emotionswortschatz erweitern. Andere Sprachen drücken oft andere Nuancen aus für Gefühle, die uns eindeutig erscheinen. Die Entdeckung von Ähnlichkeiten und Unterschieden zwischen Sprachen und die Auseinandersetzung mit ihnen kann sehr anregend sein.

Und vergessen Sie nicht, dass Ihre Art zu fühlen ganz spezifisch und individuell von Ihren Bezugspersonen, Ihrem kulturellen Kontext und all Ihren Erfahrungen geprägt ist. Niemand fühlt genau das Gleiche wie Sie, vielleicht aber etwas Ähnliches. Es lohnt sich daher, auch im Gespräch mit Freunden aktiv nachzufragen und Interesse zu zeigen an den Details und den Besonderheiten dessen, was Ihr Freund oder Ihre Freundin mit Ihnen teilen möchte.

Wie wir mit negativen Emotionen umgehen

Unter schwierigen Gefühlen und Emotionen verstehe ich die negativen Gefühlsmuster, die unserer persönlichen Entwicklung im Weg stehen und uns daran hindern, ein glückliches, zufriedenes und erfolgreiches Leben in innerer Freiheit zu führen.

Die nächste Abbildung gibt einen Überblick über die 20 wichtigsten schwierigen Emotionen.

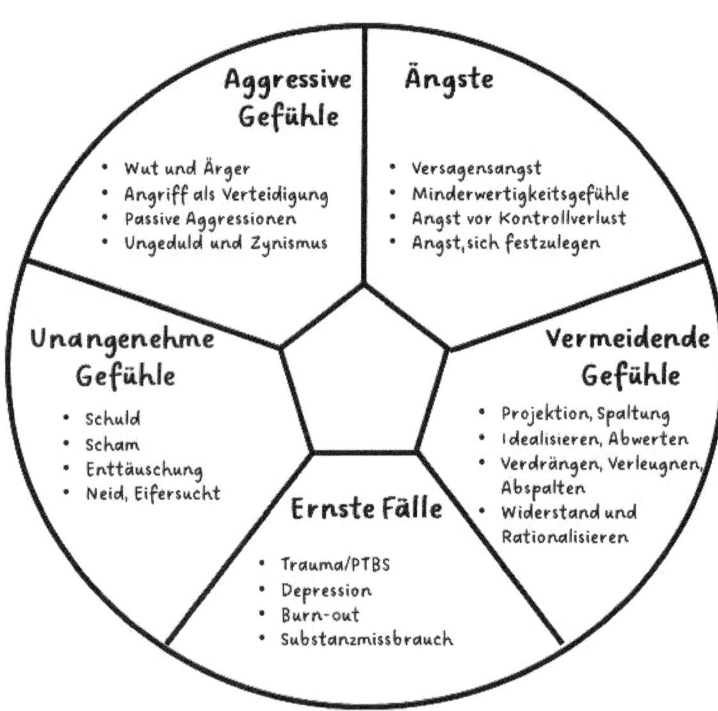

Abbildung 2: Die 20 wichtigsten schwierigen Emotionen (eigene Darstellung)

Ich habe diese Emotionen in fünf Cluster eingeteilt:

- *Aggressionen* können sich aktiv als Wut, Ärger, Angriff oder passiv als Ungeduld und Zynismus äußern. Aggressionen gehören zum menschlichen Leben und sind für das körperliche und psychische Überleben von großer Bedeutung, weil Sie uns die Kraft verleihen, uns bei einem Angriff zu verteidigen.
- *Ängste* schützen uns im Allgemeinen davor, in bedrohliche Situationen zu geraten. Sie halten uns davon ab, uns in unbekanntes Terrain vorzuwagen und dabei vielleicht verletzt zu werden. Die hier behandelten Ängste schaden uns jedoch eher, weil sie uns keine Kraft und Energie geben, sondern das Gegenteil tun. Wir können Angst haben, zu versagen, nicht gut genug zu sein, uns festzulegen oder die Kontrolle zu verlieren.
- *Unangenehme Gefühle* nenne ich eine Gruppe von Gefühlen, die wir nicht haben möchten, weil sie unangenehm sind. Schuld- und Schamgefühle gehören ebenso zu dieser Gruppe wie Enttäuschung, Neid und Eifersucht.
- Die *vermeidenden Gefühle* legen sich über andere Gefühle. Sie hindern uns daran, etwas so zu empfinden, wie es in Wirklichkeit ist. Zu dieser Gruppe gehören Projektionen, Idealisierungen genauso wie Abwertungen, Verdrängungen und andere emotionale Widerstände.
- Eine letzte Gruppe bilden *psychische Krankheiten*, die ich hier nicht unerwähnt lassen möchte. Sie sind glücklicherweise kein Tabu mehr, aber nicht jeder versteht sie. Das sind zum Beispiel posttraumatische Belastungsstörungen, Depressionen, Burn-out und Substanzmissbrauch bzw. Abhängigkeiten. Bei diesen Krankheiten sollten Sie in jedem Fall Hilfe suchen, wenn es um Sie selbst geht, oder versuchen, Hilfe zu organisieren, wenn es um Ihre Lieben geht.

Diese negativen Gefühle habe ich »Monster« getauft, weil es sich so anfühlt, als würde ein Wesen uns in den Fängen halten. Wir sehen keine Möglichkeit, uns zu befreien, das Monster hat Besitz von uns ergriffen. Allerdings können wir mit einem Monster ins Gespräch kommen, zumindest können wir es versuchen. Wir können es hinterfragen, erforschen, ihm hinter die Fassade schauen. Denn Monster sind nur ein Bild für ein komplexes emotionales Muster, dass sich zumeist sehr früh im Leben gebildet und dann weiter verfestigt hat. Wie wir gesehen haben, erlaubt die Konstruktion unseres Gehirns als komplexes neuronales Netzwerk mit eingebauter Vorhersagemaschine und Körperbudgetfokussierung ständiges Lernen und stetige Veränderungen. Jede neue Erfahrung kann unser Gehirn verändern und neue Emotionskonzepte können die alten anreichern, ergänzen und sogar auch übernehmen. Daher können wir auch negative Gefühlsmuster, unsere Monster, verändern.

Wir alle haben immer wieder im Leben negative Gefühle und diese sind oft berechtigt – wenn wir geärgert, ungerecht behandelt, beschimpft, ausgelacht, ausgestoßen, gedemütigt oder körperlich misshandelt werden. Dann haben die negativen Emotionen einen Sinn und leiten unser Handeln in (hoffentlich) angemessener Art und Weise. Wenn ich hier über schwierige Gefühls- und Emotionsmuster schreibe, dann meine ich eher emotionale Muster, die sich verfestigt haben und wie eine Art von besonders starkem Netz über vielen anderen Gefühls- und Emotionsmustern liegen. Mir geht es also nicht um die Tatsache, dass Sie sich mal ärgern oder sich mal klein fühlen. Mir geht es darum, dass das Sich-Ärgern oder Sich-Kleinfühlen immer wieder in bestimmten Situationen auftritt, in denen Sie keine Fühl- und Verhaltensalternativen parat haben. Sie haben dann den Eindruck, von diesem Muster beherrscht zu werden. Ich möchte Ihnen helfen, sich nicht von einem Monster beherrschen zu lassen, sondern ihm ins Gesicht zu schauen, sich mit ihm zu beschäftigen, bis es ganz klein und unbedeutend ist und vielleicht sogar für immer verschwindet. Dazu braucht es viel Mut und Ausdauer und der Weg ist nicht einfach, aber: Veränderung ist immer möglich.

Wie wir emotionale Muster verändern können

Da Sie wissen, dass Ihr Leben und Ihre Erfahrungen im Gehirn in einer ganz spezifischen Weise gespeichert sind, können Sie sich auch vorstellen, dass neue Erfahrungen und neue Emotionskonzepte die alten zunächst ergänzen und mit der Zeit überspielen können. Diesen Prozess des Lernens können Sie aktiv gestalten, indem Sie ihrem Gehirn Gelegenheit zur Veränderung geben.

Schwierige Gefühle tauchen nicht zufällig auf, sie haben meistens eine Geschichte. Sie sind aus bestimmten Situationen entstanden, die Sie entscheidend geprägt haben. Oft waren die Situationen unerfreulich, schwierig, verletzend oder kränkend. Das ist auch der Grund, warum Sie sich manchmal nicht so gut daran erinnern können. Aber Sie haben dennoch die Macht, diesen Geschichten auf den Grund zu gehen, indem Sie lernen, sich selbst besser zuzuhören und zu verstehen. So lernen Sie auch, hinter diese Gefühle zu schauen und sie zu beherrschen, statt von ihnen beherrscht zu werden. Ich habe diesen Prozess in meinen Coachings und Therapien schon oft begleitet und weiß daher, dass er funktioniert. Es erfordert zwar ein bisschen Mut, aber ich bin mir sicher, dass Sie diesen haben. Manchmal kann dieser Prozess auch etwas mühsam oder schmerzhaft werden, aber geben Sie nicht auf, es geht schließlich um viel – um Sie, Ihre innere Freiheit und Ihr Glück.

Hierzu habe ich eine Methode mit fünf Schritten entwickelt, die Ihnen helfen wird, Ihre negativen Gefühlsmuster besser zu verstehen und zu kontrollieren, sodass Sie lernen, frei und selbstbestimmt zu reagieren. Ich beschreibe sie hier in idealtypischer Weise, denn im wahren Leben läuft der Prozess nicht immer gleich und in dieser Reihenfolge ab.

Erster Schritt

Sobald Sie ein bestimmtes schwieriges Gefühl spüren, stellen Sie sich selbst ein paar Fragen.

Am Anfang kann es sein, dass Sie ein Gefühl nur erahnen und es noch gar nicht richtig benennen können. Sie wissen vielleicht nur, dass Sie immer wieder die gleichen Probleme haben. Vielleicht macht Ihr Partner Ihnen immer wieder die gleichen Vorwürfe: »Immer gehst du einem Konflikt aus dem Weg!« oder »Nie bist du da, wenn ich dich wirklich brauche!« Sie spüren, dass Ihr Partner recht hat, mögen es aber weder sich noch ihm eingestehen. Bis Sie eines Tages merken, dass es an der Zeit ist, etwas zu verändern. Dann beginnen Sie damit, Ihr Verhalten und Ihre Gefühle etwas aufmerksamer zu beobachten.

Wann immer Sie das Gefühl erahnen, stellen Sie sich diese drei Fragen:

- Was ist passiert?
- Was habe ich gefühlt?
- Was sieht man von außen als Beobachter?

Sie können Ihre Antworten in drei Spalten einer Tabelle festhalten oder nutzen Sie die Arbeitsblätter, die ich für die einzelnen Gefühle entwickelt habe.

Wenn Sie ein Gefühl noch nicht genau benennen können, kann es dennoch sein, dass Sie in einem bestimmten Körperteil etwas spüren, z. B. wenn die Brust sich verengt. Gefühle können auch eine Farbe haben, z. B. wie eine graue Wolke über Ihnen hängen oder ein roter Kloß in Ihnen sein. Das können Sie in die zweite Spalte eintragen.

Vielleicht dauert es eine Weile, ein bestimmtes Gefühl zu definieren – die Geschichte dahinter ist nicht mehr präsent und das Gefühl will im Grunde nicht entdeckt werden – aber geben Sie nicht auf. Meiner Erfahrung nach wird es mit der Zeit immer klarer.

Zweiter Schritt

Denken Sie zurück:

- An welche Situation und an wen erinnert Sie das Gefühl?

Erinnern Sie sich, in welcher Situation dieses Gefühl das erste Mal aufgetreten ist und mit wem dies passierte. Denken Sie an Erlebnisse mit wichtigen Menschen in Ihrem Leben, beispielsweise Ihren Eltern. Auch andere Menschen, die Sie auf Ihrem bisherigen Lebensweg begleitet haben, kommen infrage: Lehrer, Schulfreunde, Großeltern, Tanten und Onkel oder andere für Sie wichtige Personen. Folgen Sie Ihrer ersten Eingebung und Erinnerung, halten Sie sie fest.

Wenn Sie herausgefunden haben, wer mit dem Gefühl in Verbindung steht, dann versuchen Sie, die Situationen, in denen das Gefühl aufkommt, so genau wie möglich zu rekapitulieren. Wie hat sich Ihr jüngeres Ich genau gefühlt? Oft ist es so, dass Ihnen nach einer Weile plötzlich eine Situation einfällt, eine Begegnung, an die Sie lange nicht gedacht haben und die einen wichtigen Moment für die Entstehung Ihres Gefühls darstellt.

Dritter Schritt

Vertiefen Sie sich nun in die Details. Das wird vermutlich etwas schmerzhaft sein, aber Sie sollten es versuchen. Tauchen Sie bitte vorsichtig und nur so weit in die Details Ihrer Geschichte ein, wie Sie es aushalten können, und vermeiden Sie bitte unbedingt eine Retraumatisierung!

Stellen Sie sich die folgenden Fragen:

- Wie alt war ich?
- Wo war ich?
- Was ist genau passiert?
- Wer war noch beteiligt?

Bitte schreiben Sie auch das auf. Diese Erinnerungen verschwinden manchmal ebenso plötzlich wieder, wie sie aufgetaucht sind. Wie Träume können sie schnell wieder verblassen. Es kann daher sein, dass Sie diesen Schritt mehrfach wiederholen müssen.

Es gibt unglaublich viele kränkende und verletzende Momente im Leben eines Menschen, aber nicht alle haben eine hinreichende Bedeutung und genug Kraft, sich wie eine Art Muster in uns festzusetzen, das wie ein inneres Gefängnis wirkt. Manchmal braucht es etwas detektivischen Spürsinn, um die ursächlichen Momente herauszufinden.

Wenn Sie sich an diese Momente erinnern, haben Sie bereits die größte Hürde genommen. Denn grundsätzlich gilt: Nur wenn man über ein Erlebnis bewusst nachdenkt und spricht, kann man lernen, die damit verbundenen Gefühle zu beherrschen. Versuchen Sie, so ehrlich wie möglich mit sich selbst zu sein. Wie schon gesagt, es erfordert eine ganze Menge Mut, sich mit den Monstern der Vergangenheit zu befassen – aber glauben Sie mir, die nächsten Stufen werden leichter zu bewältigen sein!

Vierter Schritt

Vergleichen Sie nun die vergangene Situation, die sie herausgefunden haben, mit der Gegenwart und mit Ihrem heutigen Ich, das vermutlich sehr viel erwachsener und stärker geworden ist.

Die neue Frage lautet also:

- Welche Unterschiede gibt es zwischen der damaligen und der heutigen Situation?

Vielleicht waren Sie noch sehr jung, von anderen Menschen abhängig, unerfahren oder die Umstände waren besonders schwierig. Vielleicht hilft es auch, Ihre Gedanken und Erinnerungen in einer Zeichnung festzuhalten. Dabei geht es nicht um die zeichnerische Qualität, sondern darum, Zusammenhänge zu sehen und damit besser erfassen zu können. Manchmal hat dies auch eine erleichternde Wirkung.

Anschließend ergänzen Sie den Vergleich um mehr Details:

- Wo stehe ich heute, was habe ich in meinem Leben gelernt und geleistet?
- Bin ich noch so abhängig, hilflos und ausgeliefert wie damals? Oder kann ich jetzt über mein Leben selbst bestimmen?

Sie sind heute ein erwachsener Mensch, freier und unabhängiger als in Ihrer Kindheit und Jugend. Sie haben sich weiterentwickelt, können aktiver und selbstbestimmter handeln und mit einer vergleichbaren Situation anders umgehen. Sie können heute zum Beispiel ein bestimmtes Gefühl wie »sich-klein-fühlen« beobachten, explorieren und ausdifferenzieren. Fragen Sie sich, wie Sie in einer bestimmten Situation reagieren möchten, und probieren Sie es aus. Experimentieren Sie ein wenig, indem Sie beispielsweise Ihre Meinung klar äußern, statt sich zurückzuhalten. Ihr Gefühl kann nur besser werden und Sie merken, dass sich andere Ihnen gegenüber auch anders verhalten.

Jetzt beginnt die Phase, in der Sie nicht mehr wie auf Knopfdruck reagieren. Sie können das Gefühlsmuster anhalten, beobachten, Ihr Kopfkino aktiv verändern, »gegenandenken«. Sie reagieren weniger reflexhaft, sondern selbstbestimmt und Ihrem Wesen gemäß.

Fünfter Schritt

Wiederholen Sie den vorangehenden Schritt immer wieder, sobald Sie ein bestimmtes Gefühl verspüren. Sobald es sich anbahnt, vergegenwärtigen Sie sich, dass Sie im Hier und Jetzt leben, dass Sie Wahlmöglichkeiten haben und dass Sie der Situation nicht so hilflos ausgeliefert sind wie früher.

Mit der Zeit werden Sie merken, dass zwischen dem Auftreten eines bestimmten Gefühls und Ihrer Reaktion darauf immer mehr Zeit vergeht. Sie handeln weniger impulsiv, fühlen sich freier und unabhängiger. Dieser Prozess benötigt Zeit, aber Sie werden erleben, wie befreiend es ist, Ihre Gefühle aktiv und bewusst mitzugestalten, anstatt von ihnen beherrscht zu werden. Sie können immer wieder innehalten, überlegen und anders handeln als früher. In meiner Arbeit erlebe ich, dass dieser Prozess manchmal lange dauert, denn Menschen verändern sich nur sehr langsam. Manchmal läuft er jedoch auch sehr schnell ab und die durch Angst verursachte Blockade wird überraschend gelöst.

Diesen Prozess haben Sie in der Hand. Sie können es schaffen.

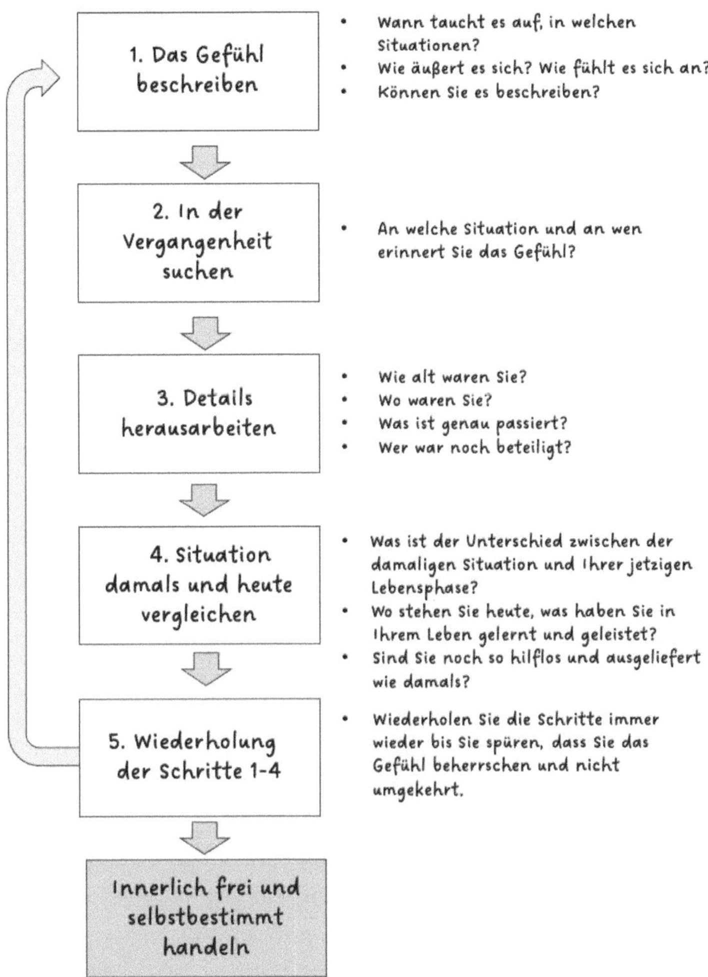

Abbildung 3: Prozess zum selbstbestimmten Umgang mit schwierigen Emotionen (eigene Darstellung)

Wie gehen Sie mit schwierigen Gefühlen von Ihren Mitmenschen um?

Wenn Sie einem anderen Menschen helfen möchten, ist es wichtig, die eigene Rolle zu klären. Sie können und dürfen als Partner, Freund, Kollege oder als Vorgesetzter ungefragt nur sehr begrenzt aktiven Einfluss auf das Gefühlsleben eines anderen Menschen nehmen. Grundsätzlich ist es am wichtigsten, da zu sein und sich konstruktiv und einfühlsam zu verhalten. Die eigentliche Gefühlsarbeit muss schließlich jeder selbst leisten. Sie können versuchen zu verstehen, was in dem Anderen vor sich geht und was ihn bedrückt, beschwert, unglücklich macht oder einengt. Der Grat zwischen übergriffigem Verhalten und hilfreicher Einfühlung ist jedoch sehr schmal – seien Sie bitte vorsichtig.

Sie können Ihrem Partner, Freund, Kollegen oder Mitarbeiter vor allem helfen, indem Sie einen Rahmen für Gespräche anbieten, der genutzt werden kann, aber nicht genutzt werden muss. Sie dürfen einem Menschen ein solches Gespräch nicht aufzwingen.

Sie können wieder in verschiedenen Schritten vorgehen, die den Schritten ähneln, die Sie für sich selbst gehen müssten.

Erster Schritt

Zeigen Sie Verständnis, Interesse und die Bereitschaft, zuzuhören, aber haben Sie nicht den Anspruch, einem schwierigen Gefühl ganz auf den Grund zu gehen oder es vollständig zu verstehen. Es hilft manchmal schon, zu spüren, dass es noch eine Chance gibt, aus einer schwierigen Situation herauszukommen. Zuhören heißt, echtes, tiefes Interesse am Anderen zu zeigen. Es bedeutet auch, keine Ratschläge zu geben – Rupert Lay hat mir einmal gesagt, dass Ratschläge auch Schläge seien und deswegen wehtun können. Gutes, aktives Zuhören ist eine große Kunst, in der man besser wird, wenn man regelmäßig übt.

Zweiter Schritt

Versuchen Sie, sich so gut wie möglich in den Anderen einzufühlen. Versetzen Sie sich in seine Lage.

- Wie könnte es mir in dieser Situation wohl gehen?
- Und welche Gründe könnte es für mein Befinden geben?
- Was würde ich mir von anderen wünschen?

Aus meinen Coachings weiß ich, dass die meisten Menschen sehr gut spüren, was den Anderen bewegt. Das gilt bestimmt auch für Sie! Aber vergessen Sie dabei nicht, dass wir nicht alle das Gleiche fühlen – Sie können sich täuschen und am Schluss weiß immer nur der Betroffene selbst, was er fühlt.

Dritter Schritt

Persönliche Gespräche sind wichtig und hilfreich, denn manche Dinge lassen sich nur in einem geschützten Rahmen ansprechen. Fragen Sie immer erst, ob der Andere ein Gespräch überhaupt möchte.

Wie in einem klassischen Feedback-Gespräch können Sie dem Anderen Ihre Beobachtungen anhand einer spezifischen Situation mitteilen. Bleiben Sie dabei bitte in Ihrer subjektiven Perspektive, sagen Sie bitte nicht »Du machst immer ...«, sondern eher »Ich erlebe dich manchmal ...«. Vielleicht kennen Sie diese Kommunikationsregel aus Ratschlägen zur Paarkommunikation? Die Anleitungen zur gewaltfreien Kommunikation[15] können hier sehr hilfreich sein. Im Kern geht es darum, den Anderen nicht zu beurteilen oder gar zu entwerten, sondern Ihre Sichtweise bzw. Ihre Betroffenheit aus Ihrer subjektiven Sicht zu schildern.

Wenn es sich um ein berufliches Problem handelt und Sie ein gutes Verhältnis zu ihrem Kollegen haben, dann bieten Sie doch an, in einem privaten Rahmen wie einem Mittag- oder Abendessen weiterzusprechen. Vielleicht kennen Sie ein gemütliches Restaurant. In einer entspannten Umgebung fällt das Reden oft leichter – sofern der Nebentisch nicht zuhören kann. In einer Freundschaft oder Partnerschaft gibt es sehr viel mehr Möglichkeiten, ins Gespräch zu kommen.

Vierter Schritt

Fragen Sie, ob der Andere Hilfe benötigt, z. B.:

- Was kann ich tun, um dich zu unterstützen?

Aber seien Sie nicht gekränkt, wenn der Andere das nicht möchte. Nicht jeder lässt sich gern helfen! Manchmal ist die Situation nicht so, wie Sie dachten, oder der Andere ist noch nicht bereit, sich mit seinen Problemen auseinanderzusetzen. Dann können Sie es ein paar Wochen oder Monate später vielleicht noch einmal versuchen.

Fünfter Schritt

Bitte ziehen Sie keine voreiligen Schlüsse und halten Sie sich mit Deutungen zurück. Auch sollten Sie den Anderen nicht bedrängen. Der Betroffene muss immer selbst eine Grenze ziehen können, die Sie nicht überschreiten dürfen. Das ist manchmal sehr schwer auszuhalten, aber sehr wichtig. Vor allem sollten Sie auf keinen Fall den Besserwisser spielen. Der Andere muss Ihnen nicht alles erzählen und darf sich schützen. Sie können aber von eigenen Schwierigkeiten in ähnlichen Situationen erzählen – bitte keine ausufernden Schilderungen, denn schließlich steht der Andere im Mittelpunkt. Dadurch kann Ihr Gesprächspartner auf neue Ideen kommen und Anregungen erhalten.

Sechster Schritt

Geben Sie zunächst dem Anderen Zeit. Schwierige Gefühle klären sich selten kurzfristig. Wenn allerdings sein Verhalten Ihnen, Freunden, dem Unternehmen oder Mitarbeitern schadet, sollten Sie sofort klare Grenzen ziehen. Wann dieser Punkt erreicht ist, werden Sie spüren. Ich habe bereits häufiger beobachtet, dass manche Menschen erst eine Strafe benötigen, wie eine Kündigung oder ein Sich-Abwenden, um mit der Arbeit an sich selbst zu beginnen!

Die folgende Übersicht fasst die einzelnen Schritte noch einmal zusammen.

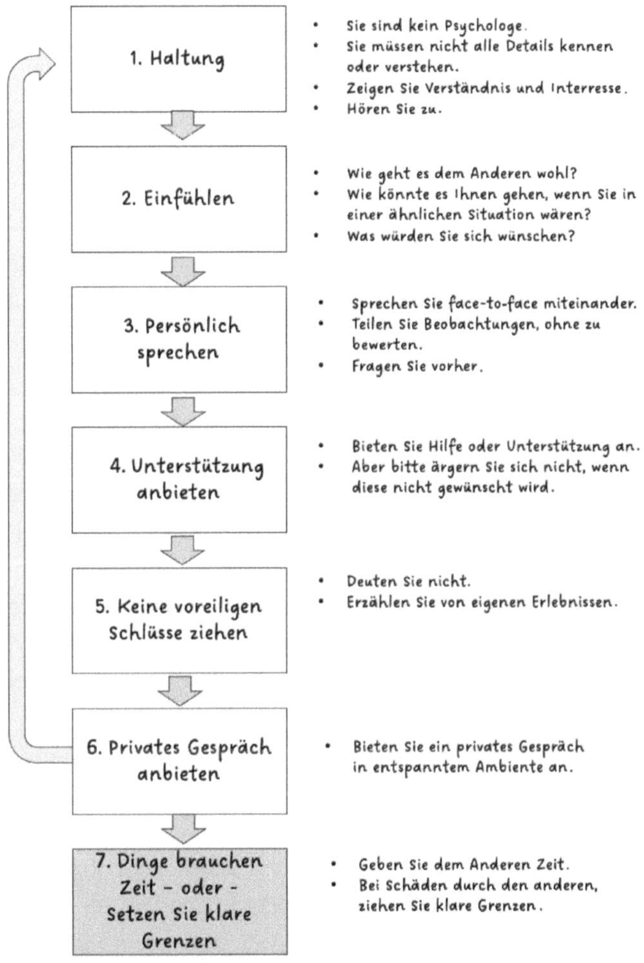

Abbildung 4: Prozess zum Umgang mit schwierigen Emotionen bei anderen (eigene Darstellung)

Vergessen Sie nicht: Es braucht Zeit und Geduld, damit sich ein Muster verändert. Manchmal können Sie leider nicht helfen, wie sehr Sie sich auch anstrengen. Das muss nicht an Ihnen liegen, Sie müssen es jedoch akzeptieren.

Wie wir aus negativen Emotionsmustern etwas Gutes machen

Im Grunde wollen wir alle das Gleiche: glücklich, zufrieden und erfolgreich sein und in einer schönen Beziehung mit einem liebevollen Partner leben. Leider macht uns das Leben manchmal einen Strich durch die Rechnung. Außerdem möchten uns das Internet und selbsternannte Gurus einreden, dass wir alles schaffen können, wenn wir es nur wirklich wollen. Sie müssten nur fest daran glauben. Was für ein Blödsinn! Mich irritiert das Wort »alles«. Wir können zwar sehr viel erreichen, aber das geschieht selten auf Knopfdruck und über Nacht, sondern erfordert die Bereitschaft, sich mit sich selbst und den eigenen Schwierigkeiten auseinanderzusetzen. Die beiden Redensarten »Vor den Erfolg haben die Götter den Schweiß gesetzt« (Hesiod zugeschrieben) und »Durch die Nacht zum Licht« (»per aspera ad astra«), Seneca zugeschrieben, zeugen davon. Dieser Gedanke ist auch in der Psychotherapie tief verankert. Manchmal muss man erst Schmerzen überwinden, um zu einem besseren Leben zu finden. Der Schmerz kennt viele Gestalten: Schmerz aus vergangenen Erlebnissen und Verletzungen; der Schmerz, sich seine eigene Fehlbarkeit und Schwäche einzugestehen; der Schmerz zu erkennen, dass wir nur ein klitzekleiner Tropfen im Ozean sind.

Das sind zwar keine erfreulichen Erkenntnisse, aber der Lohn und die Anstrengungen, die wir unternehmen, um uns selbst und andere besser kennenzulernen, ist etwas unschätzbar Wertvolles und Schönes. Zum einen können wir eine innere Freiheit erringen und unser wahres Selbst entdecken.

Außerdem können wir auf weitere positive Gefühle hinarbeiten, denen sich ein sehr erfolgreicher Zweig der Psychologie gewidmet hat, die von Martin Seligman Ende des letzten Jahrhunderts proklamierte Positive Psychologie.[16] Sie geht davon aus, dass wir lernen können, uns auf unsere positiven Gefühle und auf unsere Möglichkeiten, Wohlbefinden zu erreichen, zu fokussieren. So können wir uns am besten weiterentwickeln. Seligman und Mihály Csíkszentmihályi gelten als die Gründer der Positiven Psychologie. Im Zentrum steht die Idee, sich nicht auf das zu fokussieren, was nicht funktioniert, sondern auf das Erleben von Wohlbefinden. Die für sie relevante Frage ist, wie man es erlernen und steigern kann.[17]

Die positive Psychologie ist nicht gleichzusetzen mit positivem Denken. In vielen Ratgeberbüchern finden Sie den Hinweis, dass man nur positiv denken müsse, dann würde sich Wohlbefinden einstellen. Seligman verfolgt einen anderen Ansatz: Für ihn ist es wichtig, sich dem Positiven zu widmen, um es zu stärken, damit man mit dem Leben und seinen Schwierigkeiten besser zurechtkomme.

Zu einem gelingenden, sinnvollen Leben gehört auch, mit den Widrigkeiten des Lebens umzugehen. Mit ihnen zurechtzukommen, trägt dazu bei, unserem Leben einen Sinn zu geben.[18] Es geht also darum, sich mit den schwierigen und unangenehmen Mustern zu beschäftigen, um sich aus ihnen zu befreien und gleichzeitig das eigene Wohlbefinden zu steigern, ein gutes und erfolgreiches Leben zu erreichen und dem Leben einen Sinn zu geben.

Die Muster, die uns Schmerzen bereiten, haben unser Leben in der Vergangenheit beeinflusst und uns zu den Menschen gemacht, die wir heute sind. Wir verdanken ihnen unser heutiges Sosein mit allen dunklen und hellen Seiten. Hinter jedem negativen Muster steckt etwas Gutes, das wir bisher bereits genutzt und eingesetzt haben – allerdings nicht immer aktiv, sondern eher zu unserem Schutz und zur Abwehr. Jedes negative Muster hat jedoch einen Wert an sich, denn es zeigt uns den Weg zu einem geheimen Schatz in unserem Inneren. Diesen Schatz können wir entdecken und ans Licht holen. Ganz generell kann man sagen, dass die Bewältigung von negativen Mustern Energie freisetzt. Diese Energie können und sollten wir konstruktiv für uns selbst nutzen, statt sie in der Abwehr von etwas Unangenehmem zu binden.

Welche positiven Gefühle verbergen sich nun hinter negativen Mustern?

Hinter *aggressiven Gefühlen* steckt viel Kraft, Stärke, Überlebenswille und Durchhaltevermögen. Wenn jemand sehr wütend durchs Leben geht, hat ihn die Wut womöglich am Leben gehalten und ihm die Kraft gegeben, schwierige Situationen durchzustehen. Diese Kraft kann in neue Aktivitäten fließen. Auf diese Stärke kann die Person sich verlassen. Sie wird sie immer begleiten, kann sie frei und unabhängig machen.

Hinter vielen *Ängsten* verbirgt sich eine erhöhte Sensibilität und Empfindsamkeit. Wer sehr sensibel ist, kann bei vielen verschiedenen Gelegenheiten Angst empfinden. Diese Empfindungsfähigkeit können wir alternativ nutzen, um mit anderen Menschen und mit uns selbst sensibel umzugehen. Wenn wir die allgemeine Angst hinter uns gelassen haben, verspüren wir sensiblen Menschen häufig eine große Bandbreite von Gefühlen und können sie einordnen, darüber sprechen oder schreiben.

Die *unangenehmen Gefühle* beruhen oft auf Ängsten, hinter denen dann ebenfalls eine erhöhte Sensibilität vermutet werden kann.

Hinter *vermeidenden Gefühlen,* wenn also Gefühle abgespalten oder auf einen anderen Menschen projiziert werden, kann man Einfühlungsvermögen vermuten – denn um etwas projizieren zu können, müssen wir es als einen Teil von uns erkannt haben.

Auch hinter psychischen Erkrankungen kann sich etwas Positives verbergen. Nur hat eine psychische Erkrankung meistens mehrere Ursachen, die sich nicht genau voneinander trennen lassen. Hier muss jede individuelle Lebensgeschichte erforscht werden, damit dieses Positive sichtbar wird.

Um den Schatz zu heben, müssen wir die demnach vermeintliche Schwäche in eine Stärke verwandeln. Das funktioniert in beide Richtungen: Eine Stärke kann auch eine Schwäche darstellen, wenn sie übertrieben wird. Eine Person, die sehr gründlich und ordentlich ist, kann für den Partner angenehm und für einen bestimmten Beruf gut geeignet sein – beispielsweise würde ich mir diese Eigenschaften bei einem Ingenieur in einem Kernkraftwerk wünschen. Allerdings kann dieser Ordnungssinn auch in zwanghafte Besserwisserei umschlagen und dann wird es mühsam für die Mitmenschen dieser Person.

Neben unseren Stärken gibt es immer auch eine Reihe von positiven Gefühlen, die wir parallel zur Arbeit am Muster stärken können.

Die Natur hat es so eingerichtet, dass wir grundsätzlich negative Emotionen differenzierter empfinden als positive. Das liegt daran, dass sie uns ursprünglich beim Überleben geholfen haben und auch in sozialen Beziehungen eine wichtige Rolle spielen[19] – denken Sie nur an die Wut, die Sie verspüren, wenn Ihnen jemand etwas wegnimmt, oder die Angst, die Sie bei einer Bedrohung befällt, sodass Sie vor dem stärkeren Gegner weglaufen. Beides kann lebenswichtig sein. Ein anderes Beispiel auf der sozialen Ebene sind Schuldgefühle, deren Sinn es ist, zu einem Gefühl der Verantwortlichkeit in Beziehungen beizutragen und diese damit langfristig zu stabilisieren.[20]

Bei positiven Emotionen hingegen fällt es uns schwerer, präzise Unterschiede zu machen, denn wir verspüren häufig ein eher allgemeines Wohlbefinden.[21] Fredrickson (1998)[22] hat sich intensiv mit positiven Emotionen beschäftigt und zehn verschiedene positive Gefühle gefunden: Liebe, Freude, Dankbarkeit, Gelassenheit/Heiterkeit, positives Interesse, Hoffnung, Stolz, Vergnügen, Inspiration und Ehrfurcht/Staunen. Andere Forscher kommen zu anderen Ergebnissen, vor allem, was die Trennschärfe zwischen den Konstrukten und die Bedeutung von Ehrfurcht/Staunen[23] betrifft. Gleichwohl haben wir alle eine Vorstellung von diesen positiven Gefühlen.

- *Freude* kommt auf, wenn aktuelle Umstände unerwartetes Glück bringen, wenn wir gute Nachrichten oder eine angenehme Überraschung erhalten. Wenn wir uns freuen, wollen wir spielen, uns engagieren und mit anderen interagieren.[24]

- *Dankbarkeit* entsteht, wenn Menschen eine andere Person als die Quelle ihres unerwarteten Glücks anerkennen. Wenn wir dankbar sind, verspüren wir das Bedürfnis, selbst freundlich, großzügig und fürsorglich zu sein.

- *Gelassenheit* oder eine gewisse entspannte Heiterkeit entsteht, wenn wir uns wohlfühlen und unsere gegenwärtigen Umstände als angenehm, richtig oder befriedigend empfinden. Gelassenheit erzeugt den Drang, die gegenwärtigen Umstände zu genießen und sie in neue Prioritäten oder Werte zu integrieren.

- *Liebe* ist aus Fredricksons Sicht als Sonderfall zu sehen. Dieser Zustand gilt als besonders komplex in Bezug auf Bewertung, Handlungstendenzen und persönliche Ressourcen, zumal es verschiedene Formen der Liebe gibt. Sie kann romantisch zwischen zwei liebenden Partnern sein, brüderlich als Agape, wie Philia, die liebevolle Freundschaft, oder sie erscheint als bedingungslose Liebe zu unseren Kindern. Wir können nicht nur Menschen lieben, sondern auch unseren Beruf, unsere Rolle, unsere Arbeit, unsere Organisation – all das ist Teil der menschlichen Natur. Es gibt immer ein Objekt der Liebe – real oder imaginär, lebendig oder tot, materiell oder immateriell. Das Spektrum der Liebe und des Liebens ist endlos. In der Liebe geht es vor allem darum, sich nahe, verbunden, gewollt und anerkannt zu fühlen.[25]

- *Interesse* entsteht, wenn wir uns sicher fühlen und das Neue als nicht bedrohlich empfinden, sondern als anziehend. Es kann etwas Geheimnisvolles oder Herausforderndes sein, aber es darf nicht so fremd sein, dass wir Angst davor bekommen.

- *Hoffnung* ist eine Ausnahme bei den positiven Emotionen, denn sie entsteht in schwierigen Situationen, während alle anderen mit angenehmen Situationen verbunden sind. Hoffnung basiert auf einem Grundvertrauen in die Welt und auf einem generellen Gefühl der Geborgenheit. Sie ist ein optimistisches Vertrauen darauf, dass sich eine gewünschte Erwartung durch Zielorientierung, Beharrlichkeit und Stärke erfüllen wird. Hoffnung hilft uns, in Zeiten schwerer Krisen sowohl physisch als auch emotional zu überleben. Sie ist, wie die amerikanische Philosophin Martha Nussbaum[26] es ausdrückt, »die Kehrseite der Angst«. In Krisensituationen empfinden wir Hoffnung und Angst häufig gleichzeitig.[27]

- *Stolz* entsteht, wenn andere sich uns gegenüber erkenntlich zeigen und wir uns an unserer eigenen Leistung erfreuen, weil wir ein wichtiges Ziel erreicht haben.

- Wir sind *amüsiert* oder *vergnügt*, wenn etwas Lustiges oder Unvorhergesehenes passiert, jemandem ein harmloser Sprachfehler unterläuft oder ein guter Witz gemacht wird.

- Wir werden *inspiriert*, wenn wir bei anderen Menschen eine besondere Leistung beobachten, wenn jemand eine gute Tat vollbringt oder sich selbst übertrifft. Dann wollen wir etwas Ähnliches selbst erreichen.

- Ins *Staunen* kommen wir, wenn uns etwas Großartiges begegnet, wenn wir von etwas überwältigt werden, das schön oder mächtig ist und überlebensgroß erscheint. Staunen bringt uns dazu, diese neue Dimension zu erfassen und zu verarbeiten.

Glück steht nicht auf der Liste von Fredrickson, obwohl wir doch alle glücklich sein möchten. Glück ist ein Gefühl, das sich aus anderen positiven Gefühlen ableitet und sehr viele verschiedene Facetten hat. Häufig entstehen Glücksgefühle, wenn wir ein wichtiges Ziel erreicht oder eine Schwierigkeit überwunden haben. Dazu gehört jedoch nicht nur Können, sondern auch etwas anderes. Denn die etymologischen Ursprünge von Glück und dem englischen Wort »happiness« deuten auf einen Zusammenhang hin, den wir vielleicht heute in unserer Welt der Machbarkeit vergessen haben: die Tatsache, dass zum Glück auch »fortune« gehört, also ein günstiger Zufall[28] oder eine günstige Wendung des Schicksals. Auch das chinesische Zeichen für Glück besteht aus zwei Teilen: Das eine steht für Wohlbefinden, das andere für günstigen Zufall. Ohne ihn geht es nicht, nicht alles ist machbar. Die

Überwindung negativer Muster verspricht, positive Gefühle wie Stolz, Zufriedenheit und Gelassenheit zu erzeugen. Die dadurch freiwerdende Energie kann für die weitere Arbeit an erfüllenden Momenten genutzt, statt für die Abwehr seelischer Schmerzen verschwendet werden.

Die 20 Monster

In diesem zweiten Teil stelle ich Ihnen die 20 schwierigen Gefühle einzeln vor und erkläre jeweils anhand einer Fallgeschichte, wie und woraus sie sich bei einem bestimmten Menschen entwickelt haben. Anschließend erfahren Sie, was Sie tun können, wenn Sie selbst von einem dieser Monster betroffen sind, oder wie Sie einem anderen Menschen helfen können, besser damit umzugehen. Jedes Kapitel wird von einem Arbeitsblatt ergänzt. Auf jedem Arbeitsblatt finden Sie Fragen, die Sie bei der Bearbeitung Ihres Musters und der Erarbeitung Ihres eigenen neuen Weges leiten können.

Sie werden eine gewisse Zeit brauchen, um ein Arbeitsblatt auszufüllen, aber das ist nicht schlimm. Es ist sogar gut, denn während der Suche nach den Antworten befinden Sie sich bereits in einem Lern- und Veränderungsprozess. Ich hoffe, Ihnen helfen diese Arbeitsblätter, Ihren eigenen Weg zum Umgang mit sich selbst zu finden, sich aus dem Monstergriff zu befreien, das Monster zu zähmen und sich mit ihm anzufreunden.

Aggressionen

Wir alle haben Aggressionen in uns. Sie sind ein wichtiger Teil unserer Gefühlswelt und helfen uns, mit Frust und Enttäuschungen umzugehen. Wenn wir Aggressionen nicht an anderen Menschen, sondern eher an einem Boxsack auslassen, entlasten sie uns.

Häufig setzen wir Aggressionen mit Wut, Ärger und verbaler Gewalt gleich. Wir werden wütend, weil etwas nicht so ist, wie wir es erwarten oder wünschen, weil wir verletzt sind oder uns ungerecht behandelt fühlen. Diese Wut äußert sich oft in deutlich sichtbaren und spürbaren Aggressionen. Aber Aggressionen können auch vorliegen, wenn wir uns zurückziehen und auf die Bedürfnisse oder Erwartungen eines Anderen nicht antworten. Dann sprechen wir von passiver Aggression. Auch Zynismus, Ironie und Ungeduld können ein Ausdruck von versteckten Aggressionen sein. Ganz allgemein sind Aggressionen feindselige Gedanken, Gefühle und Verhaltensweisen, die wir nutzen, um unsere Ziele zu erreichen oder sogar zu erzwingen.

Die negative Kraft von Aggressionen ist groß, die meisten Menschen haben Angst vor ihnen. Wenn wir selbst wütend sind, vergessen wir, dass unsere Wut anderen Angst macht. Obwohl Aggressionen nie positiv sind, können sie unter Umständen konstruktiv genutzt werden, wenn es gelingt, die Energie, die in ihnen steckt, umzulenken – zum Beispiel, um in einer Sportart so viel zu trainieren, dass wir beim nächsten Wettkampf siegen. Oder wir leben unser künstlerisches Talent aus und gestalten, was uns wichtig erscheint.

Wut und Ärger

Haben Sie auch schon einmal vor lauter Wut mit der Faust auf den Tisch geschlagen? In ein Taschentuch gebissen? Auf ein Kissen eingeschlagen? Willkommen im Club! Sie kennen dann sicher auch dieses Gefühl, das wie bei einem Vulkan aus dem tiefsten Inneren in Ihnen aufsteigt und plötzlich ausbricht. Manchmal können wir unsere Wut bezähmen, dann entwickelt sie sich nur zu einem Gefühl der Verärgerung. Aber manchmal werden wir richtig mitgerissen von der Kraft unserer Wutwelle. Das endet selten gut, weil wir Dinge sagen oder tun, die wir hinterher bereuen. So etwas passiert nicht nur anderen Menschen, sondern leider auch uns selbst, in privaten Beziehungen und im Berufsleben. Das Wutmonster ist ein starkes und gewalttätiges Monster, das sich nicht nur Gehör verschaffen, sondern sich auf Kosten anderer durchsetzen will. Den Schaden nimmt es dabei billigend in Kauf oder genießt ihn vielleicht sogar.

Maria

Maria hat einen wunderbaren Ehemann, den sie liebt und mit dem sie sehr gern ihre Zeit verbringt. Sie arbeitet viel und mit Freude. Ihr Ehemann übernimmt daher etwas mehr die Initiative für die gemeinsame Freizeitgestaltung. Manchmal macht er Termine für sie beide aus, über ihren Kopf hinweg. Das ärgert Maria, weil sie sich dann nicht beachtet fühlt.
In ihrem Unternehmen ist Maria für das Marketing zuständig. Mit ihrem Chef versteht sie sich gut, sie

arbeiten bereits seit vielen Jahren zusammen. Einmal im Monat versammeln sich alle Mitarbeiter und besprechen die wichtigsten Themen. Marias Kollege, mit dem sie eng zusammenarbeiten muss, unterbricht sie bei ihren Themen in den Meetings immer wieder und stellt dadurch ganz offensichtlich ihre Kompetenz infrage. Sowohl in den Meetings als auch in anderen Situationen wendet er sich nicht an sie, sondern direkt an ihren Chef. Er übergeht sie einfach. Anfangs sagt sie nichts, aber mit der Zeit wird sie wütend. Sie schafft es einige Male, ihre Wut zu unterdrücken.
Eines Abends hat sie eine heftige Auseinandersetzung mit ihrem Mann, der wieder einmal einen Termin für sie beide ausgemacht hat, ohne sie zu fragen. Maria explodiert deswegen völlig und wirft ihrem Ehemann allerhand schreckliche Dinge an den Kopf.
Als ihr Kollege sie am nächsten Tag wieder übergeht, wird Maria so wütend, dass sie ihn vor allen Mitarbeitern anfährt und ihm sehr deutlich erklärt, dass er sich zunächst mit ihr abstimmen soll – das Marketing sei schließlich ihr Kompetenzbereich. Sie kann sich zwar gerade noch zurückhalten, bevor sie sehr unfreundliche Dinge sagt, aber dass es sich um einen ziemlich unbeherrschten Wutausbruch handelt, ist für jeden spürbar. Am Abend versucht sie ein klärendes Gespräch mit ihrem Mann. Als dieser ganz unschuldig behauptet, er hätte es doch nur gut gemeint, explodiert sie noch einmal und wirft ihm nicht gerade freundliche Worte an den Kopf. Voller Wut verschwindet sie ins Bett und schlägt »sicherheitshalber« die Tür hinter sich zu. Ihr Ehemann fühlt sich vor den Kopf gestoßen. Er kennt ihre Wutanfälle zwar schon, aber dieses Mal hat sie besonders verletzende Dinge gesagt. Als sie am nächsten Tag aufwacht, fühlt sich Maria wie verkatert.

Sie weiß, sie hat nicht nur einen, sondern gleich zwei Fehler gemacht. Auch wenn sie inhaltlich recht haben mag, so hat sie sich doch im Ton vergriffen und sich falsch verhalten. Es wird nicht so leicht sein, das wieder einzurenken. Vor allem ihr Mann ist sehr verletzt.

Kommentar: Warum ist Maria so dermaßen wütend geworden? Es ist natürlich nicht angenehm, wenn sie im Job immer wieder übersehen wird und ihr damit die Kompetenz abgesprochen wird, denn sie hat lange um ihren Job gekämpft. Zu Hause gibt es auch immer wieder Situationen, in denen sie sich übergangen fühlt, denn ihr Liebster kann nicht verstehen, dass sie in Freizeitentscheidungen, die beide betreffen, trotzdem gefragt und eingebunden werden möchte, auch wenn nichts in ihrem Kalender steht. Ihre große Wut erklärt das jedoch nicht.

Zwei Aspekte kommen hier zusammen: In ihrem Unternehmen und dort, wo sie vorher gearbeitet hat, war es nicht so einfach, als Frau in eine leitende Rolle aufzusteigen, eine Ungleichbehandlung, die sie sehr ungerecht findet. Diese Geschlechterdynamik zeigt sich ebenfalls in der Partnerschaft. Sie fühlt sich in manchen Situationen von ihrem Mann nicht ernst genommen – »Mit mir kann man es ja machen«, ist dann immer wieder ihr Gedanke. Es kommt ihr nicht in den Sinn, derartige Situationen aus seiner Perspektive zu betrachten. Und da sie immer sofort wütend wird, kommt es auch nie zu einem klärenden Gespräch.

Außerdem ist sie in einem Elternhaus groß geworden, in dem der Vater Frauen grundsätzlich ihre berufliche Kompetenz abgesprochen hat. Ihre Mutter musste bei jeder Kleinigkeit um Erlaubnis fragen. Sie hat gespürt, wie ihr Vater die Mutter kleinhielt und wie demütigend und erniedrigend ihre Mutter das empfand. Mit ihr ging er ebenso um. Nichts durfte Maria für sich selbst entscheiden. Ihr Vater erlaubte ihr nur widerwillig, zu studieren, und schrieb ihr sogar ihr Studienfach vor. Er hätte sie lieber in einem Ausbildungsberuf gesehen. Sie biss sehr lange immer wieder die Zähne zusammen und schluckte die Wut gegen ihren Vater herunter. So lange sie zu Hause wohnte, saß er am längeren Hebel, bestrafte sie gern schon für Kleinigkeiten. Seine Wutanfälle waren von Mutter und Tochter gefürchtet. Maria weiß, dass ihre eigenen Wutanfälle nicht immer gerechtfertigt sind, aber es überkommt sie manchmal so dermaßen stark, dass sie sich nicht mehr beherrschen kann. Hinterher fühlt sie sich sehr elend und schämt sich für ihr aggressives Verhalten.

Wut kann sehr zerstörerisch sein. Sie kann in diesem Fall die Beziehung zerstören, weil Marias Mann sehr verletzt ist. Sie kann auch die Beziehung zu ihren Kollegen nachhaltig beeinträchtigen und ihre Karriere beenden. Maria wird wütend, wenn sie in ihrem Selbstwertgefühl angegriffen und ihre (berufliche) Identität verletzt wird. Ihre Wut hat also eine Berechtigung. Außerdem gibt es tiefergehende Gründe dafür – in diesem Fall die Wutausbrüche und Kontrolle des Vaters. Meistens ist sie in der Lage, sich gerade noch vor dem Wutausbruch zu beherrschen. Jedoch wird auch bei einem kleinen Wutanfall schnell viel Porzellan zerschlagen.

Wut gehört zu unserer biologischen Grundausstattung, das hat der biologische Verhaltensforscher Panksepp (2012)[29] nachgewiesen. Nicht nur wir Menschen, sondern auch andere Säugetiere können Wut empfinden. Wut ist deshalb ein so starkes Gefühl, damit sie uns die physische Kraft verleiht, den Feind oder die Dinge zu zerstören, die unserer Bedürfnisbefriedigung im Wege stehen. Sie beschützt damit die für uns wichtigen (äußeren) Ressourcen. Alle Lebewesen konkurrieren um Ressourcen, um zu überleben. Für uns Menschen ist das heute weniger offensichtlich, aber wir verfügen über diese biologische Grundausstattung für den Konkurrenzkampf. Wut will zerstören, was uns im Weg steht. Sie wird immer dann ausgelöst, wenn wir an der Befriedigung eines wichtigen Bedürfnisses gehindert werden. Auch die Nichtbefriedigung sozialer Bedürfnisse kann Wut auslösen. Rivalitäten zwischen Geschwistern sind ein Beispiel dafür.

Die Wut selbst ist eine Form der aggressiven Reizbarkeit. Sie bringt Menschen dazu, physische oder verbale Gewalt auszuüben. Sie findet auch über andere Gefühle einen Weg, sich auszudrücken, z. B. über Eifersucht, Rache oder Hass. In schwierigen Zeiten, wenn Ressourcen wie Arbeit, Liebe oder Nahrung knapp sind, nimmt die Wut zu; ebenso, wenn wir Hunger haben.

Niemand ist gegen dieses Gefühl gefeit, aber auf einer sekundären Ebene kann man lernen, Wut nicht durch körperliche oder verbale Gewalt auszudrücken.

Das affektive Gefühl der Wut ist für die meisten Menschen sehr unangenehm. Wir versuchen daher, ihm möglichst nicht zu erliegen. Normalerweise unterdrücken wir Wut, indem wir über die sozialen Folgen nachdenken. Deshalb sagen wir häufig: »Choose your battles wisely« (»Überlege gut, wofür du kämpfen willst«), denn Wut kann sehr zerstörerisch sein. Sie ist zudem eines der wenigen Gefühle, die durch Medikamente nicht wirksam kontrolliert werden können.

Wenn die Wut bei einem Menschen sehr stark ausgeprägt ist und in vielen zwischenmenschlichen Situationen auftritt, sprechen wir von narzisstischer Wut. Sie hat häufig ihre Ursache in während der Kindheit erlittenen psychischen oder physischen Misshandlungen, die für das Kind so bedrohlich waren, dass es in seinem ganzen Sein erschüttert wurde. Diese Art von Wut bedarf einer therapeutischen Behandlung, da die Ursachen den Betroffenen häufig nicht bewusst, sondern sehr tief in ihrer Seele verborgen sind. Wenn Sie wie Maria häufige und unbeherrschbare Wutanfälle haben, holen Sie sich professionelle Hilfe! Dann ist Ihr inneres Selbst sehr stark verletzt und die Wut will es vor weiteren Angriffen beschützen. Diese Schutzbarrieren darf man nicht einfach so einreißen. Sie brauchen einen behutsamen und zugewandten Menschen, der Sie auf diesem Weg begleitet.

Wenn Sie selbst betroffen sind

Was können Sie tun, um nicht so oft wütend zu werden oder Ihre Wut besser zu kanalisieren? Am besten verlassen Sie die Situation, atmen durch, gehen, wenn möglich, eine Runde um den Block und versuchen, sich zu beruhigen, denn es ist Ihnen wahrscheinlich fast unmöglich, klar zu denken, wenn Sie wütend sind. Manchmal können Sie den Raum nicht verlassen. Dann hilft nur, tief ein- und auszuatmen und bis zehn zu zählen, wie es uns schon unsere Großmutter beigebracht hat. Wenn das alles nicht hilft, weil die Wut sehr heftig ist, sollten Sie sich ein Ventil suchen. Sport beispielsweise senkt den Adrenalinpegel; auf ein Kissen einzuschlagen hilft, die aufgestauten Emotionen abzulassen. Sie können die Wut auch lindern, wenn Sie sich ablenken, um auf andere Gedanken zu kommen. Das ist sehr hilfreich und erlaubt. Schauen Sie einen Film, lesen Sie ein fesselndes Buch, konzentrieren Sie sich auf etwas völlig anderes, sodass Ihr inneres System zur Ruhe kommen kann.

Wenn Sie dann in die Situation zurückkehren, haben Sie Sie sich etwas beruhigt und können sagen: »Ich benötige noch etwas Zeit und möchte mir erst einmal Gedanken machen, bevor ich reagiere.«

Diese Möglichkeit besteht auch für Maria. Sie sollte sich bei ihrem Ehemann entschuldigen und mit ihm einen Zeitpunkt finden, um das Problem gemeinsam zu besprechen. Mit ihrem Chef und ihren Kollegen sollte sie erst sprechen, wenn sie sich Gedanken gemacht hat. Es ist gut, wenn sie versucht, den auslösenden Moment aus verschiedenen Perspektiven zu betrachten. Da es gerade bei einem Wutanfall sehr schwierig ist, die verschiedenen Aspekte und Perspektiven zu betrachten, hilft es, sich mit guten Freunden auszutauschen.

In ihrem Job kann Maria darum bitten, dass sich niemand in ihre Kompetenzbereiche einmischt. Ein guter Vorgesetzter wird das verstehen. Besser wäre es noch, wenn Maria auf ihren Kollegen zugehen und sich für ihren Ton entschuldigen würde – nicht jedoch für den Inhalt. Sie sollte ihm ruhig erklären, dass es nicht in Ordnung ist, die Grenze ihres Kompetenzbereiches ständig zu überschreiten.

Der nächste Schritt ist noch wichtiger. Er findet auf der Gefühlsebene statt. Die Situation muss tiefgehend analysiert werden. Dabei helfen folgende Fragen:

- Was genau ist in diesem Moment passiert? Wer hat was gesagt? Was war der Triggerpunkt?
- Woran erinnert es Sie? Gab es ähnliche Situationen in der Vergangenheit?
- Gibt es vielleicht einen Menschen, mit dem Sie dieses Wutgefühl verbinden?
- Welcher Persönlichkeitsaspekt in Ihnen ist es, der sich verletzt, angegriffen, gekränkt, nicht gesehen fühlt?
- Wo sitzt die Wut? Wie sieht das Wutmonster aus? Welche Farbe und Form hat es?
- Können Sie mit ihm ins Gespräch kommen? Was sagt es Ihnen? Worüber beschwert es sich? Aus welchem Grund kommt es aus der Höhle?

Erst wenn Sie verstehen, was genau die Wut in Ihnen auslöst, können Sie ihr nachgehen. Wenn Sie sich immer wieder mit dem Gefühl der Wut beschäftigen, lernen Sie, es besser zu bewältigen. Hinter Wut steckt eine große Verletzung des Selbst. Die Kraft, die Sie benötigen, um die Wut zu unterdrücken oder zu kanalisieren, könnten Sie für etwas anderes nutzen. In unserem Beispiel hat Maria ein von ihrem Vater vorgeschriebenes Fach studiert. Vielleicht hätte sie gern etwas anderes studiert. Ist es zu spät, sich umzuorientieren? Wenn nicht, könnte sie die Energie aus der Wut für das verwenden, was sie eigentlich gern getan hätte. Wenn das nicht möglich ist, kann sie sich in ihrer Freizeit damit beschäftigen. Sie kann etwas Kreatives tun oder etwas Neues lernen, etwas, woran sie wirklich Spaß hat. Die Energie in Aktivitäten umzulenken, die Freude machen, ist das Entscheidende.

Wenn ein Mitmensch betroffen ist

Was können Sie für einen Freund oder Kollegen tun, der immer wieder Wutanfälle hat? Wut hat, wie viele starke Gefühle, einen ansteckenden Charakter. Wenn jemand mit uns wütend ist, werden wir schnell ebenfalls wütend. Oder wir empfinden mit dem Angriffsopfer mit und fühlen uns ebenfalls gekränkt durch die Wutattacke. Aber der Wutanfall Ihrer Freundin oder Kollegin ist nicht der Ihre, also machen Sie sich ihn nicht zu eigen.

Manche Menschen lassen sich zwar nicht anstecken, rutschen aber in eine moralische Besserwisser-Rolle. Denn sie fühlen sich besser, wenn sie über der Situation stehen.

Beide Reaktionen sind nicht hilfreich: Mehr Wut bringt mehr Zerstörung mit sich und moralische Überlegenheit vermittelt dem wütenden Menschen, wie schwach und falsch seine Reaktion ist, sodass sich zu der Wut auch noch Scham gesellt – das gilt es zu vermeiden. Empathie mit dem Wütenden und dem Attackierten sowie viel Fingerspitzengefühl helfen, die Situation zu beruhigen und zu entspannen. Das ist nicht so einfach, aber ein Ablenkungsmanöver ist besser, als sich in eine Wutspirale hineinziehen zu lassen, die schnell in gegenseitige Beschimpfungen mündet. Später könnten Sie dann Ihre Gesprächsbereitschaft signalisieren.

Im Privatleben und in einer Partnerschaft ist es meist sehr viel schwieriger als im Berufsleben, beim Thema Wut den richtigen Gesprächsansatz zu finden. Ganz wichtig ist es, zu verstehen, dass niemand gern Wutanfälle hat. Nach einem Wutausbruch schämen wir uns oft so sehr, dass wir lieber ein Gespräch vermeiden oder vielleicht auch bockig reagieren. Sehr viel Feingefühl und Empathie sind notwendig, um zu verstehen, dass die Quelle der Wut in einer alten, sehr schlimmen Geschichte liegt. Gleichzeitig ist es wichtig, klare Grenzen zu ziehen, da ein Wutanfall auch eine Grenzüberschreitung für den Wutempfänger ist. Ihm macht die verbale Gewalt Angst. Um auf einen gewalttätigen Angriff entspannt zu reagieren, sind sehr viel Gelassenheit und Liebe nötig und die Bereitschaft, sich über die eigenen Gefühle hinwegzusetzen. Das kann ein wütender Mensch im Grunde nicht erwarten.

Sie sollten trotzdem versuchen, hinter der Wut den Menschen zu sehen, den Sie lieben. Die Wut ist ein Monster, das den geliebten Menschen besetzt. Dieser möchte sich von ihm (hoffentlich) selbst befreien. Wenn Sie gemeinsam versuchen, in Ihren Handlungen den Trigger zu finden, der bei Ihrem Gegenüber Wut auslöst, können Sie langfristig mehr Frieden miteinander finden.

Im Unternehmen hat Wut bzw. das Ausagieren von Wut nichts zu suchen. Machen Sie dem Wütenden klar, dass unbeherrschte Reaktionen dort keinen Platz haben. Zum Glück konnte Maria sich beherrschen, sie hätte sonst wohl gern ihren Kollegen richtig beschimpft. Wenn ein Wutanfall einmal vorkommt, ist dies noch kein großer Grund zur Besorgnis.

Häufen sich jedoch solche Anfälle, sollten Sie etwas tun – Wut ist ein gewaltsamer Akt, vergessen Sie das nicht. Wenn Wut in verschiedenen Unternehmensbereichen oder bei mehreren Mitarbeitern auftritt, sollten Sie dort einmal genau hinschauen: Wut signalisiert auch dem Gegenüber, dass eine Grenze übertreten wurde.

Arbeitsblatt
– Wut und Ärger –

Wann kommt das Gefühl auf?

Durch wen oder was ausgelöst?		Was ist der Kontext? Wieso, aus welchem Grund?	
Partner	➡	Verabredung ohne Abstimmung	➡
	➡		➡
	➡		➡
	➡		➡

Wer oder was kann Ihnen guttun in der Situation? Was brauchen Sie?

Spazieren gehen

Gibt es eine Geschichte dazu? Mit wem? Was ist genau passiert?		Welche alten Gefühle kommen in Ihnen hoch, wenn Sie an die Geschichten denken?
Vater überging mich und meine Mutter ständig	➡	Wut und Ärger
	➡	
	➡	
	➡	

Wie könnte ein Leben ohne das negative Gefühl aussehen?

Endlich "mein" Fach studieren

Angriff ist die beste Verteidigung

»Angriff ist die beste Verteidigung«, sagt der Volksmund, und wir alle wissen sofort, was damit gemeint ist. Haben wir etwas vermasselt und müssten uns einer berechtigten Kritik stellen, reagieren wir manchmal mit einem Angriff, statt selbstkritisch in uns zu gehen oder uns zu entschuldigen.

Marcel

Marcel, ein dynamischer Mittdreißiger, ist im Grunde seines Herzens ein netter Kerl. Er ist jedoch bekannt dafür, gut austeilen zu können. Das Einstecken hingegen fällt ihm schwer. Seine Freunde und Kollegen wissen, dass er vieles kritisiert und andere selbst für kleinste Fehler zur Rede stellt. Das kann manchmal sehr unangenehm sein und hat ihn bereits viele Sympathien gekostet. Neulich hatte er seinen Freunden versprochen, ihnen am Wochenende beim Umräumen ihrer Wohnung zu helfen. Alles war genau abgesprochen, doch wer war nicht da? Marcel. Auch telefonisch war er nicht zu erreichen, sein Mobiltelefon war ausgeschaltet. Also räumten seine Freunde ihre Wohnung ohne ihn um. Am Montagabend nahm Marcel den Anruf seiner Freunde entgegen, die sich nicht nur geärgert, sondern sich auch Sorgen gemacht hatten. Marcel schleuderte ihnen auf deren Nachfrage entgegen, er hätte die ganze Woche mit ihrem Anruf gerechnet und auf ihn gewartet – aber da dieser Anruf nicht gekommen sei, sei er über das Wochenende verreist – das sei ja wohl sein gutes Recht. Außerdem seien die beiden immer so unzuverlässig, dass man nie genau wisse, ob sie das täten, was man miteinander besprochen hatte. Wie gesagt, er habe ja schließlich lang genug auf ihren Anruf gewartet. Marcel hatte zwar ein schlechtes Gewissen, aber das wollte er nicht zugeben. So ging er lieber gleich zum Gegenangriff über. Eine Entschuldigung wäre schließlich ein Eingeständnis von Schwäche. Das wollte er sich nicht leisten.

Seine Freunde waren wie vor den Kopf geschlagen und zogen sich danach von Marcel zurück. Marcel erzählte allen anderen, wie unzuverlässig die beiden doch seien. Eine enge Freundin stellt ihn jedoch eines Tages zur Rede – wieso er denn so schlecht über dieses Freundespaar spreche, vielleicht habe er etwas missverstanden? Marcel verneint zwar, aber er kommt doch ein wenig ins Grübeln …

Kommentar: Mangelnde Kritikfähigkeit geht oft mit mangelnder Konfliktfähigkeit einher. Beide sind verknüpft mit einem schwachen Selbstwertgefühl. Woher das stammen kann, werden wir uns noch einmal genauer im Kapitel über Minderwertigkeitsgefühle anschauen.

Wenn wir uns klein und unsicher fühlen, möchten wir das nur sehr ungern zeigen. Marcel ist mit der Devise »Ein Indianer kennt keinen Schmerz« groß geworden. Als mittlerer von drei Brüdern musste er sich immer gegen die beiden anderen wehren. Sie haben ihn getriezt, weil er körperlich kleiner und schmächtiger war. Wahrscheinlich war es nicht böse gemeint, aber Kinder haben ein Gespür für die Schwachpunkte bei anderen. Marcel war sehr sensibel und diese Empfindsamkeit nutzten seine Brüder aus, auch weil sie sich ihm sprachlich unterlegen fühlten. Sein schwaches Selbstwertgefühl versuchte Marcel durch intelligente Sprüche und markiges Auftreten zu kompensieren. So entstand für ihn ein Teufelskreis. Er fühlte sich (zu Recht) schnell angegriffen und geriet unter inneren Druck, mit dem er nur umgehen konnte, indem er selbst in den Angriff ging und seine Stärke, mit Worten gut umgehen zu können, ausspielte. Die Eltern hatten die drei Jungen weitgehend sich selbst überlassen, in der Hoffnung, dass sie sich gegenseitig erziehen würden. Sie hatten nicht berücksichtigt, wie unterschiedlich die drei waren und wie sehr ihr mittlerer Sohn unter den ständigen Attacken und Schikanen seiner Brüder litt. Er war körperlich zu schwach, um sich zu wehren, und konnte sich daher nur mit Worten Respekt verschaffen.

Falls Sie nicht gut mit Kritik und Konflikten umgehen können, dann ahnen Sie das möglicherweise, aber Sie geben es nicht gern zu. Der verbale Angriff ist häufig eine Fassade, hinter der ein verletzter Mensch steckt. Das riesengroße Monster in Ihnen, das alles und jeden verschreckt und in die Flucht schlägt, ist in Wirklichkeit klein und verwundbar. Doch wie kommt es zu dieser »aufgeblasenen Fassade« und wie kann man lernen, die Luft herauszulassen?

Eine dauernde Angriffshaltung kann mit der Zeit zu einer unbewussten zweiten Natur werden. Es gibt immer etwas zu kritisieren und besser zu machen – das gilt in diesem Muster nicht für den Angreifer, sondern nur für die Anderen. Wenn er andere kritisiert, lenkt er sie und sich selbst von seinen eigenen Schwächegefühlen ab und fühlt sich einen Augenblick lang groß und stark. Jede Art von Kritik oder Konflikt, egal wie liebevoll sie vorgebracht wird, wird mit einer Gegenkritik beantwortet.

Manche Menschen leben in dieser Kritikhaltung – sie kritisieren alles, was ihnen passiert; jede Begegnung, jede Erledigung, jede Aktivität anderer Menschen wird auf ihre Fehler und Schwächen hin gescannt, analysiert und bewertet. Im Grunde befürchten solche Menschen jedoch, selbst entwertet und verurteilt zu werden. Das ist ein schreckliches Gefühl, das meistens gut verdrängt wird (das Muster der Verdrängung schauen wir uns im Kapitel über das Leugnen genauer an). Stattdessen fühlen sich solche Menschen in einer besserwisserischen Siegerpose – »Seht her, ich durchschaue alles und weiß, wie es geht.«

Das zugrundeliegende mangelnde Selbstwertgefühl entsteht, weil eine Person nicht genügend Anerkennung und zu viel Kritik von wichtigen Bezugspersonen erfahren hat. Wenn wir ständig kritisiert oder wie hier im Beispiel von den Brüdern schikaniert werden, glauben wir irgendwann an den eigenen Unwert und wissen uns nur zu helfen, indem wir die Kritik weitergeben. Sie wirkt wie eine beständige »Druckpresse« – immer muss ich mich beweisen und zeigen, dass sie nicht gerechtfertigt ist. Diesen ständigen Druck fressen wir in uns hinein. An den Eltern können wir ihn nicht auslassen, weil sie uns sicher dafür bestrafen würden. Da wir starken psychischen und physischen Druck als Angriff und Bedrohung erleben, greifen wir entweder selbst an oder ergreifen die Flucht, je nach Persönlichkeit und Charakter. Andere mit einer Gegenkritik anzugreifen, ist einer der Wege, diesen Druck weiterzugeben.

Angriff ist ein sehr archaisches Verhaltensmuster, das in realen Bedrohungssituationen automatisch abläuft. Der Adrenalinpegel steigt und der Körper geht in eine Art Fokusmodus, in dem die physische und psychische Energie vollständig für den Angriff bereitgestellt wird. Nachdenken funktioniert nicht mehr. Für den Kampf mit dem Säbelzahntiger war das in früheren Zeiten wichtig. Wenn wir uns aber emotional in unserem Selbstwertgefühl bedroht fühlen, wäre es besser, erst einmal nachdenken zu können, bevor wir mit einem Angriff reagieren. Vielleicht fragen Sie sich jetzt, was der Unterschied zur Wutattacke ist? Die kommt aus einer anderen inneren Ecke: Wütend werden wir, wenn wir nicht bekommen, was wir brauchen oder wollen. Eine Angriffsfassade bauen wir uns auf, weil wir nicht möchten, dass die anderen sehen, wie schwach, klein und fehlerhaft wir uns fühlen.

Wenn Sie selbst betroffen sind

Was können Sie tun, wenn Sie selbst zu diesem Verhalten neigen? Sicherlich hat Sie einer Ihrer Freunde oder Ihr Partner bereits darauf hingewiesen. Meist passiert das im Streit, wenn der andere sagt: »Nie entschuldigst du dich« oder »Du bist überhaupt nicht kritikfähig!« oder »Hör auf, mich zu kritisieren, es ging doch eben um dich.« Auch wenn Sie dem nie direkt zustimmen würden, ahnen Sie doch, dass diese Vorwürfe berechtigt sind. Finden Sie also heraus, warum Sie sich so verhalten.

Was könnte die Ursache sein? Wer hat Sie früher immer kritisiert und abgewertet? Mit welchen Worten und in welchen Situationen? Versetzen Sie sich in eine frühere Situation und fragen Sie sich, welches Gefühl Sie in dem Moment verspürt haben. Entdecken Sie das kleine, verletzte Wesen, das Sie einmal waren. Vielleicht können Sie mit ihm ins Gespräch kommen und versuchen, den Schmerz zu verstehen, es sogar trösten? Wenn Sie es trösten wollen, dann denken Sie an die Person, die heute aus Ihnen geworden ist, und was Sie alles im Leben gemeistert haben. Versuchen Sie einmal, Ihre Geschichte zu einer Erfolgsgeschichte umzuschreiben, und stellen Sie alles Erlebte als Erfolg dar. Zu jedem Erfolg gehören Fehler und Zweifel. Das gilt auch für Sie. Lernen Sie, nachsichtiger mit sich zu sein, dann werden Sie auch mit anderen nachsichtiger umgehen. Üben Sie, sich zu entschuldigen, wenn Sie einen Fehler gemacht haben. Sie werden sehen, die Welt geht nicht unter. Ihre Freunde werden sich nicht abwenden – im Gegenteil, sie werden viel lieber mit Ihnen zusammen sein.

Wenn ein Mitmensch betroffen ist

Wenn Sie einen Freund, Partner oder Kollegen haben, der mit Angriffen reagiert, dann seien Sie verständnisvoll und sehen Sie die verletzte Seele in ihm. Kein Mensch wird so geboren, sondern verhält sich so, um sich zu schützen. Sobald Sie verstehen, dass hinter der Angriffsfassade kein Monster steckt, sondern ein liebesbedürftiges Wesen, wird es Ihnen leichter fallen, die beständigen Angriffe oder Kritiken zu überhören und nicht auf sich zu beziehen. Denn im Grunde gilt jeder Angriff des Anderen sich selbst. Es ist furchtbar, wenn ein Mensch sich ständig selbst herabwürdigt. Zugleich nehmen Sie dem Angreifer den Wind aus den Segeln, wenn Sie ihm Verständnis zeigen. Das ist viel verlangt, denn wenn wir angegriffen werden, wollen wir uns verteidigen. Es trägt jedoch zum Frieden und zur Harmonie in einer Freundschaft oder Beziehung bei.

Wenn sich die Situation wieder etwas entspannt hat, können Sie versuchen, darüber zu reden. Das stellt für den Angreifer eine große Herausforderung dar, denn er hat den Eindruck, sich Ihnen auszuliefern und Macht abgeben zu müssen. In allen Arten von Beziehungen geht es auch immer um Macht. Insgesamt sollten sich die Macht- und Gefühlskonten in einer Beziehung ausgleichen; nicht in jeder Situation, aber über einen gewissen Zeitraum hinweg. Deswegen müssen Sie auch für sich selbst entscheiden, wie häufig Sie dem anderen entgegenkommen und wie wichtig Ihnen eine Beziehung mit diesem Menschen ist. Es kann sein, dass Sie eines Tages eine klare Grenze ziehen müssen – und vielleicht ist das für den Anderen das Signal für eine wirklich notwendige Veränderung.

Arbeitsblatt

– Angriff zur Verteidigung –

Welche Kritik verunsichert Sie am meisten?

Durch wen oder was ausgelöst?		Was ist der Kontext? Wieso, aus welchem Grund?	
Partner	➡	Verhaltenskritik	➡
	➡		➡
	➡		➡
	➡		➡

Welche Erfolge haben Sie bisher erlebt?

Klassensprecher

Gibt es eine Geschichte dazu? Mit wem? Was ist genau passiert?		Welche alten Gefühle kommen in Ihnen hoch, wenn Sie an die Geschichten denken?
Für Mutter war ich nie gut genug	➡	Angst vor Liebesverlust
	➡	
	➡	
	➡	

Wie könnte ein Leben ohne Ihre Angriffe aussehen?

Freudvoller, weil mehr positives Feedback

Versteckte, passive Aggressionen

In Beziehungen sind wir manchmal ärgerlich auf den Partner, möchten es uns selbst und ihm gegenüber aber nicht eingestehen – das kennen Sie sicherlich auch. Passive Aggressionen sind ein beliebtes Mittel, heimlich, indirekt und manchmal sogar heimtückisch Groll und Verärgerung zum Ausdruck zu bringen und gleichzeitig sicherzustellen, dass diese Absicht mit einer plausiblen Erklärung abgestritten werden kann. Die besonderen Probleme sind hier die manchmal auch unbewusste böse Absicht und die negative Spirale, die sich daraus ergibt.

Jennifer

Jennifer ist am Telefon und beendet gerade ein Arbeitsgespräch, während ihr Partner Frank am Esstisch wartet. »Ich brauche nur ein oder zwei Minuten«, flüstert sie und deutet auf ihr Telefon. »Kein Problem«, flüstert Frank leise zurück.

Die Zeit verstreicht und Jennifer läuft immer noch mit dem Knopf im Ohr in der Wohnung umher. Sie dreht sich zu Frank um, rollt mit den Augen und deutet das Wort »Sorry« an. Frank winkt die Entschuldigung mit einem wohlwollenden Kopfschütteln ab.

Zehn Minuten später ist Jennifer immer noch am Telefon, sie gestikuliert wild herum und spricht von »Leverage«, »Buy-ins« und »Skalierbarkeit« – allein diese Worte rufen bei Frank ein Unwohlsein hervor. Als Künstler findet er diese Begriffe absurd. Die Spaghetti bolognese,

die Frank in Vorfreude auf einen gemeinsamen Abend zubereitet hat, sind mittlerweile kalt.
Eine halbe Stunde später dreht Jennifer sich um und ist völlig überrascht zu sehen, dass Frank niedergeschlagen aus dem Fenster starrt. Mit einem ironischen Unterton sagt sie ihrem Kollegen, dass das Abendessen auf sie warte.
Jennifer eilt zum Tisch und sagt Frank ein wenig zu begeistert, wie köstlich die Pasta aussieht. »Bedien' dich«, erwidert Frank mit einem versteinerten Ausdruck im Gesicht.
»Oh Gott«, sagt Jennifer, »bist du sauer?«
»Ja, merkwürdig«, antwortet Frank, »und der Appetit ist mir auch vergangen.« Er verlässt den Tisch. Jennifer ruft zwar noch eine Entschuldigung hinterher, doch sie hört nur noch, wie die Tür zuschlägt.
Kommentar: Jennifer verhält sich nicht offensichtlich aggressiv, aber Sie spüren an den Untertönen, dass es auch gar nicht um ein erkaltetes Abendessen geht. Warum lässt sie wohl ihren Partner auf diese Weise warten?
Was denken Sie, sind die Gründe für Jennifers Reaktion? Am Anfang ist Jennifer verärgert, weil ihr Mann von ihr erwartet, das wichtige geschäftliche Telefonat abzubrechen, »nur« weil er gekocht hat. Aber das ist eine vorgeschobene Begründung, denn in Wirklichkeit denkt sie: »Er kann zwar die Begriffe und den Jargon meines Geschäfts nicht leiden, aber über die schöne große Wohnung, die wir uns von meinem Gehalt leisten können, beschwert er sich nicht!« Unter der Oberfläche ist Jennifer verärgert, weil sie mehr zum gemeinsamen Leben und dessen Komfort beitragen muss. Während sie am Telefon war, kam ihr kurz der Gedanke: »Ja, da sitzt du nun ganz brav und musst auf

mich warten, während ich ganz wichtige Dinge tue.« Wenn sie ehrlich zu sich selbst ist, muss sie sich sogar eingestehen, dass es ihr Freude bereitet, zu zeigen, wer die Macht hat. Jennifer schämt sich allerdings sehr für ihren Wunsch nach Macht und ihren Groll, der unter der Oberfläche brodelt. Woher kommt das?

Ihre Mutter hat mehrfach stolz erklärt, wie gut sie Jennifer erzogen habe. Wenn Klein-Jenni Wutanfälle bekam, verließ sie immer den Raum und signalisierte damit: »Du darfst nicht wütend sein, denn sonst gehe ich!« Das muss schrecklich für das Kind gewesen sein. Denn was passiert mit Wut und Aggression, wenn man sie verbietet und ihnen kein Ventil bietet? Sie sind wie eine Energie, die sich auf irgendeine Weise, wenn auch passiv, ihren Weg bahnt.

Das Passive-Aggressionen-Monster ist im Grunde seines Herzens sehr verletzt, traut sich aber nicht, dies zu zeigen, und schlägt in so geschickt verdeckter Weise um sich, dass der Andere diese Schläge zwar spürt, aber nichts dagegen tun kann, weil sie gut getarnt hinter vermeintlich wohlwollenden Worten versteckt sind. Leider wirkt passive Aggression ansteckend. Jennifers Verhalten provoziert eine verdrossene Reaktion von Frank. Passive Aggression gedeiht überall, in Beziehungen zu Hause genauso wie in Freundschaften und am Arbeitsplatz. Denn sowohl in Beziehungen und Freundschaften als auch am Arbeitsplatz ist es »nicht erlaubt«, seinen Frust oder Unmut zu zeigen oder darüber zu sprechen: In Liebesdingen soll man keine Aggressionen haben, weil man den Anderen doch liebt und alles immer schön harmonisch sein soll. Am Arbeitsplatz gelten Aggressionen als unprofessionell.

Passive Aggressionen sind in unserer heutigen Zeit weit verbreitet, weil die Menschen häufig kein angemessenes Ventil finden. Wenn sie überarbeitet sind, fällt es sehr schwer, Konflikte direkt anzusprechen. Es gibt hierzu viele Beispiele: der Partner, der mit einem gewissen Unterton sagt: »Danke, dass du die Spülmaschine ausgeräumt hast!«; der Kollege, der auf seinen überfälligen Bericht angesprochen murmelt, dass dieser »in der Masse Ihrer Anfragen wohl vergessen wurde« – nicht zufällig ist die sprachliche Passivkonstruktion in der Regel die bevorzugte Verbalform der passiven Aggression.

In all diesen Fällen verhält sich der passiv-aggressive Mensch feindselig oder behindernd und leugnet es gleichzeitig. Der Täter versichert Ihnen also, dass er die Irritation, die Sie gerade empfinden, ganz sicher nicht beabsichtigt hat. Er gibt Ihnen das Gefühl, dass Sie das Problem sind. Oft dauert es eine Weile, bis man die passive Aggression als solche erkennt, denn zu Beginn wundert man sich über das eigene komische Gefühl, während der andere doch so freundlich erscheint. Irgendwann spüren Sie auf einmal die Unfreundlichkeit, die sich hinter der vorgeschobenen Freundlichkeit versteckt. Mit ihr decken wir vieles zu, vom Aufschieben und Vergessen eigener unangenehmer Aufgaben bis zum allgemeinen Unmut über den Anderen und sein »nerviges« Verhalten.

Der Begriff der passiven Aggression wurde von dem amerikanischen Psychiater William Menninger im Zweiten Weltkrieg entwickelt.[30] Er hatte nämlich beobachtet, dass Soldaten, die sich nicht aktiv gegen die Befehle ihrer Vorgesetzten zur Wehr setzen konnten, indirekte Wege hierzu fanden. Sie waren beleidigt, zögerten absichtlich lange, wurden auf einmal sehr langsam und ineffizient bei ihren Aufgaben, begannen, hinter dem Rücken des Vorgesetzten schlecht über ihn zu sprechen, und vergaßen oder überhörten Befehle. Damit vermieden sie, der Anweisung ihres Vorgesetzten zu folgen. So etwas geschieht manchmal bewusst, manchmal auch unbewusst.

Wir alle kennen passiv-aggressives Verhalten und niemand ist ganz frei davon. Sie haben vielleicht auch schon einmal in Ihrer Partnerschaft oder im Berufsleben vorgegeben, gern mitzumachen oder mitzuarbeiten, und dann doch »gemauert«. Es ist nicht immer leicht, eine eigene, eher kritische Meinung zu vertreten und sich damit einer möglichen Kritik auszusetzen oder eine Auseinandersetzung zu provozieren. Und das ist auch der Hauptgrund, warum wir passiv-aggressiv handeln.

Bevor wir uns einige der Gründe anschauen, werfen wir noch einen Blick auf die Vielfalt passiver Aggressionen:

- Ein zweideutiges Kompliment machen (»Ich habe gesehen, dass du die Wäsche schon gewaschen hast. Wie überraschend! Danke, mein Schatz.«)
- Indirekt eine Bitte ablehnen (nicht Nein sagen, aber auch nicht tun, worum ein Anderer Sie gebeten hat)
- Ausreden erfinden, anstatt zu sagen, was Sie auf dem Herzen haben oder was Sie denken
- Auf Bitten mit Sarkasmus oder subtilen Sticheleien reagieren
- Auf Bitten mit Schweigen reagieren
- Sagen »Mir geht es gut« oder »Mich stört nichts«, wenn Sie wütend sind und Sie etwas stört
- Schmollen, aufseufzen oder auf andere nonverbale Weise zeigen, dass Sie nicht glücklich sind (Augenbrauen hochziehen genügt schon, Türen etwas deutlicher zuziehen, laut die Luft ablassen etc.)
- Vom Thema ablenken, wenn das Gespräch auf den Konflikt zusteuert
- Wichtige Termine scheinbar zufällig vergessen, sich nicht an Absprachen erinnern
- Sich nicht an schwierige Gespräche in einem bestimmten Kontext erinnern

- Sich über Situationen mit anderen Menschen beschweren, die Sie stören, um indirekt zu zeigen, dass Sie unzufrieden wären, sollten ähnliche Situationen mit dem Gesprächspartner auftreten
- Darüber reden, wieviel Sie für andere tun, ohne etwas Gleichwertiges zurückzubekommen
- Eine verletzende Bemerkung als Spaß und den Gesprächspartner als Spielverderber darstellen, wenn er das nicht lustig findet
- Den Spieß umdrehen: Wenn Sie auf Ihr eigenes Sabotage-Verhalten angesprochen werden, schieben Sie die Schuld auf den Gesprächspartner
- Im Team Informationen zurückhalten, die andere benötigen, um weiterarbeiten zu können

Wenn Sie selbst betroffen sind

Die Grundidee ist klar: Sie möchten Ihren Ärger ablassen, ohne anderen direkt wehzutun oder aktiv zu schaden, schwierige Situationen mit ihnen vermeiden, ohne dass Sie dafür verantwortlich gemacht werden können und ohne dass Sie über den Konflikt sprechen müssen.

Aggression und Wut sind auch eine Form der Selbstbehauptung. Wir können uns nur dann gegenüber Eltern, Lehrern oder Chefs behaupten und auf unser Recht bestehen, wenn wir ein gewisses Maß an aggressiver Energie aufbringen. Mit der Selbstbehauptung eng verbunden ist der Wunsch, sich selbst schützen zu wollen. Vielleicht haben Sie Angst, bestraft zu werden, wenn Sie sagen, was Ihnen auf dem Herzen liegt, was Sie stört oder was Sie anders machen würden. Möglicherweise haben Sie Angst vor Auseinandersetzungen, eventuell auch vor der Verärgerung anderer. Sie befürchten vielleicht auch, andere, Partner, Freunde, Kollegen oder den Chef zu enttäuschen.[31] Vielleicht haben Sie das Gefühl, sich offene Kritik und Konflikte nicht leisten zu können, weil Sie sich unterlegen fühlen. Wenn Sie in solchen Situationen passiv-aggressiv Widerstand leisten, kann es Sie sogar etwas befriedigen, denn wenn Sie andere verletzen, können Sie sich überlegen fühlen.[32]

Menschen, die zu passiver Aggression neigen, haben oft früh im Leben erfahren, dass ihre eigenen Grenzen von den Eltern oder anderen Autoritätspersonen nicht respektiert oder sogar überschritten wurden. Vielleicht haben sie auch erfahren, wie ihre Wünsche nach Autonomie und Unabhängigkeit abgewiesen und als nicht gerechtfertigt betrachtet wurden. Der Betroffene fühlt sich dadurch abgewertet, abgelehnt und nicht anerkannt. Daraus entsteht häufig ein sehr starkes Bedürfnis nach Anerkennung und Respekt.

Leider erreichen Sie mit passiver Aggression eher das Gegenteil von Wertschätzung und Achtung. Zunächst werden Sie nicht verstanden (das soll ja auch so sein), später zurückgewiesen und schließlich werden Sie gerade nicht respektiert, weil Sie einerseits anderen Schmerzen zufügen und andererseits nicht den Mut haben, sich dem Konflikt zu stellen. Damit bringen Sie Ihre Mitmenschen langfristig gegen sich auf. Es gibt also gute Gründe, die eigenen passiv-aggressiven Verhaltensweisen zu bekämpfen.

Wie können Sie diese Verhaltensweisen bekämpfen? Zunächst sollten Sie darauf achten, wann genau Sie passiv-aggressiv reagieren. In welchen Situationen passiert dies? Was genau macht Sie wütend oder ärgerlich? Warum empfinden Sie gerade dann diesen Konflikt? Dazu müssen Sie in sich selbst hineinhorchen. Versuchen Sie zu spüren, was genau das Problem ist. Jennifer ärgert sich darüber, materiell überproportional zum Lebensunterhalt beizutragen, während ihr Liebster sich »den schönen Künsten« widmen darf. Dafür hätte sie nämlich auch gern mehr Zeit.

Im nächsten Schritt denken Sie darüber nach, wie man in Ihrer Kindheit auf Ihre Wut reagiert hat oder auf Ihre Hinweise, dass Ihnen etwas nicht gefalle, missfalle oder Ihnen unangenehm sei. Manche Eltern reagieren abweisend auf diese Hinweise oder zwingen das Kind, Dinge zu tun, die ihm zutiefst widerstreben. Vergegenwärtigen Sie sich, wie Sie den Mangel an Zuneigung und Respekt für Ihre Bedürfnisse empfunden haben.

Machen Sie sich im nächsten Schritt klar, welche anderen Reaktionsmöglichkeiten Sie heute haben – als Erwachsener. Sie können heute lernen, mit Ihrer Wut und Ihrer Angst anders umzugehen. Vielleicht können Sie sie sogar konstruktiv oder produktiv nutzen? Denn im Grunde möchten Sie doch etwas anderes erreichen als Ablehnung. Welche Ziele sind Ihnen wichtig? Wie möchten Sie die Beziehung gestalten? Vielleicht können Sie sich Selbstbestätigung in einem neuen Feld holen und Ihre Energie dort einsetzen? Vielleicht ist die Situation des Anderen nicht so, wie Sie denken? Franks Leben als Künstler ist womöglich nicht so einfach, denn es kann mit sehr vielen Selbstzweifeln und Krisen verbunden sein. Er verdient wenig Geld, wofür er sich vielleicht schämt. Fragen Sie sich in Bezug auf Ihre Arbeit: Was möchten Sie in diesem Abschnitt Ihres Berufslebens erreichen? Welches Ziel stecken Sie sich selbst? Ihre Ziele können Sie besser erreichen, wenn Sie nicht passiv-aggressiv reagieren, sondern einen Weg finden, um zu sagen, was Sie denken, was Ihnen wichtig ist oder was Ihnen fehlt.

Wenn ein Mitmensch betroffen ist

Was tun Sie, wenn Sie unter passiven Aggressionen eines Anderen leiden? Es ist nicht einfach, mit einem solchen Verhalten umzugehen, weil der direkte Austausch von dem »Täter« vermieden wird. Wenn Sie mit Kritik und Vorwürfen reagieren, führt das in der Regel zu unfruchtbaren Diskussionen, da es sehr schwierig ist, passiv-aggressives Verhalten nachzuweisen, denn es soll gerade nicht nachweisbar und eindeutig sein. In einem solchen Gespräch zieht sich am Ende der Aggressor häufig beleidigt zurück, weil er es ja nur gut gemeint habe oder nicht anders könne – ihn dafür zu kritisieren, sei doch sehr unfair. Damit inszeniert sich die passiv-aggressive Person als Opfer und vermeidet ein konstruktives Gespräch über ihre eigentlichen Beweggründe.

Was können Sie dann tun?

- Wenn möglich, gehen Sie nicht auf das passiv-aggressive Verhalten ein, denn negative Reaktionen bestärken Ihr Gegenüber in seiner Wahrnehmung.
- Versuchen Sie, Ihr Gegenüber nicht zu beschuldigen, suchen Sie lieber nach alternativen Lösungswegen.
- Wenn möglich, reagieren Sie nicht angegriffen, sondern einfühlsam und konkret. Formulieren Sie Ihren Standpunkt so klar und greifbar, wie es geht, machen Sie aber keine Vorwürfe.
- Wenn nichts hilft und Sie die Situation stark belastet, müssen Sie sich zurückziehen und den Kontakt auf das notwendige Minimum reduzieren.[33]

Arbeitsblatt
– Passive Aggressionen –

Welche Kritik verunsichert Sie am meisten?

Durch wen oder was ausgelöst?		Was ist der Kontext? Wieso, aus welchem Grund?	
Partner	➡	Er ruht sich aus, ich muss Geld verdienen	➡
	➡		➡
	➡		➡
	➡		➡

Wie könnten Sie kreativer mit Ihren Aggressionen umgehen?

Neue Sportart lernen

Gibt es eine Geschichte dazu?
Mit wem?
Was ist genau passiert?

Was brauche ich eigentlich?

Gibt es eine Geschichte dazu? Mit wem? Was ist genau passiert?		Was brauche ich eigentlich?
Durfte als Kind nie wütend sein	➡	Wertschätzung
	➡	
	➡	
	➡	

Wie könnte ein Leben mit mehr Selbstbehauptung aussehen?

Gelassenere Gespräche mit Partner mit mehr gegenseitigem Verständnis

Ungeduld und Zynismus

Drängeln Sie manchmal ungeduldig Ihren Partner mit »Kommst du endlich?« oder quälen Sie ihn mit einer zynischen Bemerkung wie: »Wenn du nur ein wenig ordentlicher wärst, dann wären wir endlich auch mal pünktlich«? Berechtigterweise empfindet Ihr Partner das als aggressiv und reagiert vermutlich nicht besonders liebenswürdig. In Unternehmen werden oft gerade junge Menschen mit einem hohen Maß an Ungeduld durchaus wertgeschätzt. Es gibt viele Bewerbungsratgeber, die Ihnen erklären, dass Ungeduld eine gute Schwäche sei, die im Gespräch positiv beeindrucken soll. Mit einem zusätzlichen Quentchen Zynismus, das Coolness und Humor gleichzeitig signalisiert, sind Sie, so die häufige Auffassung, auf einem guten Weg in die Führungsetage. Das verändert sich langsam, aber in bestimmten Geschäftszweigen nutzt man noch immer einen abwertenden Unterton, um Mitarbeiter »anzuspornen«.

Das ungeduldige und zynische Monster zeichnet sich vor allem durch seine Menschenverachtung aus. Es zerstört viel Vertrauen in zwischenmenschlichen Beziehungen, innerhalb der Familie oder im Unternehmen. Ungeduld und Zynismus lassen Freund- und Partnerschaften zerbrechen und machen echte Zusammenarbeit unmöglich. Hüten Sie sich gut vor diesem Monster. Oder haben Sie Lust, mit einem Menschen zusammen zu sein, der Ihnen immer wieder unter die Nase reibt, wie sehr er Sie verachtet?

Warum nenne ich Ungeduld und Zynismus in einem Atemzug? Bei beiden Verhaltensmustern lösen Sie sich von einer freundlichen, zugewandten und empathischen Haltung zum Mitmenschen, übersehen andere oder betrachten sie als Objekt – Sie entfremden sich vom Gegenüber. Beide, der Ungeduldige wie die Zynikerin, verhalten sich auf eine versteckte Art aggressiv, denn sie zerstören die Menschlichkeit ihres Gegenübers und missbrauchen dessen Verletzlichkeit zu ihren Gunsten. Wir alle können im Alltag schon mal ungeduldig sein oder eine zynische Bemerkung machen, aber wenn solche Handlungen zu einer allgemeinen Geisteshaltung werden, dann leidet darunter nicht nur Ihr Gesprächspartner, sondern Sie leiden auch selbst.

Erik

Eines Tages kommt Erik zu mir in die Praxis, weil er empathischer werden möchte. Er hat an einem Seminar teilgenommen, das ihm zwar seine sehr abstrakten Denkfähigkeiten bescheinigt, ihn aber auf Defizite in seinem emotionalen Umgang mit anderen Menschen aufmerksam gemacht hat. Auch zu Hause hat er ab und zu gehört, das er etwas mitfühlender reagieren solle. Erik beschreibt sich selbst als oft ungeduldig und zynisch. Bisher hat er nicht darunter gelitten, denn in seinem Fachgebiet, dem IT-Management, wird nicht viel über Gefühle gesprochen. Da er sich aber persönlich und beruflich weiterentwickeln will, sitzt er nun vor mir und erzählt seine Lebensgeschichte.
Es gibt eine Besonderheit: Er hat einen jüngeren Bruder mit geistigen und körperlichen Behinderungen. Seine Eltern kümmerten sich sehr intensiv um diesen Bruder und Erik war deswegen sehr viel allein. Wenn die Familie gemeinsam unterwegs war, kümmerte er sich hingebungsvoll um seinen kleinen Bruder. Er wurde zum aufmerksamen und verantwortungsvol-

len großen Bruder. Dafür bekam er viele Komplimente von Außenstehenden, innerlich jedoch verletzten ihn die Bemerkungen. Er empfand es als Kränkung, dass er nur gesehen wurde, wenn er mit seinem Bruder zusammen war. So zog er sich immer mehr in sich selbst zurück und lernte, seine Gefühle hinter einem Schutzwall zu verbergen. Schließlich wollte er seinen Eltern, die mit seinem Bruder genug zu tun hatten, nicht noch zusätzlichen Kummer bereiten. Er tauchte in seine Computer- und Programmierwelt ab und wurde bereits zu Schulzeiten ein kleiner Unternehmer. Als Kind hatte er »ganze Arbeit« an sich geleistet, denn er hatte gelernt, seine Gefühle sehr gut abzuschotten. Weil er geistig rege und wortgewandt war, wurde er immer wieder ungeduldig. Die Anderen waren ihm einfach zu langsam. Mit den Jahren verwandelte sich die Ungeduld schleichend in Zynismus, auf den er sogar stolz war; signalisierte er damit doch, über den Dingen zu stehen.

Kommentar: In unseren Gesprächen dauert es eine ganze Weile, bis wir verstehen, welche Bedeutung der familiäre Kontext mit dem jüngeren Bruder für ihn hat. Denn die Eltern gingen mit beiden Kindern sehr liebevoll um und er liebte seinen kleinen Bruder.

Für Erik waren Ungeduld und Zynismus Abwehr- und Schutzmechanismen. So musste und konnte er seine eigenen schmerzlichen Gefühle nicht mehr fühlen. Die damit verbundene Einsamkeit, seine Verletztheit und seinen Wunsch nach Nähe und Geborgenheit wollte er nämlich auf keinen Fall spüren.

Wenn Sie das klare Ansinnen formulieren, empathischer zu werden, sind Sie längst bereit für eine Veränderung. Aber eine ungeduldig-zynische Geisteshaltung hinter sich zu lassen, erfordert viel Arbeit. Zynismus ist ein sehr hartnäckiges Monster, weil es seine Verletztheit sehr gut und sehr tief in sich verborgen hat, sodass sie nicht mehr spürbar und vorstellbar ist.

Wir sind alle hin und wieder ungeduldig. Das ist nicht ungewöhnlich, wenn wir an der Bushaltestelle, an der Supermarkt- oder Kinokasse, beim Arzt, im Stau oder an der Ampel warten müssen. Es gibt sehr viele Sprichwörter, die sich mit dem Thema Ungeduld befassen, wie z. B. »Das Gras wächst nicht schneller, wenn man an ihm zieht« oder »Hast du es eilig, gehe langsam.« Geduld gilt als Tugend, Ungeduld nicht (außer in manchen Unternehmen). Dass es viele Sprichwörter gibt, ist ein Hinweis darauf, wie sehr wir alle mit unserer Ungeduld zu kämpfen haben. Die neuen Technologien erlauben uns, nicht mehr so häufig warten zu müssen: Wir können unsere Kinokarten oder Museumstickets online bestellen, das Geld am Geldautomaten abholen oder das frühzeitige Boarden eines Flugzeugs durch Zahlung eines Aufpreises erwerben. Alles muss schnell gehen und effizient sein, Warten ist Zeit- und Geldverschwendung in unserer (selbst)optimierten Welt. Viele Menschen leiden unter ihrer eigenen Ungeduld, denn der innere Antreiber ist ein sehr unangenehmes Monster, das sich gemütlich auf unserer Schulter niederlässt und uns von dort mit der Peitsche anfeuert.

Warum werden wir ungeduldig und wieso gilt das als aggressiv? Wenn wir z. B. auf einen Anruf oder eine Antwort auf eine wichtige E-Mail warten, sind wir vorübergehend ungeduldig: Wir würden am liebsten selbst und sofort anrufen oder die E-Mail aus dem Computer herausschütteln. Meistens empfinden wir Ungeduld nicht nur in uns, sondern wir reagieren sie gern ab. Das tun wir vor allem an Mitmenschen, die langsamer sind, oder an denen, die wir gerade für verantwortlich halten. Diese Art von Ungeduld ist Ausdruck einer Angst vor Kontrollverlust. Wir hängen nicht gern von anderen Menschen, vom Schicksal oder vom Wetter ab. Je größer unser allgemeines Stresslevel ist und je mehr wir gerade durch andere Ereignisse verunsichert werden, desto eher reagieren wir ungeduldig. Dass wir manches nicht beeinflussen können, ist schwer auszuhalten. In dieser Angst liegt auch ein großer Teil des Willens zur Selbstoptimierung begründet. Wir wollen unbedingt beeinflussen, was wir beeinflussen können. Wir wollen nichts dem Zufall oder dem Schicksal überlassen, denn wer weiß, was dabei herauskommt? Das allgemeine Vertrauen in das Leben und den guten Willen anderer scheint vielen Menschen abhandengekommen zu sein. Der gegenwärtige geopolitische Zustand der Welt suggeriert nicht, dass sich Vertrauen lohnen könnte – aber im zwischenmenschlichen Bereich können wir uns häufig immer noch auf andere verlassen. Wir können auf unsere Freunde und vielleicht auch auf unsere Familie vertrauen, uns dadurch etwas entspannen und den inneren Druck reduzieren.

Insbesondere Menschen mit einer rigiden Persönlichkeitsstruktur neigen zur Ungeduld. Sie teilen die Welt gern in Gut und Böse, Schwarz und Weiß, Laster und Tugenden ein – das gibt Sicherheit und überdeckt die Angst vor Kontrollverlust. Wenn Sie dieses Muster einmal bei sich erkannt haben, können Sie sich damit auseinandersetzen. Sie können sich immer wieder neu dafür entscheiden, sich auf die Welt und die Dinge einzulassen. Wenn Sie zu einer sehr starken Rigidität neigen, sollten Sie sich einen Therapeuten suchen, mit dem Sie deren Ursachen bearbeiten können.

Wenn wir unsere Ungeduld an anderen auslassen, ist das ein gewalttätiger Akt. Die meisten Menschen sind sich dieser Gewalt nicht bewusst, sondern glauben, sie seien einfach nur ein wenig ungeduldig. Doch wir sprechen mit unserer Ungeduld einem anderen Menschen Gleichwertigkeit und Gleichberechtigung ab. Ungeduldige Menschen sind intolerant für den oder das Andere. Zeigen wir unsere Ungeduld beispielsweise durch Augenbrauenhochziehen oder durch einen aggressiv-lauten Tonfall, wollen wir dem anderen (unbewusst) Folgendes mitteilen:

- Sie sind zu langsam, unfähig, nicht gut genug, zu faul …
- Ich bin wichtiger – lassen Sie mich vorbei …
- Ich kann das schneller, geben Sie mal her …
- Ich brauche das schneller (weil ich so wichtig bin).

Kein Wunder, dass sich unser Gegenüber unter Druck gesetzt fühlt – das ist auch unsere Absicht. Doch wollen Sie wirklich anderen zeigen, dass diese weniger wert sind?

Also warum tun Sie es?

Wenn Sie selbst betroffen sind

Ein Auslöser ist das eigene augenblickliche Druck- und Stressempfinden. Wenn Sie an regelmäßigen Druck und Stress gewöhnt sind, sinkt Ihre Toleranz dafür, mit unvorhergesehenen Dingen umzugehen – je mehr Stress, desto geringer die Toleranz. Sie sind schnell frustriert und wütend, weil Ihre Fähigkeit abnimmt, mit weiteren Situationen umzugehen, die misslingen oder länger dauern als geplant. Wie jeder Mensch brauchen auch Sie Pausen. Aber entweder gönnen Sie sich keine Pausen oder Sie haben das Gefühl, dass eine Pause gerade jetzt nicht möglich sei (keine Zeit, kein Ort etc.). So setzt sich dieser Kreislauf jeden Tag fort und Ihre Ungeduld wächst immer weiter.

Wenn Sie das Gefühl haben, dass Sie nur wenig oder gar keine Unterstützung erhalten, fangen Sie an zu glauben, dass nur Sie selbst die Dinge erledigen können. Es gibt dann keine andere Wahl, Sie müssen ran. Das führt zu Dauerdruck und zu dem Gefühl, nie fertig zu werden; immer ist noch etwas zu tun. Das erzeugt weiteren Druck. Zu dem äußeren gesellt sich ein innerer Druck. Sie fühlen sich nicht nur gestresst und frustriert, sondern auch einsam. So grollen Sie vor sich hin, weil Sie nicht die nötige Hilfe erfahren.

Der Mangel an Unterstützung kann jedoch mehrere Ursachen haben. Eine Ursache kann in Ihrer Selbstisolierung liegen. Wenn Sie versuchen, alles selbst zu machen, weil Sie meinen, nur Sie würden es richtig machen, dann sind andere Menschen nicht besonders gern mit Ihnen zusammen. Außerdem könnte es sein, dass Sie zwar das Gefühl haben, von anderen keine Unterstützung zu erhalten, aber in Wirklichkeit kommunizieren Sie nicht ausreichend, wie sehr Sie unter Druck stehen. In dem Fall können die Anderen nicht erkennen, wie stark und warum Sie gestresst sind. Schließlich ist es wichtig herauszufinden, ob das, was Sie erledigen müssen, wirklich in dem von Ihnen festgelegten Zeitrahmen erledigt werden muss. Vielleicht könnten Sie die Aufgaben über die nächsten Tage oder Wochen verteilen?

Wenn Sie spüren, dass unbedingt etwas erledigt werden muss, z. B. ein Termin bei Ihrem Steuerberater – dann spüren Sie das vermutlich auch körperlich als starken Drang. Es ist ein Zwang, der sehr intensiv werden kann. Das führt dazu, dass Sie sich ausschließlich auf dieses eine gewünschte Ziel konzentrieren. Sie suchen und finden Wege, das Gewünschte sofort zu bekommen – Sie rufen also Ihren Steuerberater an und verlangen ungehalten nach einem Termin, gleich heute noch. Erst dann können Sie sich wieder entspannen.

Wenn Sie sich ein Leben mit etwas weniger Druck und Ungeduld wünschen, sollten Sie Ihre Bedürfnisse besser kennenlernen und herausfinden, wie Sie sie auf gesunde Art und Weise befriedigen können, ohne Druck zu verspüren. Es ist besser, wenn Sie aktiv kontrollierte Entscheidungen treffen, statt sich von Ihren unkontrollierten Trieben leiten zu lassen.

Es gibt leider auch Menschen, die in ihrem Leben viel Leid erfahren haben, in einer Beziehung oder durch schwerwiegende Ereignisse. Häufig sinkt bei diesen Menschen die Toleranzschwelle, weil sie sich ständig um ein gutes Leben bemühen und sich verausgaben, aber immer wieder Misserfolge hinnehmen müssen. Das ist furchtbar, es kann verständlicherweise zu Unmut und mangelnder Toleranz gegenüber anderen Menschen führen. Dadurch wird ihre Ungeduld und Verbitterung weiter steigen, weil sie das Gefühl haben, dass sie ständig gegen etwas ankämpfen und von anderen nicht viel zurückerhalten. Wenn Sie selbst in einer derartigen Situation sind, sollten Sie eine Auszeit nehmen, um sich um sich selbst zu kümmern. Sie müssen lernen, sich selbst zu trösten und Mitgefühl mit sich zu haben. Konzentrieren Sie sich für eine Weile auf sich selbst und auf Ihre eigenen Bedürfnisse, dann finden Sie auch langsam wieder einen Weg zu anderen Menschen.

Wenn ein Mitmensch betroffen ist

Wie können Sie Ihren Partner, Ihre Mitarbeiter und Ihre Kollegen dabei unterstützen, mit ihrer eigenen Ungeduld umzugehen? Am wichtigsten ist es, Ihre eigene Haltung zu Zeitdruck und Stress zu reflektieren. Als Partner, Vorbild und Vorgesetzter können Sie zusätzlichen Druck ausüben oder wegnehmen. Wenn Sie sehr ungeduldig sind, sollten Sie aber bei sich selbst anfangen. Denn Ihren inneren Druck spüren die Anderen, empfinden ihn als äußeren Druck und reagieren entsprechend. Sie sollten zunächst an Ihrem Druck arbeiten.

In einem zweiten Schritt sollten Sie mit dem Menschen über sein Stress- und Druckempfinden sprechen und ihm helfen, zwischen echtem Zeitdruck und selbstgemachtem Druck zu unterscheiden. Die meisten Menschen geben nicht gern zu, unter Stress »zu leiden«, sondern sind sehr oft auch noch stolz darauf, viel zu tun zu haben und unabkömmlich zu sein. Wenn jedoch ein Mensch sein Selbstwertgefühl nach dem Stresslevel am Arbeitsplatz bemisst, ist dies aus vielen Gründen problematisch. Es könnten verschiedene Ursachen dahinterstehen, die beispielsweise aus mangelndem Selbstvertrauen resultieren.

In jedem Fall brauchen Sie Takt- und Fingerspitzengefühl, damit Sie auf die unangenehmen Konsequenzen hinweisen können, die eine durch Stress ausgelöste Ungeduld hat. Dauerstress ist langfristig ungesund. Er kann zu erhöhtem Blutdruck, Schlafstörungen, Depressionen und anderen gesundheitlichen Beeinträchtigungen führen.[34]

Zynismus geht einen Schritt weiter als Ungeduld. Zynische Menschen sind nicht nur enttäuscht von der Welt und ihren Mitmenschen, sondern haben bewusst oder unbewusst beschlossen, darunter nicht mehr zu leiden. Zynismus kann wirken wie Humor, wenn der Zyniker nur leicht spöttisch oder sarkastisch reagiert. Wenn sich jedoch der Mensch durch eine ablehnende, unpersönliche, negative und kritische Haltung auszeichnet und spöttische, abfällige und z. T. auch boshafte Bemerkungen macht, dann tut er nicht nur anderen, sondern auch sich selbst keinen Gefallen.

Sabine

Sabine ist schon seit vielen Jahren mit Thomas liiert, aber jedes Jahr gibt es kurz vor Weihnachten den gleichen Stress mit den Eltern. Wo fährt man Heiligabend zuerst hin? Wer kocht was für wen? Welche Geschenke für welche Eltern? Viele Jahre haben sich beide sehr viel Mühe gegeben, beide Elternpaare glücklich zu machen, aber irgendetwas war immer falsch: Die einen waren mit dem Essen nicht zufrieden, die anderen nicht damit, dass sie erst am 1. Weihnachtstag besucht wurden. Thomas kommentiert die gemeinsamen Weihnachten jetzt nur noch mit frotzelnd-zynischen Bemerkungen. Er ist enttäuscht von seinen Eltern und macht Bemerkungen wie »Na, wollt ihr euch eure Geschenke diesmal gleich selbst aussuchen?« oder »Da euch das Essen eh nicht schmeckt, können wir es doch gleich beim Lieferdienst bestellen.« Das hat zu einem echten Zerwürfnis mit seinen Eltern geführt. Insgesamt hat sich Thomas von seiner Familie zurückgezogen. Er hat einfach keine Lust mehr, sich Mühe zu geben und später Beschwerden zu hören. Dies ist ein Beispiel dafür, wie Zynismus Beziehungen zerstören kann.

Kommentar: Thomas' Zynismus hat eine Vorgeschichte: Seine Eltern haben sehr oft seine Bedürfnisse übersehen und nur das gemacht, was für sie angenehm war. Als Kind hatte Thomas große Angst vor Gespenstern, die unter seinem Bett saßen und nachts herauskommen konnten. Aber seine Eltern haben ihn nicht getröstet, sondern sind trotzdem abends ausgegangen. Thomas musste mit seiner Angst zurechtkommen. Das hat ihn verletzt und er hat gespürt, dass seine Eltern ihn in der Not allein lassen. Das ist ein schreckliches Gefühl für ein Kind, das tief enttäuscht wird. Später kann es sich schwer vorstellen, dass andere ihm beistehen würden, wenn es in eine Notlage gerät.

Einige Menschen werten alles, was ihnen passiert, als Enttäuschung. Sie reagieren nicht nur ab und zu zynisch, sondern werden insgesamt zu Zynikern. Mit einer zynischen Haltung schaden sie anderen, weil sie sie bewusst verletzen und kränken. Zyniker stellen ihre eigenen feindseligen Gefühle und ihre Ziele über die Gefühle und Ziele der Anderen. Damit wollen sie vor allem sich selbst schützen, erreichen aber das

Gegenteil. Sie schaden ihrem Körper und ihrer Gesundheit, weil ihre Dauerfeindseligkeit dem Körper eine ständige Angriffssituation vorgaukelt und ihn in den Angriffsmodus versetzt. Das führt zu überhöhter Produktion von Stresshormonen: Sie können sich weniger gut ausruhen und entspannen und irgendwann leidet ihr Herz darunter. Wenn Sie beginnen, eine zynische Haltung bei sich wahrzunehmen, sollten Sie unbedingt die Ursachen überprüfen. Wer oder was hat Sie derartig und vermutlich auch wiederholt enttäuscht, gekränkt und abgelehnt, obwohl Sie guten Willens waren und etwas Positives beitragen wollten? Sie sollten sich aktiv mit diesen Fragen auseinandersetzen, denn schließlich bringen Sie Ihr Leben in Gefahr.

Wenn Sie selbst betroffen sind

Zyniker wollen sich schützen, weil sie es nicht mehr ertragen können, weiterhin enttäuscht und gekränkt zu werden. Im Privatleben können sie zynisch werden, wenn sie wiederholt von anderen enttäuscht werden, die ihre Versprechungen nicht halten – z. B. wenn Freunde behaupten, in der Not für andere da zu sein, dieses Versprechen aber nicht einlösen.

Sie helfen gern und bereitwillig immer wieder anderen aus der Klemme, doch wenn Sie selbst in Schwierigkeiten geraten – vielleicht sogar mehrfach – und dann den Eindruck haben, keiner stünde Ihnen zur Seite, können Sie zum Zyniker werden. Menschen halten oft nicht, was sie versprechen. Selten tun sie das aus böser Absicht. Wenn Sie bereits ein wenig misstrauisch geworden sind und nicht gut mit Frustrationen und Enttäuschungen umgehen können, sind Sie in Gefahr, ein Zyniker zu werden.

Wenn ein Mitmensch betroffen ist

Was können Sie tun, wenn Sie einen Freund oder Kollegen als zunehmend zynisch erleben? Es lohnt sich, mit ihm ins Gespräch zu kommen. Manchmal führen eine Vielzahl von kleinen und großen Enttäuschungen im Privat- und Berufsleben zu dieser Schutzhaltung. Wenn Sie verstehen, dass Zynismus dazu dient, Gefühle zu schützen, ist das bereits sehr hilfreich. Oft versteckt sich hinter Zynismus eine empfindsame Seele, die keinen Ausweg mehr weiß, weil die Summe der schmerzhaften Erfahrungen sie erdrückt. Wenn Sie dafür Mitgefühl entwickeln können, haben Sie die Möglichkeit, ins Gespräch zu kommen, auch wenn die ersten Gesprächsversuche zunächst durch zynische Kommentare abgeblockt werden. Geben Sie nicht so schnell auf! Sie und Ihr Gegenüber brauchen Zeit und Geduld, um sich diesen Gefühlen zu nähern.

In einem ersten Schritt können Sie dem Anderen dabei helfen, eine realistische Perspektive zurückzugewinnen. Ratschläge sind dabei allerdings kaum hilfreich. Sie sollten lieber in einem persönlichen Gespräch gemeinsam erforschen, wie sich die zynische Haltung entwickelt hat. Das ist nur in einer vertrauensvollen Beziehung möglich. Die gibt es häufig nicht mehr, denn ein Zyniker wird oft von anderen ausgeschlossen, weil sie seine kränkenden Bemerkungen nicht ertragen wollen. Außerdem wird ein Zyniker Ihren ersten Bemühungen nicht sofort glauben. Sie sollten immer wieder mit freundlichen Einladungen versuchen, überhaupt wieder in Kontakt zu kommen. Sie können einen Zyniker auf seinem Weg zu einer anderen Haltung nur unterstützen, wenn der Betroffene es selbst möchte.[35]

Arbeitsblatt

– Ungeduld und Zynismus –

Wann werden Sie ungeduldig oder zynisch?

Durch wen oder was ausgelöst?		Was ist der Kontext? Wieso, aus welchem Grund?	
Kollegen	➡	Zu langsam	➡
	➡		➡
	➡		➡
	➡		➡

Wer oder was kann Ihnen helfen, sich zu beruhigen?

Ich selbst

Gibt es eine Geschichte dazu?
Mit wem?
Was ist genau passiert?

Wovor haben Sie eigentlich Angst?

Gibt es eine Geschichte dazu? Mit wem? Was ist genau passiert?		Wovor haben Sie eigentlich Angst?
Keiner war für mich da zu Hause	➡	Die Kontrolle zu verlieren
	➡	
	➡	
	➡	

Wie könnte ein Leben ohne Zynismus aussehen?

Mehr Anerkennung von Kollegen

Angst 

Menschen sprechen ungern über ihre Ängste. Das ist einerseits merkwürdig, weil Angst ein omnipräsentes Gefühl ist, andererseits auch verständlich, denn Angst zu zeigen und darüber zu sprechen, gilt immer noch als Schwäche. Frauen reden leichter über ihre Ängste als Männer. Männer glauben auch heute noch, Helden sein zu müssen, ganz so wie es Herbert Grönemeyer in seinem Lied »Männer« treffend zusammengefasst hat:

> »Männer haben Muskeln
> Männer sind furchtbar stark
> Männer können alles
> [...]
> Werd'n als Kind schon auf Mann geeicht
> [...]
> Männer führen Kriege
> [...]
> Männer sind furchtbar schlau«[36]

Angst ist ein wichtiges Gefühl und genau deshalb hat sie die Evolution überdauert. Sie ist nützlich, denn sie warnt vor Gefahren und hilft uns dadurch zu überleben. Immer wenn wir Angst haben, stehen wir einer Gefahr gegenüber, der wir uns entziehen sollten – das ist die Grundidee von Angst. Früher sollten wir vor dem Säbelzahntiger weglaufen oder uns totstellen, heute tun uns spezielle Situationen und Menschen nicht gut und wir sollten uns vor ihnen schützen. Auch physische Gefahren, Elektrowerkzeuge, hohe Berge, dunkle Wälder, Wasserfälle oder überhöhte Geschwindigkeit können Angst auslösen.

Angst schützt uns jedoch nicht nur vor äußeren Bedrohungen, sondern auch vor inneren, wie Angriffen auf unser Ego, unser Selbstbild, unser Selbstwertgefühl und unsere Identität. Wenn jemand Sie mehrfach emotional verletzt, werden Sie ihm (hoffentlich) irgendwann aus dem Weg gehen. Allerdings vermeiden wir solche Situationen nicht immer, z. B. weil wir es aus unseren frühen Kindheitserfahrungen gar nicht anders kennen. Wenn unsere Bezugspersonen uns häufig Angst einflößen, dann entsteht daraus ein Muster, das wir nicht bewusst wahrnehmen. Unsere Seele merkt es sich und betrachtet es als Normalität, sodass wir vermeintlich keine Angst mehr haben und auch nicht weglaufen, wenn uns eine entsprechende Situation begegnet. Im Gegenteil, wir suchen ähnliche Beziehungen mit ähnlichen Mustern, weil sie uns sehr vertraut sind – obwohl sie uns schaden.

Ein Leben ohne Angst gibt es nicht. Bereits im Säuglingsalter haben wir Angst davor, verlassen zu werden, denn ein Kleinkind kann sich nicht selbst versorgen. Es würde ohne Bezugspersonen verhungern, verdursten und emotional verkümmern. Wenn Babys schreien, äußern sie häufig genau diese Angst. Weil sie so wichtig ist, bleibt Angst ein Leben lang unser Begleiter. Zum Glück, denn sie hilft uns immer wieder dabei, unangenehme und gefährliche Situationen zu vermeiden und uns stattdessen angenehmen, schönen und vorteilhaften Dingen zuzuwenden.

Viele Ängste entspringen einem grundlegenden menschlichen Dilemma, das Sie vielleicht aus Ihren Liebesbeziehungen kennen – dem unterschiedlichen Bedürfnis nach Nähe und Distanz. Wir möchten gern mit unserem Partner zusammen sein, aber bei zu viel Nähe benötigen wir wieder etwas Abstand. Viele Beziehungsprobleme entstammen diesem von Mensch zu Mensch sehr unterschiedlichem Bedürfnis. Dahinter steckt der Konflikt zwischen Autonomie und Bindung: Wir schwanken immer wieder zwischen dem Wunsch, unabhängig und frei zu sein, uns selbst zu verwirklichen, aber wir wollen und können auch nicht leben, ohne mit anderen zusammen zu sein und Beziehungen einzugehen. Wir versuchen immer wieder neu, die für uns richtige Balance zu finden, die für jeden anders ist. Es ist ein ständiger Prozess, bei welchem wir mal mehr mit anderen zusammen oder eher allein und frei sein wollen. Beides gehört im Leben zusammen und wir wollen auch beides. Die Kunst ist, beides zu integrieren und immer wieder das richtige Maß von Nähe und Abstand zu finden. Das ist ein wiederkehrender, nicht enden wollender Konflikt, den schon Johann Wolfgang von Goethe in seinem Drama »Faust« thematisierte. Im Prinzip begleitet dieser Konflikt all unsere Handlungen im zwischenmenschlichen Bereich. Da er sich sehr unangenehm anfühlt, kann er eine ganz eigene Art von Angst auslösen, nämlich die Angst vor dem Konflikt und der damit einhergehenden inneren Spannung. Denn Spannung verlangt nach Auflösung, nach einer Entscheidung. Die erfolgt jedoch meist nur temporär und der Konflikt beginnt von Neuem.

Wenn wir verzweifelt sind oder nicht wissen, was wir tun sollen, empfinden wir häufig Angst. Ungewissheit und Unsicherheit spielen eine Hauptrolle beim Auslösen von Angst. Sie begleiten uns insbesondere, wenn wir uns die Zukunft vorstellen. Denn die Zukunft ist immer ungewiss, auch wenn wir sie uns in Tagträumen schönmalen können. Diese Ungewissheit empfindet unsere Psyche als Bedrohung und wappnet sich dagegen mit Angst.

Sie beeinflusst unser Verhalten noch darüber hinaus: Damit wir Angst besser aushalten können, schafft sie einen Wunsch nach Kontrolle – je unsicherer die Situation wird, desto rigider und kontrollierender werden wir. Im Berufsleben wird das besonders deutlich: Statt sich kreative Gedanken über zukünftige Szenarien zu machen, verlieren sich Manager gern in detaillierten Planungs- und Budgetprozessen. Das hilft, Unvorhergesehenes zu kontrollieren.

Außerdem sind mit dem Blick in die Zukunft die sogenannten drei Illusionen der Voraussicht verbunden.[37] Diese sind Realismus, Präsentismus und Rationalismus.

Unter *Realismus* verstehen wir die Tendenz, beide Elternpaare zu glauben, dass die Dinge so sind, wie sie uns erscheinen, und dass Lücken im Gedächtnis, in der Wahrnehmung und in der Vorstellungskraft nicht wahrgenommen, sondern überschrieben oder gefüllt werden. Der blinde Fleck ist ein gutes Beispiel dafür.

Präsentismus bedeutet, dass gegenwärtige Erfahrungen unsere Sicht der Dinge beeinflussen. So ist es zwar möglich, sich gefühlsmäßig in eine zukünftige Situation hineinzuversetzen, aber die gegenwärtigen Gefühle sind stärker und legen sich unbewusst über die dabei imaginierten Gefühle. Das heißt, wenn sich jemand heute schlecht fühlt, fällt es ihm schwer, positive Gefühle für die Zukunft zu haben. Machen Sie also besser keine Zukunftspläne, wenn Sie schlechte Laune haben.

Rationalismus beinhaltet unsere Fähigkeit, im Nachhinein viele gute Gründe für einmal getroffene Entscheidungen zu finden. Unser »psychisches Immunsystem« hilft uns, unser positives Selbstbild aufrechtzuerhalten, denn im Nachhinein erscheinen unsere Entscheidungen immer in einem anderen Licht. So ist zum Beispiel das Scheitern einer neuen Beziehung zunächst eine schreckliche Erfahrung. Wenn das Gespräch unmittelbar bevorsteht, fühlt es sich furchtbar an. Wenn es dann aber geschehen ist und man sich getrennt hat, formt es das Gehirn mit seinem psychologischen Immunsystem so um, dass es nun als »wichtige Lernerfahrung im Liebesleben« gesehen wird. Durch diese veränderte Bewertung erschwert uns unser Gehirn die realistische Einschätzung der emotionalen Auswirkungen zukünftiger Situationen.

Da wir so ungern über Angst nachdenken und reden, entgeht uns auch die Möglichkeit, uns aktiv mit ihr auseinanderzusetzen. Wir würden dann nämlich feststellen, dass Angst kleiner wird und etwas von ihrer Bedrohlichkeit verliert, wenn man ihr ins Gesicht schaut. Denn immer dann, wenn wir unsere Komfortzone verlassen, fühlen wir uns unsicher, weil wir neues, unbekanntes Terrain betreten. Wenn das Terrain zu unbekannt ist, dann sind wir unsicher, haben bewusst oder unbewusst Angst. Das ist ein ganz normaler Zustand.

Was hilft Ihnen, wenn Sie Angst oder Lampenfieber haben oder sehr besorgt sind? Wenn Sie Angst vor einem Gespräch haben, z. B. vor einem Bewerbungsgespräch, dann stellen Sie sich Ihr Gegenüber in einer harmlosen Alltagssituation vor, beispielsweise sonntagmorgens beim Frühstück. Dieses Reframing reduziert Ihr Gegenüber auf ein normales menschliches Maß. Eine andere, grundlegende Methode, die die Natur uns mit auf den Weg gegeben hat, ist, die Nähe eines vertrauten Menschen zu nutzen; wirklich oder im übertragenen Sinne Händchen zu halten und über die Angst zu reden. Eine weitere Technik besteht darin, sich der Angst gedanklich in den Weg zu stellen oder sich zu ihr umzudrehen, wenn sie Sie verfolgt. Wenn Sie sich umdrehen, wird die Angst in der Regel kleiner – wie der Schatten, den ein hinter uns stehendes Kerzenlicht von uns wirft. Es lässt den Schatten eines Riesen entstehen, dabei sind wir selbst kein Riese. Angst ist manchmal ein Scheinriese, wie der nette Herr Tur Tur aus »Jim Knopf und Lukas der Lokomotivführer«.[38] Wenn es uns gelingt, nicht nur die wahre Größe bzw. Kleinheit unserer Angst zu erkennen, sondern auch zu lernen, ihr etwas Positives abzugewinnen, können wir besser mit ihr umgehen.

Und wie gehen Sie mit der Angst anderer um? In einer Zeit, die aufgrund der technologischen und geopolitischen Veränderungen von wachsender Verunsicherung geprägt ist, wird

Angst zum ständigen Begleiter. Der Ruf nach einer starken, steuernden Hand wird lauter – das kann man aktuell in den Medien gut beobachten –, aber es gibt auch andere Möglichkeiten und jeder, auch Sie, kann dazu beitragen, die eigenen Ängste und die von Freunden und Kollegen zu reduzieren.

Dafür müssen Sie die eigene Angst erkennen, verstehen und sich mit ihren Ursachen auseinandersetzen. Nur wenn Sie den Mut aufbringen, sich Ihrer eigenen Ängste bewusst zu werden, können Sie auch helfen, die Ängste Ihres Partners, Ihrer Freunde und Kollegen zu reduzieren.

Dabei sind drei Schritte wichtig. Erstens müssen Sie sich gut in die Angst des Anderen einfühlen. Aussagen wie »Was, davor hast du Angst?« oder »Stell dich nicht so an!« ersticken jedes Gespräch im Keim. Zweitens müssen Sie einen guten Moment abpassen, einen Moment, in dem Sie in Ruhe zu zweit zusammensitzen. Im dritten Schritt geht es darum, Hoffnung zu geben. Die Philosophin Martha Nussbaum spricht von Hoffnung als Kehrseite der Angst.[39] Hoffnung ist ein optimistisches Vertrauen darauf, dass eine bestimmte Erwartung erfüllt wird. Hoffnung ist mehr als ein Gefühl, sie ist auch eine Denk- und Handlungsweise und eine Art, mit sich selbst und anderen in Beziehung zu treten. Je nach den Zeit- und Lebensumständen können Sie sie entwickeln oder auch verlieren. Hoffnung hilft uns, schwere Krisen sowohl physisch als auch emotional zu überleben. Ein zu erreichendes Ergebnis ist für Hoffnung und Angst gleichermaßen bedeutsam, ebenso wie es gleichermaßen unsicher ist, ob Sie dieses Ziel erreichen. Außerdem können Sie das Ergebnis in beiden Fällen nicht kontrollieren und sind Entwicklungen ausgeliefert. Der Hauptunterschied beider Empfindungen ist der Fokus: Angst konzentriert sich auf das potenziell schlechte Ergebnis und Hoffnung auf das gute. Angst und Hoffnung sind daher eng miteinander verbunden. Wenn man jemandem helfen möchte, mit seiner Angst umzugehen, ist es daher wichtig, der Angst Hoffnung entgegenzusetzen.

In den nächsten vier Kapiteln werde ich auf vier spezielle Ängste eingehen, die uns alle in irgendeiner Weise begleiten, die aber, wenn sie zu mächtig werden, unser Leben sehr beeinträchtigen können.

- Angst vor dem Scheitern
- Angst vor der eigenen Minderwertigkeit
- Angst vor Kontrollverlust
- Angst vor Festlegung

Begleiten Sie mich gern auf eine Reise durch die Ängste und Sie werden hoffentlich feststellen, dass es nicht so schlimm ist, sich mit ihnen zu beschäftigen.

Angst vor dem Versagen

In meiner langjährigen Erfahrung als Therapeutin und Beraterin von Führungskräften stand immer wieder das Thema der Angst vor dem Versagen im Mittelpunkt, auch und gerade bei erfolgreichen Menschen, bei denen man es häufig gar nicht vermutet.

Angst vor dem Versagen ist eine heimliche Begleiterin vieler Menschen. Sie überrascht uns besonders, wenn viel auf dem Spiel zu stehen scheint. Stellen Sie sich vor, Sie stehen kurz vor einem wichtigen Vortrag und haben plötzlich aus dem Nichts heraus Angst und den Eindruck, Ihr Thema nicht zu beherrschen, obwohl Sie es in- und auswendig kennen. Ihre Hände werden feucht, Ihr Herz schlägt schneller. Denn diesmal handelt es sich um einen Vortrag, von dem für Sie viel abhängt; vielleicht der Wechsel in eine neue, verantwortungsvollere Rolle. Diese Art von Angst, auch Lampenfieber genannt, kennen wir alle, auch die meisten Schauspieler verspüren sie. Üblicherweise lässt die erste Anspannung nach einer Weile nach, Sie spüren, dass Sie in Ihrem Vortrag angekommen sind. Dieses Lampenfieber ist völlig normal, es lässt uns alle Spannkraft auf die Situation, den Vortrag und die Zuhörer konzentrieren und unser Bestes geben. Dadurch haben wir die nötige Energie und Durchsetzungsfähigkeit, sind sogar besonders eloquent und überzeugend.

Ben

Ben hat einen guten Job, aber insgeheim träumt er davon, die Karriereleiter noch weiter hinaufzuklettern.

Er würde gern mehr Verantwortung übernehmen, hat aber manche wichtige Entscheidung immer wieder vor sich hergeschoben oder Probleme einfach ausgesessen. Jetzt überträgt ihm sein Chef ein wichtiges Projekt und wenn er es erfolgreich durchführt, sind die Weichen für den nächsten Karriereschritt gestellt. Auf einmal ist die Angst da: Angst zu versagen und zu scheitern. Ben hat zunehmend schlaflose Nächte, in denen er sich in seinem Bett hin und her wälzt. Er müsste ein paar wichtige Entscheidungen treffen, aber ihn plagen Gedanken wie: »Das wird bestimmt nichts«, »Ich glaube nicht, dass mein Ansatz richtig ist«, »Wahrscheinlich funktioniert es sowieso nicht«, »Von technischen Dingen versteh ich eh nichts, da kann ja nichts Gutes bei herauskommen«, »Ich hätte schon viel früher mit Frau X sprechen müssen, jetzt ist der Zug eh abgefahren und alles geht den Bach runter.« Diese Gedanken lähmen ihn, er wird immer unausgeschlafener und reizbarer, nimmt manchmal Beruhigungsmittel. Sie machen ihn müde und er muss am nächsten Tag ein Aufputschmittel nehmen, um wieder wach zu werden. Ben zögert die notwendigen Entscheidungen weiter hinaus, bis etwas Unerwartetes passiert: Ein Kollege fragt ihn nach einem Meeting: »Was ist denn mit dir los? Du bist so komisch geworden, ziehst dich immer mehr zurück und was ist mit deinem Projekt?« Er erläutert ihm, wie er das Projekt angehen würde, aber Ben hört gar nicht richtig zu. Schließlich schlägt sein Kollege vor: »Warte mal, vielleicht gehen wir mal zusammen Abendessen.« Beim Abendessen gibt Ben seine Fassade auf. Er schildert seinem Kollegen seine große Angst vor dem Versagen. Eigentlich kennen sich die beiden nicht besonders gut, aber der Kollege erinnert sich daran, dass Bens Vater vor ein paar Monaten verstorben ist. Er fragt, ob Bens Versagensängste etwas mit dem

Tod des Vaters zu tun haben könnten. Ben schüttelt den Kopf, sie reden weiter über dies und das. Als der Abend zu Ende geht, fühlt sich Ben schon etwas besser, einfach, weil ihm jemand zugehört hat. In Ben arbeitet die Frage seines Kollegen weiter, er versucht zu verstehen, woher seine Versagensangst wohl kommt? Eines Nachts wacht er auf und erinnert sich.

In seiner Jugend hat sein Vater ihm mehrfach vorgeworfen: »Du Taugenichts, du bist wirklich zu gar nichts zu gebrauchen, noch nicht mal einen Hammer kannst du richtig halten. Du wirst es nicht weit bringen, so viel steht mal fest!« Bens Vater wollte unbedingt einen Ingenieur aus ihm machen, aber sein Sohn hatte weder manuelles noch technisches Geschick. Seine Stärke war die Welt der Zahlen. Damit konnte er nach Ansicht des Vaters nichts werden, er würde es ja eh nur zum Buchhalter bringen. Ben studierte BWL. Das belächelte der Vater nur müde, BWL sei ja kein richtiges Studium. Dennoch: Ben war gut im Studium, es fiel ihm leicht. Er machte einen guten Abschluss und fand schnell einen guten Job. Mit der Zeit hat er die Bemerkungen seines Vaters vergessen.

Jetzt übernimmt er das erste eigenverantwortliche Projekt, er darf und muss Entscheidungen treffen, zwar gemeinsam im Projektteam, aber letztlich ist er verantwortlich – damit kommt die Angst; die Angst vor dem Scheitern, das sein Vater vorausgesagt hatte.

Kommentar: Was kann Ben tun? Zunächst sollte er sich noch einmal an die Momente erinnern, in denen sein Vater ihm sein Scheitern vorausgesagt und damit eingeredet hat. Ihm könnten eine ganze Reihe von Situationen einfallen oder auch nur ein oder zwei. Das ist nicht so wichtig. Manchmal setzt sich nur eine einzige Bemerkung tief in einem Menschen fest, weil sie extrem verletzend ist.

Mit Versagensangst kann Ben umgehen lernen, wie mit jeder anderen Art von Angst. Dazu lohnt es sich, wenn er sein Entscheidungsverhalten genauer analysiert. Es ist zwar das erste Mal, dass er ein Projekt leitet, aber er hat in seinem Leben schon viele Entscheidungen gefällt: Er hat eine Ausbildung gemacht, studiert, ist mit seiner Freundin zusammengezogen und hat sie später geheiratet. Jetzt geht es um etwas Neues, von dem seine berufliche Zukunft abhängt – das glaubt er zumindest. Da gewinnen die Glaubenssätze aus der Vergangenheit bezüglich seines beruflichen Scheiterns die Oberhand.

Wenn Sie selbst betroffen sind

Möglicherweise haben Sie ähnliche Glaubenssätze wie die, die Ben durch seinen Vater entwickelt hat? Ihr Versagensmonster wiederholt diese genüsslich. Die müssen Sie überwinden und loslassen. Dazu müssen Sie sich erinnern und nachfühlen, in welcher Situation sie sich in Ihnen niedergelassen haben. Die alten Sätze kreisen auf einer Art Datenautobahn in Ihnen herum. Wenn Sie ihnen mit neuen Sätzen widersprechen wollen, müssen Sie die Datenautobahn verlassen und einen neuen, noch zu bahnenden Weg einschlagen, wie z. B. »Ich bin gut genug, schließlich hat man mir das Projekt übertragen. Ich werde das schon schaffen.« Wenn Sie dann den alten Glaubenssätzen diese neuen Sätze immer wieder entgegenhalten, wird aus diesen ein erst kleiner Trampelpfad, dann ein Weg, später eine Straße. Vielleicht entsteht irgendwann eine neue Datenautobahn, auf der Ihre Gedanken im Sinne von »Ich bin gut genug, ich schaffe das schon« herumfahren, ergänzt durch »Und wenn nicht, kann ich andere um Rat fragen.« Es wird eine Weile dauern, aber mit der Zeit werden Sie wieder klar denken und Entscheidungen treffen.

Manchmal scheitert ein Mensch wirklich. Dafür kann es viele Gründe geben. Neben mangelnder Kenntnis, Selbstüberschätzung oder einer falschen Einschätzung der Situation kann es auch sein, dass Sie sich selbst sabotieren. Weil Sie bewusst oder unbewusst von Ihrem Scheitern überzeugt sind, inszenieren Sie die Situation so, dass Sie scheitern müssen. Das erschwert es Ihnen besonders, Ihre Angst zu bewältigen – aber es ist trotzdem möglich. Deswegen sollten Sie lernen, Ihr Selbstwertgefühl zu steigern, das eine wichtige Grundlage für Erfolg und Zufriedenheit ist.

Wenn es Ihnen wie Ben geht, sollten Sie sich der Angst vor dem Scheitern stellen. Das ist zwar sehr unangenehm und die Angst kann tief sitzen, aber sie hat selten eine Berechtigung. Also nur Mut, stellen Sie sich Ihrer Angst und Ihrer Vergangenheit! Wenn Sie Ihre Angst überwinden, werden sich neue Möglichkeiten ergeben, bei denen Sie Ihre freigewordene Energie ausprobieren können.

Wenn ein Mitmensch betroffen ist

Manchmal bemerken wir Angst eher bei anderen als bei uns selbst. Vielleicht haben Sie eine Freundin, die sich festgefahren fühlt und bei der Sie sich fragen, ob sie nicht vielleicht Angst vor dem Versagen hat. Wie können Sie das feststellen? Sie können beispielsweise folgende Verhaltensweisen beobachten:

- Die Person verschiebt wichtige Entscheidungen.
- Die Person redet die Entscheidungsnotwendigkeit klein.
- Die Person reagiert zunehmend gereizt, wenn Sie sie auf ihre Aufgaben ansprechen.
- Die Person weist anderen die Schuld zu und behauptet, diese hätten ihren Anteil nicht rechtzeitig oder gut genug geliefert.
- Sie bemerken, dass die Person immer unsicherer wird.

Wie könnten Sie Ihre Freundin, die sich mit Versagensangst quält, am besten unterstützen? Das funktioniert nur auf der

Basis einer vertrauensvollen Beziehung. Sie müssen sich zunächst fragen, ob Ihre Freundin überhaupt möchte, dass Sie sie darauf ansprechen? Manche Menschen können ein Gespräch über Versagensängste als Gesichtsverlust, Angriff oder Belehrung interpretieren. Sie müssen also sehr vorsichtig sein. Sie sollten nur mit ihr sprechen, wenn Sie denken, dass sie ein Gespräch wollen könnte, oder wenn es Ihnen für sie sehr wichtig erscheint. Sie können dann gemeinsam versuchen, die Ursache ihrer Angst zu finden. Manchmal fehlt es dem Anderen einfach an Wissen. Sie können auch gemeinsam versuchen, eine große Entscheidung in kleinere Entscheidungen aufzuteilen. Verständnis zu zeigen und gut zuzuhören ist wichtig, genauso wichtig ist es, den Anderen in seinen Vorhaben zu bestärken.

Arbeitsblatt

– Versagensangst –

Wann haben Sie Angst vor dem Versagen?

Durch wen oder was ausgelöst?		Was ist der Kontext? Wieso, aus welchem Grund?	
Vortrag	➡	Angst zu stottern	➡
	➡		➡
	➡		➡
	➡		➡

Wer oder was kann Ihnen helfen, sich zu beruhigen?

Meine Partnerin

Gibt es eine Geschichte dazu?
Mit wem?
Was ist genau passiert?

Welche Gefühle treten noch auf?

Für Vater war ich ein Taugenichts → Die Kontrolle zu verlieren

Wie könnte ein Leben ohne Versagensangst aussehen?

Entspannter und erfolgreicher

Der Minderwertigkeitskomplex

Selbstzweifel sind ein Teil von uns, sie gehören zum Menschsein dazu, aber wer spricht schon gern über diesen Teil? Selbstzweifel können erdrückend und belastend sein. Wenn sie nicht nur ab und zu, sondern häufig auftauchen, sprechen wir auch von einem Minderwertigkeitskomplex. Wir können uns in diesem Komplex wie gefangen fühlen. Dieses innere Gefängnis gibt uns das Gefühl, macht- und hilflos zu sein. Wir alle fühlen uns manchmal klein und dumm im Vergleich zu anderen. Das passiert vor allem dann, wenn jemand sehr dominant auftritt oder eine Wissenshoheit für sich beansprucht. Wir alle müssen lernen, damit zu leben, dass es immer jemanden gibt, der besser ist als wir selbst. Auch Nobelpreisträger scheinen dieses Gefühl zu kennen. Wenn Sie sich sagen können: »Okay, der kann das vielleicht besser, aber dafür kann ich etwas anderes richtig gut«, dann geht es Ihnen besser und Ihr etwas ramponiertes Selbstwertgefühl stabilisiert sich wieder.

Manche Menschen – und das sind mehr, als man denkt – fühlen sich insgesamt unsicher, minderwertig, unterlegen, dumm oder unfähig. Geht es Ihnen vielleicht auch so? Wahrscheinlich merkt es nur der Betroffene, denn nach außen hin gibt er sich gern selbstbewusst und unabhängig und versteckt seine Gefühle hinter dieser Fassade. Diese Fassade hilft zwar, einigermaßen durchs Leben zu kommen, aber glücklich werden diese Menschen nicht hinter ihr. Wenn sich die Fassade verselbstständigt, dann kann sie übertrieben wirken und der Mensch erscheint schnell arrogant oder eingebildet. Dabei ist jedoch genau das Gegenteil der Fall.

Anna

Anna glaubt, sie sei beruflich nicht sehr erfolgreich, auch wenn von außen alles sehr gut aussieht. Sie kann gut mit ihren Kunden umgehen, verhandelt selbstsicher und wirkt selbstbewusst. Vor Präsentationen hat sie immer ein klein wenig Lampenfieber, aber das gehört dazu.
In ihrem Inneren sieht es jedoch ganz anders aus. Sie ist nie mit sich selbst zufrieden und findet, sie müsse ihre Arbeit besser machen. Aber egal, wie viel sie arbeitet, immer nagen Zweifel an ihr. Sie glaubt, es nicht richtig zu machen. Manchmal hat sie auch die Sorge, andere könnten merken, dass sie eigentlich nichts kann. Wer sie kennenlernt, hält diese tiefen Zweifel nicht für möglich, sie sind gut versteckt hinter einer selbstbewussten Fassade. Zudem finden Kollegen und Kunden, dass sie ihre Arbeit sehr gut macht.
Im Coaching erzählt sie ihre Lebensgeschichte: »Eigentlich hatte ich eine ganz glückliche Kindheit. Wir waren viel draußen, mein kleiner Bruder war auch dabei, es war eigentlich ganz schön.« Mit ihm verstand sie sich gut. Sie war intelligent und er war sportlich, insofern haben sie sich gut ergänzt.
In der Schule war sie gut, aber sie schrieb nicht immer nur Einsen. Sie gehörte zwar immer zu den Besseren, aber an der Spitze der Klasse wechselte sich ein Trio ab: Mal lag der eine, mal die andere vorn. Ein ständiger Wettkampf, den sie im Grunde ihres Herzens hasste. Wenn sie »nur« eine Eins minus oder Zwei plus schrieb, machte ihr Vater abwertende Bemerkungen. Für ihn hatte eine Zwei fast die Bedeutung »durchgefallen«: »Was, nur eine Zwei, was war denn los?« Die Mutter sagte lieber gar nichts. So wuchs Anna mit dem Gefühl auf: »Gut

ist nicht gut genug. Es reicht nie.« Sie machte ein sehr gutes Abitur, studierte, bewarb sich auf verschiedene Positionen und wurde bei einer kleinen regionalen Beratungsgesellschaft angestellt. Sie dachte, es sei besser, nicht zu ehrgeizig zu sein, das hatte man ihr von mehreren Seiten geraten.

Ursprünglich wollte sie zwar Medizin studieren, doch dafür hätte sie ein Semester warten müssen und das kam für ihren Vater nicht infrage. »Dafür bist du nicht gut genug, das ist doch klar«, so lautete das Urteil ihres Vaters. Also studierte sie Jura, denn nach dem Abschluss gäbe es breitgefächerte Berufsaussichten. Ihren Traum, Medizin zu studieren, gab sie auf. In ihrem Berufsleben war sie zwar anerkannt und erfolgreich, fand sich aber nicht gut genug, denn schließlich arbeitete sie »nur« in der Provinz. Auch wenn die Kunden sie sehr schätzten, empfand sie sich selbst als gescheitert.

Kommentar: Annas Minderwertigkeitsgefühle sitzen tief, dennoch kann sie lernen, mit ihnen umzugehen. Es lohnt sich, herauszuarbeiten, an welchen Stellen dieses Gefühl ihre Entscheidungen beeinflusst hat. Anna hatte im Laufe des Lebens ihren ursprünglichen Wunsch, Medizin zu studieren, schlicht »vergessen«, auch die ablehnende und abwertende Haltung ihres Vaters hatte sie verdrängt. Beides war aus dem Bewusstsein ins Unbewusste gerutscht. Im Coaching konnten wir es gemeinsam ausgraben wie bei einer archäologischen Detektivarbeit. Nur wenn Sie wissen, was Sie zurückhält, können Sie sich dagegen wehren und daran arbeiten.

Wenn die Minderwertigkeitsgefühle sehr tief verankert sind, verläuft dieser Ausgrabungsprozess nicht ganz einfach. Die tiefsitzenden Minderwertigkeitsgefühle wurzeln oft in schmerzlichen Kindheitserfahrungen – vor allem, wenn Menschen, die uns nahestehen, meistens Eltern oder andere sehr wichtige Bezugspersonen, uns nicht die Anerkennung geben, die wir brauchen, weder für die eigene Leistung noch für das eigene Sosein. Das hinterlässt eine Wunde, die zwar vernarbt, aber diese Narbe bleibt sehr empfindlich und kann leicht aufbrechen. Wir bezeichnen das in der Psychologie als »narzisstische Wunde«. Erschwerend kommt hinzu, dass sich dieser Hunger nach Anerkennung nie ganz stillen lässt. Die frühe Erfahrung »Du bist nicht gut genug« wird auf spätere Situationen übertragen. Wenn man dann gelobt wird, wird das Lob ebenfalls entwertet: »Das stimmt bestimmt nicht«, »Das sagt der doch nur, um nett zu sein«, »Wenn die wüssten …« So oder ähnlich lautet die Reaktion des Minderwertigkeitsmonsters.

Wenn Sie selbst betroffen sind

Gegen dauerhaften Selbstzweifel können Sie etwas tun: Erinnern Sie sich an das Schema zur Methode, wie Sie mit schwierigen Gefühlen umgehen? Wenn es Ihnen wie Anna geht, dann lehnen Sie sich in einer ruhigen Stunde einen Moment zurück und schließen Sie die Augen. Stellen Sie sich vor, Sie hörten eine Stimme, die diesen Ihnen gut bekannten abwertenden Satz sagt, wie z. B. »Das schaffst du nicht«, »Dafür bist du nicht klug/nicht intelligent/nicht sportlich … genug.« Und dann stellen Sie sich vor, diese innere Stimme wäre eine Figur, die auf Ihrer Schulter sitzt. Vielleicht sitzt sie auch auf Ihrem Brustkorb? Ein frecher Kobold oder eine kleine Hexe? Geben Sie ihr eine Gestalt. Wenn Sie sie genau vor sich sehen, sprechen Sie mit ihr. Sagen Sie ihr freundlich, aber bestimmt: »Deine Zeit ist abgelaufen. Ich lasse mich nicht mehr von dir beeinflussen. Das ist mein Leben. Und ich habe mein Leben gut im Griff. Bitte geh!« Wahrscheinlich wehrt sie sich und redet einfach weiter auf Sie ein. Oder sie fängt an, Sie zu beschimpfen. Machen Sie sich keine Sorgen, denn das bedeutet, dass Sie auf dem richtigen Weg sind. Die Stimme merkt, dass es Ihnen ernst ist. Bleiben Sie standhaft, halten Sie weiter dagegen. »Lass mich bitte mein Leben so leben, wie ich das möchte. Ich kann das, ich weiß, was ich tue, und ich bin gut in dem, was ich tue. Meine Kunden (oder wer auch immer) sind happy …« Hauptsache ist, dass Sie den Einflüsterungen nicht erliegen. Alternativ können Sie sich auch das entsprechende Elternteil vorstellen und mit ihm in den Dialog treten. Dieses Gespräch werden Sie viele Male wiederholen müssen, aber mit der Zeit wird die Stimme an Einfluss und an Lautstärke verlieren. Sie hören sie immer seltener, am Ende nur noch in besonders stressigen Momenten. Das ist ein mühsamer Prozess. Sie dürfen und sollten sich immer wieder Bestätigung holen für das, was Sie tun – fragen Sie Ihren Partner, Ihre Kollegen, Ihre Freunde. Sie werden Ihnen gern bestätigen, dass Sie Ihre Sache gut machen! Diese wiederkehrenden Selbstgespräche und das Gegenandenken sind das, was man als »Arbeit an sich selbst« bezeichnet. Und es funktioniert.

Sie können noch mehr für sich selbst tun. Sie können ein kleines Tagebuch führen, in dem Sie notieren, was Sie gut gemacht haben. Wahrscheinlich wird Ihnen als Erstes in den Sinn kommen, was Sie nicht gut genug gemacht haben. Dann drehen Sie Ihren Satz so um, dass es »gut genug« war. So können Sie beispielsweise, wenn Sie sich vorgenommen haben, jeden Tag eine Stunde Sport zu machen, und »nur« eine halbe Stunde geschafft haben, sich statt »Und wieder habe ich es nicht richtig geschafft« sagen: »Eine halbe Stunde ist schon gut, ich bin auf dem richtigen Weg.« Ich bin sicher, dass das meiste, was Sie tun, »gut genug« war. »Gut genug« ist ein Begriff aus der Entwicklungspsychologie, den der britische Psychologe Winnicott[40] geprägt hat. Er wollte damit den Perfektionsansprüchen junger Mütter etwas entgegensetzen. Diese glauben sehr häufig, dass sie perfekt sein müssen, damit sich ihr Kind richtig entwickelt. Aber Perfektion gibt es nicht.

Mütter können nicht perfekt sein. Niemand ist perfekt und für ein Kind wäre das sogar schädlich. Ein Kind muss spüren, dass es eine Realität gibt, die nicht nur freundlich und liebevoll ist, sondern auch unangenehm, unfreundlich oder auch feindlich. Es gehört zum Menschsein, dass Dinge nicht perfekt laufen. Insofern ist »gut genug« für Perfektionisten »das neue perfekt«.

Sie können aus dem Minderwertigkeitskomplex herausfinden, wenn Sie es wirklich wollen. Manchmal dient das eigene Minderwertigkeitsgefühl auch als Ausrede, um sich nicht zu sehr anzustrengen. So haben Sie schnell eine Entschuldigung parat: »Ich hab's ja gleich gewusst, das wird nichts« – und das kann sich leider zu einer sich selbst erfüllenden Prophezeiung entwickeln. Passen Sie also auf, dass Sie sich Ihr Scheitern nicht selbst einreden.

Einen Minderwertigkeitskomplex zu bewältigen, ist ein längerer Prozess – wenn man 30 Jahre an etwas geglaubt hat, lässt es sich nicht mit einem Satz ungeschehen machen. Aber mit Entschlossenheit und einem starken Willen gelingt es. Ein Minderwertigkeitskomplex ist nur ein Denk- und Fühlmuster, nicht die Realität. Letztlich geht es darum, sich selbst anzuerkennen, sich selbst eine gute Mutter oder ein guter Vater zu sein. Das bleibt eine lebenslange Aufgabe. Finden Sie diese leise Stimme in sich, die Ihnen Mut macht und Sie bestärkt: »Eigentlich machst du das schon ziemlich gut.« Hören Sie ihr zu und geben Sie ihr mehr Raum! Das Leben fühlt sich dann frei an, Sie werden unabhängig von der Zustimmung und Anerkennung anderer! Vielleicht fällt Ihnen irgendwann ein, was Sie wirklich machen möchten. Anna faszinierte am Medizinstudium der mögliche Umgang mit Menschen und die Idee, heilen zu können. Vielleicht entwickelt Sie sich also weiter zur Physiotherapeutin oder zur Heilpraktikerin.

Wenn ein Mitmensch betroffen ist

Meiner Erfahrung nach nützt es wenig, wenn Sie den Anderen direkt auf das Thema ansprechen. Das Gefühl liegt, wie bei vielen anderen Mustern, meist tief vergraben und ist oft nicht direkt zugänglich. Aber positives Feedback können Sie sowohl als Kollege als auch als Partner geben. Liebevoll anerkennende Wort zu finden für das, was der Andere tut, ist wichtig. In einer Partnerschaft gibt es zum Beispiel die allgemeine Regel 5:1. Sie sollten fünfmal etwas Nettes, positiv Unterstützendes sagen, erst dann »dürfen« Sie sich eine Kritik erlauben.[41] Diese Regel stärkt eine Beziehung und verhindert das ewige Nörgeln. Fehler und Mängel gibt es immer, aber wenn wir genau hinsehen, finden wir auch viel Schönes und Liebevolles – vielleicht hat der Andere die berühmte Geschirrspülmaschine klaglos ausgeräumt. Wenn Sie unbedingt etwas kritisieren müssen, tun Sie es freundlich, konstruktiv und wertschätzend. Die Rate 5:1 sollten Sie auf etwa das Doppelte erhöhen, wenn Ihr Partner über ein geringes Selbstwertgefühl verfügt. Denken Sie bitte daran, dass eine im Selbstwertgefühl verletzte Person durch die kleinste Kritik aus der Bahn geworfen werden kann.

Wenn Sie in Ihrem beruflichen Umfeld spüren, dass jemand an Minderwertigkeitsgefühlen leidet, dann helfen Sie ihm und stärken Sie ihm den Rücken. Vergessen Sie nicht, ein Mensch ist nicht sein Arbeitsergebnis! Empathie und die Bereitschaft, sich vorzustellen, mit welchen Schwierigkeiten der andere kämpft, helfen sehr.

Exkurs: Narzissmus

Warum füge ich an dieser Stelle einen Exkurs über Narzissmus ein, ein Konzept, das oft mit selbstverliebtem Verhalten gleichgesetzt wird? Narzisstische Menschen sollen außerdem aufgrund ihres Wunsches nach Macht, Prestige und Einfluss besonders häufig in wichtigen Ämtern oder Führungspositionen anzufinden sein. Jedoch ist die Gleichstellung von Selbstverliebtheit und Narzissmus ein weit verbreitetes Missverständnis!

Sigmund Freud hat zunächst den Begriff des primären Narzissmus eingeführt, um die frühkindliche Selbstliebe und Selbstbezogenheit zu bezeichnen.[42] Denn erst im Laufe der Zeit kann sich die natürliche Selbstliebe eines Kindes zu einer Liebe des Anderen um seiner selbst willen transformieren. Obwohl Freuds Ansichten kontrovers diskutiert wurden, verschaffte er der essenziellen Bedeutung der Selbstliebe mehr Aufmerksamkeit. Selbstliebe wandelt sich während der Kindheit durch Erziehung zu einem idealen Selbstbild. Dieses wird mit der Realität abgeglichen, sodass mit der Zeit ein realistisches Selbstbild entstehen kann, das in den Vordergrund gelangt. Dadurch lernt ein Kind, auf die Bedürfnisse seiner Mitmenschen einzugehen. Die Entwicklung einer gesunden Selbstliebe hängt von einer gesunden Beziehung zwischen dem Kind und primären Bezugspersonen, vor allem der Mutter, ab. Nicht bei jedem Menschen verläuft dieser Prozess problemlos. Funktioniert die Bindung zwischen Mutter und Kind nicht oder nicht gut genug, kann sich eine psychologische Problematik entwickeln, die unsere Fähigkeit, uns selbst und andere zu lieben, stark beeinträchtigt. Wenn die Mutter beispielsweise nach der Geburt depressiv ist – an einer postpartalen oder Wochenbettdepression leidet – kann sie nicht auf die emotionalen Bedürfnisse des Kindes eingehen und emotional nicht mitschwingen. Das erschwert es ihr, eine innige Bindung zu ihrem Kind aufzubauen. Ein solch früher Mangel an Bindung kann die Fähigkeit zur Selbstliebe später erschweren.

Der Begriff des Narzissmus wird häufig mit einer rücksichtslosen, ich-bezogenen, selbstverliebten Person assoziiert. Das spiegelt zumindest den äußeren Eindruck wider, den ein narzisstischer Mensch erweckt. In den Schlagzeilen der Wirtschaftspresse wird über die sogenannten »Nieten in Nadelstreifen«[43], selbstdarstellerische, herrische, anmaßende Chefs und Vorgesetzte, berichtet, die sich für besser als alle anderen halten und ihren eigenen Aufstieg mit Charme und Geschick gestalten. Doch viele wissen nicht, dass sich hinter dieser Fassade ein tiefer innerer Schmerz verbirgt. Der kann so überwältigend sein, dass er selbst für den Betroffenen unbewusst bleibt.

Der Dichter Ovid hat diesen Schmerz in seinen Metamorphosen auf poetische Art beschrieben.[44] Narziss, ein junger Mann von bezaubernder Schönheit, wird von vielen weiblichen Wesen angebetet und geliebt. Er allerdings verliebt sich nie. Auch die kleine hübsche Nymphe Echo hat sich in Narziss verliebt. Weil Narziss auch sie nicht erhört, verliert sie vor lauter Liebeskummer ihre Stimme und ihren Körper, sie löst sich auf und wird zum Echo, das ihren Namen trägt. Die Rachegöttin wird darüber sehr zornig und will Narziss für seinen Mangel an Empfindungsfähigkeit strafen. Sie verkündet also, dass Narziss sich in das nächste Wesen, das er sieht, verlieben müsse. Dann passiert etwas sehr Unglückliches: Narziss ist durstig und trinkt aus einem Teich. In dem Teich erblickt er sein eigenes Spiegelbild und verliebt sich in dieses Bild, so wie es die Götter vorbestimmt hatten.

Doch immer dann, wenn er sein eigenes Spiegelbild auf der Teichoberfläche berühren will, löst es sich auf. Es ist unerreichbar. Diesen unendlich großen Schmerz kann er nicht ertragen. Narziss stirbt an gebrochenem Herzen, um als Narzisse am Ufer des Teiches wiedergeboren zu werden.

In meinen Coaching-Sitzungen erlebe ich ab und zu ähnliche Muster. Die äußere Fassade von Selbstbewusstsein und Autorität verbirgt eine tiefe Unsicherheit und einen inneren Konflikt. Es mag erstaunlich klingen, aber Narzissten versuchen oft verzweifelt, sich im Anderen zu spiegeln. Das heißt, sie wollen gesehen werden, Lob und Anerkennung, Wärme und Liebe erfahren. Genau das Gegenteil jedoch passiert. Denn wenn wir andere Menschen nur benutzen, um von ihnen Anerkennung oder Aufmerksamkeit zu erhalten, behandeln wir sie wie Statisten, wie Objekte, die uns zu Diensten sein sollen. Damit beuten wir unsere Mitmenschen emotional aus. Dieses Verhalten soll die mangelnde Anerkennung und Zuneigung der Kindheit kompensieren. Menschen merken jedoch nach einer Weile der »Bezauberung«, dass der Narzisst sich nicht wirklich für sie interessiert und sie nur benutzt. So entsteht ein Teufelskreis, aus dem keine Liebe, Zuneigung oder Anerkennung erwachsen können, weil sich niemand gern benutzen und manipulieren lässt. Der Schmerz und der damit einhergehende Wunsch nach Liebe können so nicht gestillt werden. Dies ist vor allem deshalb ein so furchtbares Gefühl, weil das Nicht-gesehen-Werden für den Betroffenen bedeutet, nicht zu existieren. Die größte Angst von Narzissten ist, ein Nichts zu sein, ein Niemand, nicht vorhanden zu sein. Denn nur, wenn sie gesehen werden, existieren sie. Das ist qualvoll und für viele von uns schwer vorstellbar. Es ist eine psychische Situation, die professioneller Hilfe bedarf. Es benötigt sehr viel Zeit, damit ein narzisstisch verwundeter Mensch ein echtes Selbstwertgefühl entwickeln kann und die Fähigkeit, sich selbst zu lieben. Dafür muss er lange genug beurteilungsfrei durch einen Therapeuten gespiegelt und anerkannt werden. Mit der Zeit lernt der Mensch, dass er nichts tun muss, um akzeptiert und angenommen zu werden. Er muss nicht gut, klug, intelligent oder sportlich sein. Sein Sosein genügt. Allmählich wächst Vertrauen in den Therapeuten und der Narzisst traut sich, seine Gefühle und Bedürfnisse zu äußern. Er lernt, sich um sich selbst zu kümmern. Das ist der Kern einer Therapie.

Im Berufsleben begegnen wir hin und wieder narzisstisch verletzten Menschen, sie wirken besonders charmant und einnehmend – solange ihnen die Anderen von Nutzen sind. Manchmal entpuppen sie sich als Blender, aber oft verfügen sie auch über viele Talente, weil sie durch ihre emotionale Verletzung ein hohes Einfühlungsvermögen besitzen. Da sie andere für ihre Zwecke nutzen wollen, müssen sie wissen, wie sie das tun können. Das ist der Schatz, den Narzissten heben können, denn sie haben einen extrem guten Spürsinn für die Gefühle und Schwächen anderer Menschen.

Falls Sie sich in der Analyse dieses Musters wiedererkennen, empfehle ich Ihnen, sich professionelle Unterstützung zu suchen. Denn glauben Sie mir, das Leben ist schöner, wenn echte und tiefe Beziehungen zu anderen Menschen möglich sind. Suchen wir nicht letztlich alle ein Leben, das sich durch echte menschliche Verbindungen mit Sinn erfüllt?

Wenn Sie selbst eine narzisstische Wunde haben, dann besinnen Sie sich auf Ihren emotionalen Schatz und üben Sie, Ihre Einfühlungsfähigkeit für das Wohlergehen anderer zu nutzen, nicht für Ihr eigenes.

Arbeitsblatt

– Minderwertigkeitsgefühle –

Wann fühlen Sie sich klein oder unbedeutend?

Durch wen oder was ausgelöst?		Was ist der Kontext? Wieso, aus welchem Grund?	
Nur in der Provinz gelandet	➡	Nicht getraut, mich anderswo zu bewerben	➡
	➡		➡
	➡		➡
	➡		➡

Wer oder was kann Ihnen helfen, sich zu beruhigen?

Mein Coach

Gibt es eine Geschichte dazu?
Mit wem?
Was ist genau passiert?

Welche Gefühle treten noch auf?

Gibt es eine Geschichte dazu?		Welche Gefühle treten noch auf?
Du bist nicht intelligent genug!	➡	Scham
	➡	
	➡	
	➡	

Wie könnte ein Leben ohne diese Minderwertigkeitsgefühle aussehen?

Mich trauen, das zu machen, was ich wirklich will (Physiotherapeutin)

Angst, die Kontrolle zu verlieren

Sie kennen bestimmt eine Freundin, die am liebsten alles selbst macht? Zuhause räumen die Kinder nicht ordentlich genug auf, der Ehemann putzt nicht gründlich genug, der Kuchen ihrer Schwiegermutter eignet sich nicht wirklich für den Kindergarten und im Job sind ihr alle zu langsam, zu ungenau oder haben nicht richtig verstanden, was sie tun sollen. Dabei sind in der Realität alle gut genug in dem, was sie tun. Dennoch reicht es Ihrer Freundin nie. Sie hat das Gefühl, alles selbst machen zu müssen. Dabei hätte sie wichtigere Dinge zu tun: mit ihren Kindern spielen, Zeit mit dem Ehemann verbringen, mehr Kundengespräche führen ... Wenn sich jemand in die Aufgaben anderer einmischt, privat oder beruflich, dann nennt man das Micromanagement.

Aus welchen Beweggründen wollen Menschen alles selbst machen? Es ist offensichtlich: Sie wollen vor allem die Kontrolle behalten, um sicherzugehen, dass alles so geschieht, wie sie es für richtig halten. So sieht es zumindest vordergründig aus. Hinter dem Wunsch nach Kontrolle steckt jedoch eine andere Angst, die Angst vor Veränderung.

Wenn Sie die Dinge selbst in die Hand nehmen, können Sie Ihnen nicht entgleiten und sich anders entwickeln, als Sie sich das vielleicht wünschen.

Ein gewisses Beharrungsvermögen gehört zum Menschsein dazu. Es ist völlig in Ordnung, zu wollen, dass nicht immer alles im Fluss ist. Sie dürfen die Dinge so sein lassen, wie sie sind, ohne dass sich etwas ändert. Viele Entwicklungen brauchen Zeit, Entscheidungen müssen erst einmal eine Wirkung entfalten, damit die Folgen erfahren werden können. So lohnen sich ein neuer Job und ein Umzug in eine neue Stadt erst nach einer Weile, auch größere Investitionen rentieren sich erst, wenn diese über einen längeren Zeitraum verwendet werden.

Aber Veränderungen sind wichtig, wir alle wollen uns weiterentwickeln, neue Technologien ausprobieren, neue Menschen kennenlernen, neue Filme sehen. Das gilt auch für den Beruf: neue Produkte, neue Märkte, neue Themen, neue Technologien – das Feld für Innovationen ist groß. Die Spannung zwischen Beharren einerseits und Veränderung andererseits ist eines der vielen Paradoxe in unserem Leben. Eine eindeutige Lösung für dieses Paradox gibt es nicht, wir wollen beides. Das Paradox ist verwandt mit dem Konflikt von Autonomiewunsch und Bindungsbedürfnis. In der Welt von heute, die sich schneller dreht und verändert, als wir das von früher kennen, werden solche Paradoxe sichtbarer – das führt dazu, dass wir die Fähigkeit, paradox zu denken, erlernen und anwenden müssen. Das bedeutet, dass Sie lernen müssen, diese Art von Unsicherheit besser auszuhalten, wenn Sie in dieser Welt leben wollen. Jeder von uns neigt mehr zu einer der beiden Seiten, aber es ist wichtig, beide Seiten in sich zu entwickeln und zu integrieren.

Clara

Clara ist eine Multitasking-Frau. Sie hat zwei Kinder, einen Ganztagsjob, einen tollen Ehemann und sie engagiert sich nebenbei im Elternbeirat der Schule. Bereits vor der Schule bereitet sie für die Kinder wunderbar gesunde Frühstücksbrote zu, dann fährt sie zur Arbeit und bringt nebenbei die Kinder zu Schule. Ihr Ehemann darf die Kinder abholen und wenn Clara abends nach Hause kommt, kocht sie ein veganes Abendessen. Sie räumt nebenher die Kinderzimmer auf, liest den Kindern eine Gutenachtgeschichte vor, macht noch schnell eine halbe Stunde Yoga und schläft dann über einem Fachbuch ein. Das schafft sie nur, weil sie sehr diszipliniert ist. Sie liebt es, dass alles in geordneten Bahnen läuft. Mittlerweile ist sie keine 20 mehr und die ausgefüllten Tage strengen sie immer mehr an. Ihr Ehemann bietet an, für sie zu kochen, aber das macht sie lieber selbst. Dann weiß sie, welche Zutaten verarbeitet werden. Er würde auch die Kinder in die Schule bringen. Aber er könnte ja unpünktlich sein und das will sie nicht. Auch im Beruf übernimmt sie die Aufgaben derer, die in ihren Augen nicht schnell genug sind. Ihr Verhalten nervt ihren Ehemann, ihre Kinder und ihre Kollegen, aber sie merkt es nicht oder sie will es nicht merken. Was steckt dahinter? Viele würden auf Perfektionismus tippen, aber auch der ist schließlich nur ein Ausdruck einer Angst – der Angst, loszulassen und die Kontrolle zu verlieren.

Kommentar: Als Kind schon war Clara sehr diszipliniert, sie fügte sich den Plänen ihrer Eltern, die bestimmte Aktivitäten wie Klavier- und Ballettunterricht oder Töpfern für sie vorgesehen hatten, immer bei strengen Lehrern, damit das Kind auch etwas lernt. Unkontrolliert draußen zu spielen gehörte nicht zu diesen Aktivitäten. Wie alle Kinder wollte sie geliebt werden, ordnete sich unter, war brav und gut in der Schule, rebellierte nicht.

Dieses überangepasste Leben führt sie auch als Erwachsene. Sie heiratet früh den netten Jungen, der ihr erster Freund war, sie studieren zusammen, steigen gemeinsam ins Berufsleben ein – alles läuft prima. Wenn da nicht dieses komische Gefühl wäre: Sie fühlt sich wie eine Maschine, die einfach nur ihr Programm abspult. Sie hat indes gelernt, es zu ignorieren.

Was geht Ihnen durch den Kopf, wenn Sie diese Geschichte lesen? Wir mögen es gar nicht, wenn uns die Dinge aus der Hand gleiten und wir nicht mehr Herr der Lage sind. Wenn Sie zu einem kontrollierenden Verhalten neigen, wenn alles immer schön ordentlich, sauber und korrekt sein muss, dann haben Sie vermutlich mehr als andere Menschen Angst vor Veränderung.

Wer rigide veranlagt oder durch die Erziehung rigide geworden ist, liebt Struktur, Ordnung und Prinzipien um ihrer selbst willen – und weil sie Sicherheit geben. Wenn das übertrieben wird, können sich zwanghafte Verhaltensweisen entwickeln. Beispielsweise wenn wir unsere Hände mehrfach hintereinander waschen, damit sie auch ganz bestimmt sauber sind. Mit einem dogmatischen Sinn für Ordnung und Beständigkeit ist häufig eine Unterdrückung von intensiven Gefühlen aller Art verbunden, positiven wie negativen. Zuneigung wird ebenso abgewehrt wie Aggression. Manche dieser Menschen drücken ihre Aggression durch einen Willen zu Macht und Einfluss aus – am besten für eine gute Sache.

Die Ursachen für solche Verhaltensweisen liegen in einer verfrühten Unterdrückung und Bestrafung von Autonomie und Selbstverwirklichungsimpulsen des Kindes. Während in Annas Fall bei der Entstehung von Minderwertigkeitsgefühlen eher in der Erziehung die Ursache lag, weil die Mutter nie etwas sagte und nur der Vater ihr Vorgaben gab, liegt hier das genaue Gegenteil vor: Das Kind hat genau zu gehorchen, sich immer »richtig« und »anständig« zu verhalten. Bei Fehlverhalten wird es bestraft. Die Bezugspersonen drohen nicht nur mit Liebesentzug, sondern sperren das Kind ein, beachten es nicht oder streichen ihm beispielsweise das Abendessen. Liebesentzug ist eine der schwersten Strafen für ein Kind. Oft werden besonders lebhafte und vitale Kinder durch Strenge und Regeln gebrochen. Strenge und strafende Bezugspersonen sind eine häufige Ursache für zwanghafte Verhaltensweisen. Dadurch entsteht ein Urzweifel, der zu einer lebenslangen Angst vor Veränderungen und Unsicherheit führt: »Darf ich so sein, wie ich bin, und tun, was ich will, oder muss ich gehorchen, mich unterordnen und »das Richtige« tun, damit ich nicht bestraft werde?« Unsicherheit – und Zukunft ist immer unsicher – muss zu Angst führen, denn was ist »das Richtige«? Damit einher geht auch der Wunsch nach Perfektion.

Wenn es Ihnen so ergeht, dann haben Sie ein sehr anstrengendes Leben, weil Sie ständig den elterlichen und später gesellschaftlichen Vorstellungen gehorchen müssen. Schöne Gefühle, wie Freude am Erreichten, erleben Sie ebenso wenig, wie Sie sich Neid oder Wut eingestehen können. Das führt trotz eines äußeren Reichtums zu einem engen Leben! Kein Ausreißen ist gestattet und sogar Partys sind eher eine lästige Pflichtübung.

Aber tief in Ihnen verbergen sich Lebendigkeit und Vitalität, Freude und Ärger. Wo verstecken sie sich? Es gibt sicherlich in Ihnen einen Winkel, wo sich Hunger nach und Freude am Leben verbergen. Die Menschen, die Sie gernhaben, wissen meistens ganz gut, welche Gefühle Sie nicht zulassen und auf welche Aktivitäten Sie wohl Lust hätten und sie dennoch nicht wagen. Sprechen Sie mit ihnen und fragen Sie sie offen danach!

Wenn Sie selbst betroffen sind

Wenn Sie also selbst betroffen sind, dann horchen Sie in sich hinein, spüren Sie, welche Impulse Sie unterdrücken und in welchen Situationen! Was darf nicht gelebt werden, welche lebendige Seite von Ihnen wird unterdrückt? Was würden Sie gern tun und wer hat es Ihnen verboten? Und wann? Wenn Sie den Vorhang aus Angst vor Strafe und Nicht-richtig-Sein nur ein wenig aufziehen, werden Sie sehen, dass sich dahinter ein lebendiges, lustvolles und buntes Bild verbirgt, das nicht eindeutig ist und changiert. Aber genau das macht seine Schönheit aus. Wege aus der Angst sind selten kurz. Sie brauchen Übung, aber die Bestrafung, die Sie fürchten, kann Ihnen heute nicht mehr in der gleichen Art widerfahren wie als Kind. Sie sind erwachsen und frei, Sie dürfen entscheiden, wie Sie sich verhalten möchten. Nur Mut!

Angst vor Unsicherheit und Nachdenken über die Zukunft hängen eng miteinander zusammen. Ein Teil unserer Angstgefühle entsteht in derselben Hirnregion wie unsere Kompetenz, zu planen. Beides findet im Frontallappen statt, der sich direkt über den Augen an der Vorderseite des Kopfes befindet. Ihm wird unsere Fähigkeit zugeschrieben, uns selbst gedanklich in die Zukunft zu projizieren, d. h. über bevorstehende Handlungen und Ereignisse zu reflektieren und uns in bestimmte Situationen hineinversetzen zu können. Entsprechende Experimente und die Untersuchung spezieller Krankheitsbilder haben nachgewiesen, dass die Zerstörung des Frontallappens unsere Planungsfähigkeit reduziert, zugleich aber zu einer Verminderung unserer Angstgefühle führt.[45] Menschen mit solchen Ausfallerscheinungen können nicht mehr über Vergangenheit, Gegenwart und Zukunft nachdenken. Sie leben, ohne sich die Zukunft vorstellen zu können, nur noch in der Gegenwart. Daraus hat man geschlossen, dass Nachdenken über die Zukunft und Angst vor der Zukunft untrennbar zusammengehören. Das Nachdenken über die Zukunft hilft uns dabei, künftige Erfahrungen zu kontrollieren.

> »Wir schauen in die Zukunft, um bestimmte Voraussagen zu treffen, und wir treffen Voraussagen, damit wir die Zukunft kontrollieren können. [...] Die erstaunlich richtige Antwort lautet, dass wir Menschen gern Kontrolle ausüben – nicht, um die Zukunft zu manipulieren, sondern einfach um der Kontrolle willen. Beschäftigt zu

> sein, Dinge zu ändern, Dinge zu beeinflussen, Dinge geschehen zu lassen, ist eines der grundlegendsten Bedürfnisse, mit dem das menschliche Gehirn von Natur aus ausgestattet ist, und von Kindheit an bringt ein Großteil unseres Verhaltens einfach nur diesen Hang zur Kontrolle zum Ausdruck. [...] Tatsache ist, dass Menschen mit einer Leidenschaft für Kontrolle auf die Welt kommen und dass sie die Welt in der gleichen Disposition verlassen. Forschungsergebnisse zeigen, dass sie unglücklich, hilflos und depressiv werden, wenn sie irgendwann im Lauf des Lebens die Fähigkeit zur Kontrolle verlieren.« (Gilbert, 2008)[46]

Es fühlt sich eben einfach gut an, die Zukunft zu kontrollieren. Wir wollen das Gefühl von Kontrolle und Einfluss haben, selbst die Illusion von Kontrolle übt denselben Effekt auf uns aus wie eine wirkliche Kontrolle. Das Problem ist nur, dass wir nicht wissen können, wie die Zukunft tatsächlich sein wird. Sie entwickelt sich anders als geplant und gedacht. Hier kommen wieder die drei Illusionen der Voraussicht ins Spiel.

Jemand, der zu Perfektionismus und Micromanagement neigt, erlebt diese Unsicherheit als besonders bedrohlich und hat vor allem Angst, Fehler zu machen. Sie können Angst vermeiden, wenn Sie sich und anderen erlauben, Fehler zu machen. Es gibt den schönen Spruch von Thomas Edison: »Ich bin nicht gescheitert, ich habe nur 10.000 Wege gefunden, dass es nicht funktioniert.«[47]

Wenn ein Mitmensch betroffen ist

Was tun Sie, wenn Sie einen Kollegen oder Freund haben, der zu Perfektionismus und Micromanagement neigt? Viele Menschen haben diese Neigung. Vergessen Sie nicht, dass unser Gehirn angesichts von Unsicherheit immer dazu neigt, Angst zu empfinden. Die Angst vor Unsicherheit ist mehr oder weniger stark ausgeprägt, aber sie ist ein fester Bestandteil aller Menschen, weil Unsicherheit als eine Bedrohung wahrgenommen wird.

Im Umgang mit Ihren mikromanagenden Freunden oder Kollegen bedeutet es zum einen, dass Sie Verständnis für diese generelle Angst vor Unsicherheit aufbringen sollten, schließlich ist sie urmenschlich. Aber geben Sie Ihren Mitmenschen auch freundlich Feedback, an welchen Stellen Sie sich mehr Beweglichkeit, Experimentieren und Ausprobieren von ihnen wünschen. Angst ist ein enges Gefängnis und ein großes Monster sitzt an der Tür in die Freiheit. Sie werden eine Weile brauchen, um dieses Monster davon zu überzeugen, die Tür zu öffnen, und auch dann geschieht das nur schrittweise.

Arbeitsblatt

– Kontrollverlust –

Wann treten diese Gefühle auf?

Durch wen oder was ausgelöst?		Was ist der Kontext? Wieso, aus welchem Grund?	
Umgebung	➡	Alles ist nicht gut genug	➡
	➡		➡
	➡		➡
	➡		➡

Wer oder was kann Ihnen helfen, sich zu beruhigen?

In der Natur sein

Gibt es eine Geschichte dazu? Mit wem? Was ist genau passiert?		Welche Gefühlte treten noch auf?
Eltern wollten mich brechen	➡	Nichts fühlen, eine Maschine sein
	➡	
	➡	
	➡	

Wie könnte ein Leben ohne diese Kontrolle sein?

Fröhlich bunt, aufregend

Angst, sich festzulegen

Stefanie fragt am Montag ihren Liebsten am Telefon: »Wir wollten doch am Wochenende nach Frankfurt zu Thomas und René fahren und bereits am Freitag los, wie sieht es aus bei dir?« Michael antwortet: »Hm. Gute Idee. Ja. Wie wäre es, wenn wir morgen noch einmal drüber sprechen? Oder, warte mal, lieber doch erst übermorgen?« Stefanie: »Okay, aber übermorgen ist schon Mittwoch …« Michael: »Ehrlich gesagt muss ich erst einmal schauen, wie die Dinge sich entwickeln. Ich habe noch keine Übersicht über den Rest der Woche …«

So oder so ähnlich klingen Dialoge mit »Nichtfestlegern«. Das kann für deren Mitmenschen recht nervig sein. Es ist sehr anstrengend, wenn ein Festleger bzw. Kontrollfreak auf einen Nichtfestleger bzw. Kontrollvermeider trifft. In dieser Komplementarität zueinanderzufinden, ist nicht einfach. Oft suchen wir uns in unseren Liebesbeziehungen eine Person aus, die uns fasziniert, weil sie anders ist und wir sie als Ergänzung zu uns selbst sehen. Allerdings ist das, was uns zu Beginn einer Beziehung bezaubert, häufig genau das, was uns später leider auch auf die Nerven geht.

Im privaten Kontext kann die mangelnde Bereitschaft, sich festzulegen, langfristig Beziehungen zerstören, weil es wie ein Vertrauensbruch wirkt und eine langfristige Bindung unmöglich machen kann. Aus Enttäuschung sucht sich der, der im Grunde die Beziehung wollte und sich festlegen wollte, einen neuen Beziehungspartner. Im beruflichen Kontext gewinnt die Unfähigkeit, sich festzulegen, ebenfalls eine gewisse Brisanz, denn dort gehört es zum Job, Entscheidungen zu fällen. Wenn Sie das unterlassen, dann fällen die Umstände oder andere Personen für Sie die Entscheidung. Insofern ist Nicht-Entscheiden auch eine Entscheidung.

Und Sie, sind Sie eher ein Kontrollfreak? Oder ein Zauderer?

Wir Menschen haben beide Seiten in uns: Manchmal wollen wir sofort losplanen und alles festzurren, ein anderes Mal schieben wir Entscheidungen vor uns her und wollen uns noch nicht festlegen – der Gedanke, es könnte noch eine bessere Alternative geben, lässt uns zögern. Heute sagt man gern dazu »FOMO – Fear of missing out« (die Angst, etwas zu verpassen). Beide Verhaltensweisen haben abhängig von Zeit und Ort ihre Berechtigung. Sie hängt auch von dem Gegenstand der Entscheidung ab. Ein Hotel für eine Reise auszusuchen, ist etwas anderes, als sich für eine Ehe zu entscheiden; der Erwerb eines Bürostuhls, selbst wenn es sich um einen schicken Designerstuhl handeln sollte, unterscheidet sich fundamental von der Suche nach einem neuen Job.

Die wirklichen Herausforderungen entstehen, wenn sich einseitige Verhaltensweisen zu einem festen, tiefsitzenden Muster entwickelt haben. Dann ist es Zeit, zu handeln.

Michael

Michael lebt in einer Wochenendbeziehung. Er wohnt in München, arbeitet in der Nähe von Düsseldorf und seine Partnerin Stefanie lebt in Berlin. Er lebt gern in München und möchte nicht umziehen, weder nach Düsseldorf noch nach Berlin. Er behauptet, dass es »jetzt gerade nicht geht, vielleicht später, in ein oder zwei Jahren, je nachdem, wie sich die Dinge entwickeln«, aber insgeheim scheut er sich vor der Entscheidung und der damit einhergehenden Veränderung. Dabei wäre Stefanie bereit, mit ihm nach Düsseldorf zu gehen. Er weicht jedoch dem Gespräch darüber immer wieder aus, sodass Stefanie nicht so recht weiß, wie er zu ihr steht. Beruflich zeigt er ähnliche Verhaltensweisen. Michael ist bei einem mittelständischen Unternehmen tätig. Er versteht sich gut mit dem Geschäftsführer, sie verbindet sogar eine Freundschaft. Gemeinsam besuchen sie Spiele ihrer Fußballmannschaft. Der Seniorchef hat bereits ein stattliches Alter erreicht, ein neuer Geschäftsführer ist bereits ausgewählt. Für Michael wird sich das berufliche Umfeld also ändern. Bisher hat er manche Entscheidungen vor sich hergeschoben, weil er sich nicht entscheiden konnte. Der Seniorchef hat immer wieder ein Auge zugedrückt, aber ab jetzt wird er wohl mehr unter Druck stehen. Michael weiß auch, dass es keine gute Idee ist, das Unternehmen zu wechseln. Er hat schon zu viele Wechsel hinter sich und ahnt, dass das Problem wohl eher bei ihm liegt. Ist es nun an der Zeit, sich diesem Problem zu stellen?

Kommentar: Michael ist mit Eltern aufgewachsen, die verschiedener nicht sein konnten. Die Mutter bestimmte zu Hause, sagte, wo es langging. Sie bestrafte ihre Kinder mit Liebesentzug, wann immer sie sich nicht richtig verhielten. Manchmal sprach sie tagelang nicht mit ihnen. Unter »richtig verhalten« verstand sie vor allem, ihr zu Diensten zu sein und sich um sie zu kümmern. Da das nicht die natürliche Rolle des Kindes in einer Familie ist, waren die Kinder verwirrt. Hinzu kam, dass er als Sohn dann doch immer mal wieder bevorzugt wurde, während seine kleine Schwester noch weiter abgelehnt wurde. Der Vater hatte sich der Mutter untergeordnet und wurde von den Kindern als schwach empfunden. Er beschützte sie nicht, sondern zog sich sogar zurück, wenn die Kinder bestraft wurden. Zudem mussten die Kinder auch viel für den Vater erledigen und ihm beispielsweise im Garten helfen. Michael befand sich emotional immer wieder in einer unklaren Situation, von der Mutter bestraft und dennoch als Stammhalter bevorzugt, vom Vater vielleicht geliebt – aber der war zu schwach, diese Gefühle zu zeigen. Kein Wunder, dass Michael nicht so richtig weiß, wer er ist, wie er sich fühlt und was es heißt, erwachsene Entscheidungen zu fällen.

Warum zögern manche Menschen, klare Entscheidungen zu fällen? Viele solcher Menschen zeichnen sich durch eine facettenreiche Persönlichkeitsstruktur aus. Solche Individuen lieben Abwechslung und Vielfalt, sie sind wettbewerbsorientiert und risikobereit, lebhaft und spontan, können gut den Augenblick genießen und sind frei von Sorgen über die Vergangenheit oder die Zukunft. Sie leben im Hier und Jetzt. Die Zukunft zu planen, bedeutet zu viel starre Festlegung. Sie sind zudem kontakt- und geltungsfreudig. Das Gefühl der Freiheit ist ihnen besonders wichtig. Verpflichtungen und Festlegungen erleben sie als Bedrohung ihrer Freiheit – allerdings handelt es sich eher um eine Freiheit von etwas, denn für etwas. Solche Menschen neigen dazu, sich zu entziehen, auf Festlegungen, Vorgaben und Anforderungen nicht einzugehen. Sie zu vergessen oder zu übersehen, ist typisch für Menschen, die sich nicht festlegen möchten.

Menschen, die sich so verhalten, kompensieren häufig das Gefühl einer inneren Leere und ein mangelndes Selbstwertgefühl – das zumindest denken sie selbst über sich. In Wirklichkeit ist ihre Innenwelt aber nicht leer, sondern voller Bilder und Ideen. Bei meiner Arbeit begegne ich oft solchen Persönlichkeiten. Sie sind bis zu einem gewissen Punkt in ihrer Karriere sehr erfolgreich. Ihre lebhafte, kontaktfreudige Art bringt sie weit und verschafft ihnen die notwendige Aufmerksamkeit. Daher finden sie sich häufig in Vertriebs- und Unternehmensentwicklungspositionen wieder. Obwohl sie ebenso narzisstisch verletzt wirken (und auch sind) wie ihr Gegenteil, der zwanghafte Mensch, bewältigen sie ihre inneren Konflikte auf eine andere Weise. Ihr psychisches System findet eine andere Lösung dafür. Oft liegt dieser Entwicklung eine schwierige familiäre Dynamik zugrunde, in der dem Kind ambivalente Botschaften gesendet werden, die verwirrend sind, wenig emotionalen Halt bieten und keine emotionale Ordnung schaffen. Typische Beispiele für solche ambivalenten Botschaften sind »Double-Bind-Situationen«. Wenn ein Elternteil das Kind schlägt und kurze Zeit später seine Liebe beteuert, ist das Kind nicht nur physisch verletzt, sondern auch verwirrt. Oder wenn sich die Eltern gerade streiten, das Kind aber beruhigen wollen, indem sie behaupten, es sei alles in Ordnung, dann ist das ebenfalls sehr irritierend. In »Double-Bind-Situationen« werden widersprüchliche Botschaften auf der verbalen, der emotionalen, der unbewussten oder der Verhaltensebene ausgesendet. Sowohl als Kind als auch als Erwachsene wissen wir dann nicht, welcher Botschaft wir glauben sollen. Das verunsichert und erschwert die Bildung eines guten Selbstwertgefühls. Wenn negative Bindungserfahrungen hinzukommen, weil die Eltern sich gegeneinander ausspielen, beeinträchtigt das den notwendigen Abnabelungsprozess im Jugendalter. Diese schwierige familiäre Dynamik kann einen Menschen dazu verleiten, sich unbewusst selbst in ein besseres Licht rücken zu wollen, als es der Realität entspricht. Er verdeckt damit seine individuelle Persönlichkeit und übernimmt die Fassade eines liebenswürdigen, facettenreichen, charmanten Menschen. Das ist eine Bewältigungsstrategie für die verwirrte Seele, die nicht weiß, wer sie selbst ist. Damit können Betroffene zwar ihr geringes Selbstwertgefühl kompensieren, leugnen aber gleichzeitig die Realität der eigenen Verunsicherung. Zugleich entziehen sie sich den realen Anforderungen des Lebens, des Partners, der Kollegen, indem sie wichtigen Entscheidungen aus dem Weg gehen. Nach außen mag ein Mensch wie Michael charmant und eloquent wirken – man unterhält sich gern mit ihm – aber was in ihm geschieht, weiß er selbst nicht so genau und er will es auch nicht wissen. Denn dann würde er sich an die schmerzhaften Situationen zu Hause erinnern. Er müsste sein Selbstbild verändern, sich auf den Weg machen und sich seiner Verunsicherung und damit verbundenen seelischen Schmerzen stellen. Wahrscheinlich ist er viel empfindsamer und verletzlicher, als er zugeben möchte. Gleichzeitig muss er erwachsen werden, sich aus den »Double Binds« befreien und emotional auf eigenen Beinen stehen.

Wenn Sie selbst betroffen sind

Wie können Sie sich aus dem Geflecht einer komplexen familiären Dynamik und der daraus folgenden innerpsychischen Problematik befreien? Ganz am Anfang steht wie immer die erste und wichtigste Entscheidung, nämlich dieses schwierige Thema anzugehen, sich ihm zu stellen. Diese Entscheidung fällt besonders schwer, weil Sie große Sorge haben, dass Sie niemand mehr gern hat oder Sie wahrnimmt, wenn Sie sich etwas weniger charmant und eloquent geben. Wenn Sie ehrlich zu sich selbst sind, hat es im Privat- wie im Berufsleben mehrere Hinweise darauf gegeben, dass Sie Entscheidungen lieber vermeiden. Bislang konnten Sie sich das Vermeiden leisten, doch nun ist es an der Zeit, »erwachsen zu werden«, die Realität zu akzeptieren und zu lernen, mit deren Anforderungen umzugehen, auch mit den unangenehmen. Um diese erste wichtige Entscheidung kommen Sie nicht herum, das spüren Sie selbst. Jetzt müssen Sie »nur noch« den Mut fassen, negative Gefühle auszuhalten, sie nicht zu leugnen oder zu ignorieren. Sie könnten sich mit einem Gesprächspartner hierzu austauschen. Das kann ein sehr guter Freund kann sein. Professionelle Hilfe ist ebenso eine Option.

Dann sollten Sie kontinuierlich in sich hineinhorchen und überlegen, welche Anforderungen an Sie gestellt werden. Was ist im Zusammenspiel mit anderen Menschen nötig, was brauchen sie von Ihnen? Es ist wichtig, sich diesen Ansprüchen zu stellen. Das wird Ihnen nicht leichtfallen, aber es gehört zu unserem Sein als Erwachsene. Lassen Sie sich die Zeit für diesen Prozess! Sie werden eine Weile brauchen, bis Sie aus Ihrem Schlamassel herauskommen. Doch es erwartet Sie ein aufrichtiges und erfülltes Leben, wenn Sie lernen, zu sich und Ihren Entscheidungen zu stehen. Verantwortung zu übernehmen, ist nicht nur eine Last oder eine Pflicht, Verantwortung verleiht dem Leben auch Stabilität und ermöglicht überhaupt erst die Zukunft. Für die persönliche und die berufliche Weiterentwicklung sind enge zwischenmenschliche Beziehungen und die Bereitschaft, Verantwortung zu übernehmen, unerlässlich.

Wenn ein Mitmensch betroffen ist

Was empfehle ich Ihnen, wenn Sie eine derartig schillernde und lebhafte Persönlichkeit als Freund, in Ihrem Team oder als Kollegen haben? Aus meiner Erfahrung rate ich: Akzeptieren Sie diese Person, wie sie ist, und machen Sie das Beste aus ihrer fluiden und flexiblen Persönlichkeit.

In Unternehmen ist es hilfreich, ihr eine Person zur Seite zu stellen, die aktive Entscheidungsfindung und Verantwortungsübernahme einfordert und hilft, die Beziehungen zu Kollegen aktiv zu gestalten. So können Sie die Stärken, den charmanten Auftritt einer facettenreichen Persönlichkeit nutzen und verhindern, dass die Unentschlossenheit zu viel Einfluss bekommt.

Arbeitsblatt
– Angst, mich festzulegen –

Wann haben Sie Angst, sich festzulegen?

Durch wen oder was ausgelöst?		Was ist der Kontext? Wieso, aus welchem Grund?	
Umzug	➡	Lieber jetzt noch nicht	➡
	➡		➡
	➡		➡
	➡		➡

Wer oder was kann Ihnen helfen, sich zu beruhigen?

Viel Zuneigung (aber es ist nie genug)

Gibt es eine Geschichte dazu? Mit wem? Was ist genau passiert?		Welche Gefühle treten noch auf?
Liebesentzug und gleichzeitig ständiges Beteuern der Liebe durch meine Mutter	➡	Verwirrt und ängstlich
	➡	
	➡	
	➡	

Wie könnte ein Leben ohne diese Angst aussehen?

Sichere Bindung durch erwachsenere Reaktionen

Vermeidende Gefühlsmuster 

Welche Rolle das Unbewusste bei Gefühlsvermeidungen spielt

Manche unangenehmen Ereignisse wollen wir nicht wahrhaben, wir wollen nicht über sie nachdenken oder sie am liebsten gleich ganz vergessen. Manchmal sind die negativen Gefühle so stark, dass unsere Psyche das Vergessen für uns übernimmt, ohne dass wir aktiv darüber nachdenken können. Unsere Psyche arbeitet in solchen Momenten wie ein inneres Immunsystem, sie beschützt uns vor großen inneren Konflikten, vor großen emotionalen Schmerzen oder vor Fragen, die unser Selbstbild in Gefahr bringen können. In der Sprache der Psychologie sprechen wir daher von psychischen Abwehrmechanismen. Oft verhindern sie, dass wir Angst und Unsicherheit oder anderen psychischen Schmerz erleben oder dass wir uns selbst nicht leiden können. Diese Abwehrmechanismen beruhen auf drei verschiedenen Prozessen:

- Projektion oder Externalisierung
- Abspaltung mit Verleugnung und Verdrängung
- Internalisierung, Identifizierung und Idealisierung

Es handelt sich um sehr grundlegende Prozesse, von denen sich alle weiteren psychischen Abwehrmechanismen ableiten. Wenn wir diese Grundlagen kennen, können wir die einzelnen Mechanismen besser verstehen. Ich bezeichne sie hier als »schwierige Gefühle«, obwohl sie keine Gefühle im engen Sinne sind. Sie haben jedoch einen großen Einfluss auf unsere Gefühlswelt. Dabei spielt das Unbewusste eine große Rolle.

Das Unbewusste ist ein Terrain, das die meisten Menschen nicht gern betreten. Es kommt ihnen unheimlich, merkwürdig oder sogar esoterisch vor. Doch wissen wir aus der neuesten Hirnforschung, dass es das Unbewusste tatsächlich gibt. Sie vermuten wahrscheinlich, dass Sigmund Freud den Begriff des Unbewussten entdeckt oder entwickelt hat, aber das stimmt nicht ganz. Der Begriff wurde bereits eine Weile verwendet, bevor Freud ihn aufgriff. Schon Gottfried Wilhelm Leibniz (1646-1716), Immanuel Kant (1724-1804) und Johann Georg Sulzer (1720-1779) dachten über das Unbewusste nach.[48] Der Naturphilosoph Friedrich Wilhelm Joseph Schelling (1775-1854) verwendete den Begriff erstmals im Sinne einer absoluten und ewigen Grundlage des Bewusstseins.[49] Die Philosophen des 19. Jahrhunderts entwickelten ein differenziertes Verständnis des Unbewussten. Durch Eduard von Hartmanns (1842-1906) einflussreiches Werk »Philosophie des Unbewussten« von 1869 wurde das Unbewusste Teil des Zeitgeistes. Theodor Lipps' Vortrag von 1896 auf dem dritten Weltkongress für Psychologie, »Über den Begriff des Unbewussten in der Psychologie«, war ebenfalls von großem Einfluss. In diesem Vortrag erklärte er: »... auf das Unbewusste in der Psychologie zu verzichten, bedeutet, auf die Psychologie zu verzichten«.[50] Als Freud, Jung und andere im 20. Jahrhundert mit der Konzeption der Psychoanalyse begannen, war der Begriff des Unbewussten bereits weitverbreitet. Diese historische Entwicklung fasste Whyte später gekonnt zusammen:

> »Die Idee der unbewussten psychischen Prozesse war in vielen ihrer Aspekte um 1700 denkbar, um 1800 aktuell und wurde um 1900 wirksam, dank der phantasievollen Bemühungen einer großen Anzahl von Individuen mit unterschiedlichen Interessen in vielen Ländern.«[51]

Anlässlich seines 70. Geburtstags erklärte Freud stolz, dass Dichter und Philosophen zwar vor ihm das Unbewusste entdeckt hätten, er es aber gewesen sei, der die Methoden für seine Untersuchung entwickelt habe.[52] Tatsächlich spürte Freud als Erster bei seinen Patienten die Phänomene von Übertragung und Gegenübertragung auf und benannte sie als solche, als er gemeinsam mit Jung, Breuer und anderen Kollegen seine »Talking Cure« entdeckte und entwickelte. Diese Phänomene basieren vor allem auf der Idee der Projektion.

Projektion oder Externalisierung

Manfred F. R. Kets de Vries erläutert treffend:

> »Keine Beziehung [im Leben] ist eine neue Beziehung, jede Beziehung ist von früheren Beziehungen geprägt.«[53]

Wenn Sie mit Kollegen über Budgets oder mit Ihrem Partner über den Urlaub streiten, spielen in Ihrem Unterbewusstsein Ihre Geschwister und Eltern dabei ein Rolle. Sie streiten über Macht und ungelöste Konflikte. Dieser Prozess wird »Übertragung« oder auch »Projektion« genannt. Das bedeutet, dass Sie Zeit und Raum verwechseln. Statt auf die Person vor Ihnen zu reagieren, reagieren Sie auf das, woran diese Person Sie unbewusst erinnert. Sie übertragen also unbewusste alte Erfahrungen auf gegenwärtige, neue Situationen. Das sind häufig Erfahrungen, die Sie mit Menschen gemacht haben, die eine große Rolle in Ihrem Leben spielten, als Sie ein Kind waren: Eltern, Geschwister, Großeltern, Lehrer, Sporttrainer u. ä. Durch die gegenwärtige Erfahrung werden Erinnerungen und Beziehungsmuster reaktiviert, auf die Sie reagieren, als würden die Erinnerungen und Verhaltensmuster gerade stattfinden. Es bedeutet z. B., dass Sie heute auf Autoritätspersonen so reagieren, wie das Kind, das Sie einmal waren, reagierte, als Ihr Vater Sie beispielsweise immer wieder anschrie und als Trottel bezeichnete. Sie reagieren verletzt, ängstlich, trotzig, so wie es Ihrem Beziehungsmuster als Kind entspricht. Sie behandeln dann Menschen, die nichts mit der Situation von damals zu tun haben, als wären sie Ihre Eltern oder Geschwister.

Maren

Maren ist ein fröhlicher Mensch. Sie ist aufgeschlossen und extrovertiert, interessiert sich für neue Themengebiete und geht gern aus – aber den richtigen Partner hat sie noch nicht gefunden. Ihre Beziehungen scheitern häufig nach drei bis vier Jahren. Anfangs ist sie immer sehr verliebt, ihr jeweiliger Partner freut sich über ihre lockere Art, sie unternehmen viel zusammen. Durch ihre Partner lernt sie neue Städte, neue Gegenden, neue Hobbies kennen – Fotographie, Kunst, Fitness – immer das, was dem jeweiligen Mann gerade wichtig ist. Da sie neugierig und aufgeschlossen ist, probiert sie alles bereitwillig aus. Aber irgendwann geht ihr der Partner mit seinem »Fimmel« auf die Nerven. Alles dreht sich dann nur noch um sein Hobby, es gibt keinen Platz mehr für andere gemeinsame Unternehmungen. Sie fühlt sich zunehmend eingeengt, gegängelt und bevormundet. Sie versucht, mit dem Partner ins Gespräch zu kommen und ihre Vorstellungen mitzuteilen, aber die Bereitschaft zuzuhören ist nicht gerade die Stärke ihres Gegenübers. Nach einer Weile gibt sie auf und zieht sich in ihre Höhle zurück wie ein verwundetes Tier. Doch irgendwann ruft die große, weite Welt nach ihr. Sie erkennt, dass sie wieder einmal in einer falschen Beziehung gelandet ist, und trennt sich. Da ihre Partner sehr verschieden sind – mal ein Künstler, mal ein Fitnesstrainer, mal ein Angestellter, mal ein Unternehmer – versteht sie nicht so recht, was sie falsch macht.

Maren hat für ihre Freiheit hart gekämpft. Sie arbeitet viel, geht aber auch gern aus und trifft gern Freunde. Das war in ihrem Elternhaus nicht so. Maren war schon als

Kind neugierig und aufgeschlossen, wollte immer alles wissen. Sie wurde jedoch insbesondere von ihrem Vater zurechtgewiesen. Ihr Vater war sehr autoritär, er kontrollierte ihre Hausaufgaben und ihren Kleidungsstil. Sie wurde immer früher als andere von Partys abgeholt. Sie durfte viel weniger als ihre Altersgenossen, denn ihr Vater war streng und bewachte sie, als wäre sie sein Besitz. Mit ihrer Mutter sprach sie häufig darüber, aber die erklärte Maren, dass die Regeln und Verbote nur zu ihrem Besten seien und dass beide Eltern sie doch liebhätten. Maren spürte zwar, dass die autoritäre Überwachung des Vaters seine Art war, sie zu lieben, denn er wollte sie vor der Welt und deren Widrigkeiten schützen, aber es entsprach nicht ihrem Wesen. Als sie endlich ausziehen konnte, weil sie ihr eigenes Geld verdiente, suchte sie sich einen Job, der weit weg von ihrem Elternhaus lag, um dieser kontrollierenden Liebe zu entfliehen.

Kommentar: In ihren Beziehungen sucht sie sich nun unbewusst Männer aus, die den autoritären Charakter ihres Vaters haben. Das ist ihr lange nicht klar, denn aus ihrer Sicht sind ihre Partner sehr verschieden. Am Anfang der Beziehung sind die Männer begeistert von ihr und ihrem charmanten Wesen, sie funktioniert als eine komplementäre Ergänzung zu ihnen. Nach einer Weile, wenn die rosarote Brille durchsichtig wird, fällt es dem Mann schwer, seine autoritäre Seite dauerhaft zu unterdrücken. Er bestimmt über Maren und ihre Zeit, wie er immer über andere bestimmt. Ohne sich darüber im Klaren zu sein, sucht Maren sich immer wieder Männer aus, die dem in ihr vorhandenen »Männermuster« entsprechen, das durch den Vater angelegt wurde. Sie projiziert unbewusst die Vaterfigur auf jeden neuen Partner und sucht in ihm das altbekannte Muster. Da das aber mit ihrem Wesen auf

Dauer nicht in Einklang zu bringen ist, scheitern die Beziehungen nach ein paar Jahren.

Projektionen begleiten uns unser ganzes Leben, immer und überall. Sie entstammen unseren ersten Beziehungen mit frühen Bezugspersonen und den sich daraus entwickelnden Mustern. Da unser Gehirn wie eine Vorhersagemaschine funktioniert, gleicht es die Gegenwart immer mit der Vergangenheit ab, um schnell reagieren zu können. Wenn das Gehirn eine bestimmte Situation mehrfach erlebt, dann wird die Reaktion darauf als Muster abgespeichert. Gerade in den ersten Lebensjahren bildet sich auf diese Weise eine Art Landkarte der Beziehungsmuster und der Welt.[54] Denn fast alles, was wir erleben, erleben wir im Zusammensein mit einem anderen Menschen. Diese Karte der Beziehungen wird unbewusst im Hintergrund erstellt. Sie hilft bei der Orientierung im Leben, wird immer wieder angepasst und weiterentwickelt, sodass neue Muster entstehen können. Jedoch sind die frühkindlichen Bindungserfahrungen besonders veränderungsresistent, da sie auch besonders schwer zugänglich sind, denn in frühen Jahren haben wir noch keine Sprache und keine Bilder für unser Erleben. Außerdem bilden diese ersten Bindungserfahrungen eine Blaupause für unsere Musterlandkarte. Wir bemerken die Muster nur, wenn wir sehr genau und wie von außen unser eigenes Verhalten beobachten und versuchen, es zu verstehen.

Marens frühes Bindungsmuster mit Männern wurde durch ihren autoritären, aber auch beschützenden Vater geprägt. Die Beziehung zu ihm stellt das Urmuster für alle Beziehungen dar. Da sie sich von ihm nicht geliebt fühlte, will sie ihren neuen, autoritären Partner dazu bringen, sie zu lieben. Aber dieser ist nicht wie ihr Vater – ihm fehlt der liebende Teil, den sie bei ihrem Vater nicht spürte. Vom Wesen her kann er sie nicht lieben, denn er ist zu sehr mit sich beschäftigt. Auch das ist ein Grund, warum Marens Beziehungen scheitern.

Wenn Sie Ihr eigenes Muster erkennen, dann können Sie sich weiterentwickeln. Das hat viel damit zu tun, dass unsere Projektionen manchmal auch unsere unerwünschten Seiten betreffen, die wir ablehnen. Dann sprechen wir von unserem Schatten. Wir halten nicht nur unbewusst andere für die wichtigsten Personen aus unserer Kindheit, sondern wir spüren in anderen Menschen auch Aspekte von uns selbst. Wir stülpen dem anderen ein inneres Bild von uns selbst oder von einer wichtigen Beziehungsperson über, wir projizieren auf ihn das Bild eines anderen Menschen, der diesem Bild entsprechen soll. Dieser andere bietet einen kleinen Haken an, an dem wir unsere Projektion aufhängen können. Er entspricht ein wenig dieser Projektion. Aber er ist sie nicht. Etwas an dieser Person erinnert uns unbewusst an unser Urmuster. Das liegt manchmal nur an der Rolle, die diese Person einnimmt.

Dass Sie sich im Projektionsmodus befinden, können Sie erkennen, wenn Sie sich sehr über einen anderen Menschen aufregen, sich über ihn ärgern oder wütend auf ihn sind. Denn wir projizieren häufig eine Eigenschaft, die wir an uns selbst nicht leiden können, auf andere und regen uns darüber auf, wie ein Mensch überhaupt so sein kann. Der Schatten ist gebildet aus Eigenschaften, die auf der dunklen und abgewandten Seite unserer Wahrnehmung stehen und die wir bei uns selbst ablehnen. Wenn Sie sich z. B. über die Unpünktlichkeit eines Freundes aufregen, neigen Sie vielleicht so sehr zur Pünktlichkeit, dass es alle anderen stört, kämpfen jedoch insgeheim gegen Ihre eigene Unpünktlichkeit an, denn sie ist Ihnen extrem peinlich. Sie sollten sich vielleicht selbst einmal trauen, unpünktlich zu erscheinen. Wenn Sie eine Eigenschaft als Schattenseite wahrnehmen, kann das ein kleines Geschenk für Sie bedeuten. Es erlaubt Ihnen, eine neue Seite an Ihnen zu entwickeln, die in Ihrem Inneren schlummert. Für Maren wäre es hilfreich, sich etwas von der autoritären Seite anzueignen, etwas fordernder und durchsetzungsorientierter zu sein, statt sich immer wieder anderen unterzuordnen.

Wir sind ständig von Projektionen umgeben, das ist ganz normal:

- Wir übertragen Aspekte eines inneren Bildes von einer Person auf eine andere, z. B. verwechseln wir das Verhalten eines weiblichen Chefs mit dem unserer Mutter.
- Wir identifizieren uns (zeitweise) mit einer Figur in einem Film oder in einem Buch; wir fühlen uns, als wären wir diese Figur.
- Wir sehen die Welt mit einer besonderen beruflichen Prägung: Als Psychologe sehen wir z. B. in anderen vor allem Therapiefälle, als Malermeister denken wir ständig über die Qualität des Wandanstrichs nach.
- Wir schreiben unsere verleugneten Aspekte, unseren Schatten, einem anderen Menschen oder einem Objekt zu, statt sie bei uns selbst zu sehen.

Wenn Sie selbst betroffen sind

Projektionen gehören zum Leben dazu. Sie machen es erträglich und halten Ihnen einige unangenehme Gefühle vom Leib. In der Kindheit haben Ihnen die daraus entstehenden Beziehungsmuster eine Zeit lang weitergeholfen. Aber wenn sie, wie bei Maren, dysfunktional werden, also eher behindernd als hilfreich, dann sollten Sie etwas dagegen unternehmen.

Die ersten Wochen und Monate einer Liebesbeziehung sind übrigens immer von Projektionen geprägt. Wir sehen in dem geliebten Menschen vornehmlich die Persönlichkeitsanteile, mit denen wir uns gern verbinden möchten. Beispielsweise freuen Sie sich am Anfang der Liebesbeziehung über die offene Haltung und Dialogbereitschaft des Anderen – weil

Sie selbst etwas schüchtern sind. Sie projizieren also Ihren Wunsch nach einem kommunikativeren Verhalten auf den Anderen. Mit der Zeit lernen Sie Ihren Partner besser kennen und Sie verstehen, dass Ihnen das, was Sie zu Beginn so attraktiv fanden, jetzt auf die Nerven geht: »Muss man denn ständig mit anderen Menschen reden?« Dann wird es Zeit herauszufinden, wer Sie und Ihr Partner wirklich sind.

Es gibt auch Momente, in denen wir hundertprozentig davon überzeugt sind, dass eine Situation in einer bestimmten Art ablaufen muss. Das deutet ebenfalls auf den Projektionsmodus hin. Immer wenn das, was wir erleben, sehr einseitig, sehr klar oder sehr störend erscheint, kann es sein, dass wir in diesem Modus sind. Das Wichtigste ist, dass Sie sich diesen Modus eingestehen. Das ist nicht leicht. Wir können den Projektionsmodus daran erkennen, dass sich bestimmte Dinge, Probleme, Beziehungen oder Verärgerungen ständig wiederholen und wir uns in solchen Situationen fragen: Wieso passiert mir das immer wieder?

Mit anderen zu sprechen, kann auch helfen, denn manchmal sagen oder tun wir Dinge, die für andere unangenehm sind. Das passiert besonders dann, wenn wir Mitmenschen eine Rolle zuweisen, die sie nicht spielen wollen und können.

Wenn Sie in einer Projektion stecken, sollten Sie keine weitreichenden Entscheidungen treffen, Sie sollten keine Beziehung beenden und Ihren Job nicht kündigen. Warten Sie mit solchen Entscheidungen, bis Sie sich wieder beruhigt haben und fähig sind, klar zu denken. Sie können sich zunächst auf Ihren Körper konzentrieren, sich an einen anderen Ort bewegen und aktiv Ihre Körperhaltung verändern. Ein paar Gymnastikübungen, eine aktive und bewusste Atmung sind hilfreich. Langfristig ist es wichtig, ein negatives Projektionsmuster hinter sich zu lassen. Das können Sie nur, indem Sie sich immer wieder bewusst machen, dass Sie gerade in einer Projektion stecken, und versuchen, ihr auf den Grund zu gehen. Mit wem haben Sie eine entsprechende Situation zum ersten Mal erlebt? Was genau ärgert Sie? Versuchen Sie, die Situation aktiv als Wissen zu integrieren und eventuell auch Schattenaspekte zu sich zu nehmen. So können Sie die Projektion steuern, statt von ihr gesteuert zu werden.

Wenn ein Mitmensch betroffen ist

Wie können Sie bemerken, dass Ihre Partnerin oder ein Kollege im Projektionsmodus steckt? Meistens verhält sich die Person irrational oder vertritt eine feste Überzeugung davon, wie man sich zu verhalten hat oder sich Veränderungen zu entwickeln haben. Vielleicht sind Sie auch das Opfer der Projektion – das könnten Sie daran merken, dass ein merkwürdiger Druck Sie drängt, sich in einer ganz bestimmten Weise zu verhalten. Wenn Sie der Betroffene sind, ist es besonders schwer, die Projektion auszuhalten, weil Sie gerade nicht deren Ursprungsperson sind. Sie fühlen sich nicht beachtet oder abgewertet, werden Ihrerseits ärgerlich und äußern das auch. Auf diese Weise entsteht ein sehr ungünstiger Kreislauf, den Sie nur unterbrechen können, indem Sie sich den Schuh nicht anziehen, nicht direkt und heftig reagieren, sondern stattdessen warten, bis die Projektionssituation vorbeigeht. Danach können Sie mit Ihrem Partner über die Projektion sprechen. Das wäre das Beste für Sie beide.

Arbeitsblatt

– Projektionen –

Welche Schwierigkeiten haben Sie immer wieder?

Durch wen oder was ausgelöst?		Was ist der Kontext? Wieso, aus welchem Grund?	
Partnerwahl	➡	Trennung nach 3-4 Jahren	➡
	➡		➡
	➡		➡
	➡		➡

Wer oder was kann Ihnen helfen, sich zu beruhigen?

Bei mir bleiben und tief atmen

Gibt es eine Geschichte dazu? Mit wem? Was ist genau passiert?		Welche Gefühle treten noch auf?
Autoritärer Vater	➡	Verletzt und ungeliebt
	➡	
	➡	
	➡	

Wie könnte ein Leben ohne diese Angst aussehen?

Durchsetzungsorientierter in langfristig stabiler Beziehung = glücklich

Idealisieren und Abwerten

Häufig machen Kinder mit ihren Bezugspersonen ambivalente Erfahrungen und entwickeln daher auch verschiedene Gefühlsmuster. Einerseits lieben und verehren sie ihre Bezugspersonen, aber sie haben auch Angst vor ihnen und befürchten, von ihnen bestraft und abgelehnt zu werden. Diese beiden Gefühlsmuster begleiten sie im späteren Leben weiter. So kommt es, dass viele Menschen in beruflichen oder anderen Kontexten mit hierarchischer Ordnung die Beziehungserfahrungen und -erwartungen auf ihre Vorgesetzten projizieren. Sie sind Autoritätspersonen, wie es die Eltern früher waren. Bei diesen Projektionen spielt das Geschlecht interessanterweise eine untergeordnete Rolle.

Stefan, Ralph und Markus

Stefan ist Geschäftsführer eines großen Handwerksbetriebes. Er hat den Betrieb schon vor vielen Jahren von seinen Eltern übernommen und ihn langsam zu einem überregional tätigen Unternehmen ausgebaut. Stefan bezeichnet sich als offenen, interessierten und freundlichen Chef, der kommunikativ und großzügig ist und keine Hierarchien benötigt. Er ist davon überzeugt, dass seine Mitarbeiter ihn ähnlich beurteilen.

Bereits seit vielen Jahren arbeitet Stefan mit seinen beiden engsten Mitarbeitern, Ralph und Markus, zusammen. Die drei bilden das Herz des Unternehmens. Markus ist für Abläufe zuständig, Ralph für Marketing und Kundenbeziehungen. Sie sind ungefähr gleichalt und kennen sich gut. Das denkt Stefan zumindest. Doch er wundert sich regelmäßig über die Reaktionen seiner Kollegen in bestimmten, meist stressigen Situationen. Vor allem Markus reagiert manchmal »komisch«. Er macht abfällige Bemerkungen über Mitarbeiter, die er sonst sehr schätzt. Er tritt auch Stefan gegenüber respektlos auf und gerät schnell in die Defensive. Ralph dagegen läuft unter Zeitdruck zu Höchstform auf.

Kommentar: Unter Stress und Zeitdruck treten alte Reaktionsmuster in Erscheinung, die man sich im Laufe des Berufslebens eigentlich bereits »abtrainiert« hat. In Markus' Kopf läuft unter Stress folgender Film: Seine alleinerziehende Mutter war sehr anspruchsvoll und erwartete ständig Höchstleistungen von ihm. Bei jedem noch so kleinen Fehler kritisierte sie Markus und hielt ihm vor, wie dumm und ungeschickt er sei. So fühlte Markus sich dann auch: klein, unwissend und verstört. Er konnte keinen klaren Gedanken mehr fassen und erlebte sich allein und verlassen. Das Gefühl, den Anforderungen nicht gerecht zu werden, ohnmächtig und hilflos zu sein, war sehr schmerzhaft. Deshalb entwickelte seine Seele einen Schutzmechanismus. Statt sich selbst klein zu fühlen, gibt er nun anderen das Gefühl, klein zu sein, indem er sie abwertet. Dieser Schutzmechanismus tritt immer dann auf, wenn er Angst hat, den Anforderungen nicht entsprechen zu können, also z. B. unter massivem Termindruck. Dann erinnert ihn Stefan als Autoritätsperson unbewusst an seine Mutter. Er deutet konstruktive Hinweise in massive Kritik um, fühlt sich abgelehnt und abgewertet, bis er »zurückschlägt«. Markus kennt diese Reaktionsweise von sich und er hat schon viel daran gearbeitet, aber unter Stress und Termindruck kommt sie ab und zu noch zum Vorschein.

Ralphs Reaktionsmuster funktioniert genau umgekehrt. Er vergöttert Stefan und findet seine Art, das Unternehmen zu führen, großartig. Seine Eltern verhielten sich ganz anders als Markus' Mutter. Sie hatten nicht viel Geld, aber sie haben alles getan, um ihm eine gute Ausbildung und ein Studium zu ermöglichen. Vor allen Dingen haben sie ihn geliebt. Ralph weiß, was er ihnen zu verdanken hat, und möchte sie am liebsten immerzu glücklich machen. Er bewundert Stefan, weil dieser sein Unternehmen mit eigener Hände Arbeit aufgebaut hat; weil er unternehmerisch denkt und handelt. Das imponiert ihm. Zudem erkennt er, dass Stefan ein guter Chef ist. Wenn es stressig wird für Stefan, möchte Ralph ihm erst recht helfen und ihn – wie seine Eltern – glücklich machen. Er ist ihm zudem auch dankbar dafür, dass er einen guten Job hat, gutes Geld verdient und seine Eltern versorgen kann.

Idealisieren und Abwerten sind psychische Mechanismen, die auf Projektionen aufbauen. Entweder machen wir uns von einer anderen Person ein überhöhtes Bild, das nicht der Realität entspricht, oder wir entwerten die Person stellvertretend für uns selbst, oder stellvertretend für die Bezugsperson, der wir es heimzahlen möchten.

Noch komplexer wird eine Projektion, wenn sich der Betroffene unbewusst mit ihr identifiziert. Stefan kann sich selbst als großartigen Unternehmer empfinden oder als totalen Versager – je nachdem, für welche Projektion er empfänglich ist. In der Psychologie sprechen wir dann von projektiver Identifikation.

Wenn Sie selbst betroffen sind

Solange Sie andere Menschen idealisieren, ohne sich oder andere abzuwerten, ist das weniger problematisch. Dennoch verzerrt eine idealisierende Betrachtung den Blick auf die Realität und den Menschen, so wie er ist. Wir neigen dazu, Menschen zu idealisieren, wenn sie eine Eigenschaft besitzen, die wir uns für uns selbst wünschen würden. So idealisieren wir beispielsweise Fußballspieler oder Filmschauspieler, weil sie berühmt und reich sind und wir dies gern selbst wären. Sie helfen uns, unserer Realität zu entfliehen. Wenn Sie beginnen, Ihr Leben der idealisierten Person zu widmen oder sich ihr unterzuordnen, dann müssen Sie sich die Frage stellen, welcher Mechanismus dahintersteht. Was repräsentiert diese Person, was Sie selbst gern wären, oder welche erwünschte Eigenschaft besitzt sie? Warum sind Sie nicht gut genug, so wie Sie sind? Was ist die Geschichte dahinter? Eine ausgeprägte Idealisierung, ebenso wie die ausgeprägte Tendenz zur Abwertung anderer, hängt mit einem verminderten Selbstwertgefühl zusammen. Bitte lesen Sie das entsprechende Kapitel hierzu. Eine wichtige Frage, die sich anschließt, betrifft den eigenen Schatten – welche unangenehme Eigenschaft an sich möchten Sie nicht sehen oder überdecken?

Es ist ausgesprochen schwierig, bei sich selbst die Tendenz zur Abwertung anderer zu entdecken. Es ist ein ausgesprochen starker und sehr tief liegender Schutzmechanismus, der verhindern möchte, dass Sie sich selbst klein und abgewertet fühlen. Wenn Sie jedoch stattdessen andere Menschen abwerten, verletzten Sie sie damit und fügen Ihnen etwas Ähnliches zu, wie Sie es selbst erlebt haben. Vielleicht ahnen Sie, dass Sie diese Tendenz haben? Weil Freunde Sie darauf aufmerksam gemacht haben? Oder vielleicht neigen Sie dazu, Menschen in Dienstleistungsberufen, Kellner, Friseure, Handwerker etc., unfreundlich, bestimmend und von oben herab zu behandeln, wenn diese nicht ganz genau das tun, was Sie erwarten? Das könnte ein Hinweis auf diese Tendenz sein. Beobachten Sie sich selbst einmal genau, mit wem Sie wie umgehen, oder fragen Sie Ihren Partner, ob er diese unangenehme Seite an Ihnen entdeckt hat. Es hilft schon, sich dessen bewusst zu werden und in diesen Situationen zu üben, sich anders zu verhalten. Sie werden merken, wann in Ihnen Unmut darüber aufsteigt, dass Sie nicht angemessen behandelt werden. Dieser Unmut ist ein Hinweis darauf, dass Sie früher einmal diese Art von Gefühl bei Ihren Bindungspersonen ausgelöst haben, die Sie deswegen kleingemacht, abgewertet oder schlecht behandelt haben. Andere abzuwerten hilft zwar, sich kurzfristig besser zu fühlen, aber es löst das eigentliche Problem – dass Sie unangemessen behandelt wurden – nicht und es baut auch Ihr Selbstwertgefühl nicht auf – und um dieses geht es. Sie können üben, sich die Abwertungstendenz »abzuerziehen«, wodurch Sie lernen, andere Menschen freundlicher wahrzunehmen, aber Sie müssen bitte vor allem an dem Grundthema arbeiten.

Wenn ein Mitmensch betroffen ist

Was tun Sie, wenn Ihr Partner, Freund oder Kollege sich entweder überidentifiziert oder sich abwertend verhält? Abwertung ist sicher problematischer als Idealisierung. Sollte Stefan mit Markus über seine unangemessenen Verhaltensweisen sprechen? Ich denke, er muss es sogar tun, denn sonst kann sich gerade unter Druck eine negative Gefühlsspirale entwickeln, die auch andere Mitarbeiter beeinträchtigt. Auch in diesem Fall geht es nicht um vernichtende Kritik, sondern um konstruktives Feedback. Wahrscheinlich kennen Sie bereits die klassischen Feedbackregeln, die sich nicht nur für das Berufs-, sondern auch für das Privatleben eignen:

- Sie sollten Feedback immer nur direkt an den Empfänger geben und vorher nachfragen, ob es gewünscht ist.
- Formulieren Sie persönliche Botschaften, d. h. Ich-Botschaften.
- Beschreiben Sie, bitte werten Sie nicht.
- Geben Sie Feedback rechtzeitig, konkret und konstruktiv. Fassen Sie sich kurz.
- Sprechen Sie nur veränderbare Verhaltensweisen an.
- Trennen Sie Wahrnehmungen, Vermutungen und Gefühle.
- Bauen Sie Ihr Feedback wie ein Sandwich auf: positiver Einstieg, Anregung, positiver Abschluss.

Über diese allgemeinen Regeln hinaus ist es wichtig, die verschiedenen inhaltlichen Ebenen des Feedbacks gut auseinanderzuhalten. Konkret bedeutet das, dass Sie immer mit der eigenen, subjektiven Wahrnehmung beginnen sollten. Danach können Sie auf die zweite Ebene übergehen und analysieren, wie das Verhalten oder das Ereignis auf Sie wirkt. Auf der dritten Ebene können Sie interpretieren, deuten, sich etwas vom Anderen wünschen.

1. Ebene: Wahrnehmung

- »Ich habe eine Verhaltensweise oder ein Ereignis gesehen/gehört/wahrgenommen ...«

2. Ebene: Wirkung

- »Das wirkt auf mich ...«

3. Ebene: Deutung, Wünsche, Interpretation

- »Das löst bei mir ... aus« bzw.
- »Ich denke darüber ...«
- »Vielleicht geht es Dir um ...«

Die Trennung dieser drei Ebenen macht es dem Feedbacknehmer viel leichter, das Feedback anzunehmen. Er muss dann sein Verhalten nicht sofort rechtfertigen oder verteidigen. Stefan und Markus kennen sich gut, das sollte also funktionieren. Aber wenn Sie Ihren Gesprächspartner nicht sehr gut kennen, dann geben Sie acht auf die Art und Weise, wie Sie Ihr konstruktives Feedback verpacken. Wir alle neigen dazu, Feedback zunächst als Angriff auf unsere Identität zu werten – und das haben wir nicht gern, wir lehnen es ab und verteidigen uns.

Arbeitsblatt
– Abwerten –

In welchen Situationen lehnen Sie Menschen ab?

Durch wen oder was ausgelöst?		Was ist der Kontext? Wieso, aus welchem Grund?	
Unter Stress	➡	Angst, es nicht gut zu machen	➡
	➡		➡
	➡		➡
	➡		➡

Wer oder was kann Ihnen helfen, sich zu beruhigen?

Spazieren gehen

Gibt es eine Geschichte dazu?
Mit wem?
Was ist genau passiert?

Welche Gefühle treten noch auf?

Gibt es eine Geschichte dazu?		Welche Gefühle treten noch auf?
Strenge Mutter	➡	Allein gelassen
	➡	
	➡	
	➡	

Wie könnte ein Leben ohne Abwerten anderer aussehen?

Bessere Beziehungen zu meinen Mitmenschen, mehr Unterstützung von ihnen

Verdrängen, Verleugnen, Abspalten

Wir verdrängen laufend unangenehme Gefühle und Ereignisse. Vor einiger Zeit las ich ein Interview mit einem berühmten Schriftsteller, der beschlossen hat, die Gedanken an den Tod seiner Frau, die ein halbes Jahr zuvor gestorben war, zu verdrängen und auch an seinen eigenen Tod nicht zu denken.[55] Es fällt vielen Menschen schwer, sich mit dem eigenen Tod zu beschäftigen. Deswegen versuchen sie, lieber nicht über ihn nachzudenken, sondern ihn zu verdrängen. Wann immer wir über den Tod sprechen, landen wir unweigerlich bei der Frage, ob wir Angst vor dem Tod oder dem Sterben haben. Viele Menschen wollen nicht darüber reden, aber das allein ist ja noch kein Leugnen. Wenn sie sich hingegen weigern, darüber nachzudenken, dann ist das eine aktive Entscheidung, den Tod und die Angst davor zu leugnen. Wie fühlen Sie sich gerade? Der Tod lässt niemanden kalt und auf die eine oder andere Weise wird er uns immer wieder begegnen. Sie können sich dann entscheiden, wie Sie es mit ihm halten. Ein allgemeingültiges Rezept dafür gibt es nicht. Ich persönlich bevorzuge, darüber zu reden und mich vorzubereiten. Aber das liegt auch am Alter, wenn man einmal die magische Grenze der Lebensmitte überschritten hat, ist das Ende näher als der Anfang und man fängt an, sich Gedanken zu machen.

Manchmal verdrängt unser psychisches System eine für uns besonders qualvolle Situation, um uns vor dem Schmerz zu schützen. Wenn ein Mensch sich beispielsweise überhaupt nicht an die Lebensjahre zwischen drei und zehn erinnern kann, dann liegt das womöglich daran, dass er in dieser Zeit sehr viele schwierige und schmerzhafte Erfahrungen gemacht hat. Manche Menschen haben unangenehme Erfahrungen aus der Schulzeit oder aus späteren Zeiten verdrängt und wundern sich im späteren Leben, dass sie auf eine bestimmte Sorte Mensch extrem empfindlich, ängstlich, aggressiv oder abwehrend reagieren.

Barbara

Barbara arbeitet ehrenamtlich in einem Verein und betreut Migranten. Doch seit kurzer Zeit hat sie eine neue Vereinskollegin, die wie sie auch im Vorstand ist – allerdings als Vereinsvorsitzende eine gewisse Autorität hat – und in deren Anwesenheit ihr das Blut in den Adern gefriert. Eigentlich kommt sie mit anderen Frauen immer gut klar, sie unterstützt sie und wird unterstützt, ist selbst Teil eines Frauennetzwerkes. Aber mit dieser Frau stimmt etwas nicht. In ihrer Gegenwart kann Barbara kaum sprechen, sie verstummt einfach, aus für sie undefinierbaren Gründen. Nun kann sie schlecht in einem kleinen Verein die Kommunikation mit einer Kollegin verweigern.
Kommentar: Wir versuchen gemeinsam, im Coaching herauszufinden, welches Problem Barbara hat. Nach einigen Sitzungen wird ihr klar, dass die Frau sie an ihre ehemalige Schuldirektorin erinnert, die auch für einige Jahre ihre Klassenlehrerin war. Diese Frau hatte die Vorstellung, dass Kinder ihren Lehrern immer auf der Nase herumtanzen wollen, wenn sie nicht richtig erzogen werden. So wurden Schüler bei dem kleinsten Fehlverhalten aus der Klasse ausgesperrt. Barbara war ein fantasievolles Kind, heckte gern kleine Späße aus und landete daher zwangsläufig häufiger vor der Tür. Die Klassenlehrerin sprach auch für den Rest des Tages nicht mehr mit ihr. Das war furchtbar für Barbara

und genauso schlimm war es, dass die anderen Kinder sie zusätzlich in der Pause hänselten. Barbara hatte große Angst vor ihrer Lehrerin und sprach daher im Unterricht kaum noch. Als die Klassenlehrerin wechselte, ging es Barbara in der Schule besser und mit der Zeit vergaß sie die unselige Lehrerin.
Durch ihre Kollegin werden alte, verdrängte Erinnerungen angesprochen, denn sie ist der ehemaligen Klassenlehrerin im Aussehen und Tonfall ein wenig ähnlich – obwohl sie im Grunde ganz anders ist, immer freundlich und offen, sie könnte sie jederzeit um Rat fragen. Nachdem Barbara zu dieser Erkenntnis gelangt ist, können wir über die alten Ängste und die ehemalige Lehrerin reden. Barbara fühlte sich damals als Kind unendlich allein. Sie schämte sich und traute sich nicht, ihren Eltern zu erzählen, wie diese Lehrerin mit ihr umging. Da die Frau als Direktorin über eine große Autorität verfügte, erschien es Barbara unmöglich, sich einem Erwachsenen anzuvertrauen.
Im Coaching kann sie mit der Zeit das aufsteigende Gefühl in ihr nicht nur bemerken, sondern sie ist in der Lage, über die aufkommende Angst nachzudenken. Sie muss sich zwar bei den weiteren Begegnungen mit ihrer Kollegin sehr bemühen, »gegen die Angst zu denken«, verstummt jedoch nicht mehr und kann der Frau irgendwann frei und unbefangen gegenübertreten.

Barbara hatte die unangenehme Erfahrung verdrängt – zum Glück, denn sonst hätte sie vermutlich sehr viel mehr darunter gelitten. So kamen ihr diese Erlebnisse erst durch die Begegnung mit ihrer neuen Vereinskollegin wieder in den Sinn – nur wegen deren Stimme und Aussehen.

Immer dann, wenn wir eine unangenehme Realität leugnen, unterstützt unsere Psyche ein heiles Selbstbild und geht dem Konflikt aus dem Weg, den eine solche Erkenntnis bringen könnte. Manche Menschen kommen beispielsweise chronisch zu spät und »wissen« es auch, leugnen es aber nach außen. Das ist eine eher harmlose Leugnung. Aber wenn Sie jeden Abend ein bis zwei Flaschen Wein (allein) trinken, um abzuschalten, und dies leugnen, weil es möglicherweise bedeuten könnte, Sie seien Alkoholiker, ist das ein Problem. Jeden Abend nehmen Sie sich vor, nur ein Glas zu trinken, und ehe Sie sich versehen, ist die erste Flasche leer. Wenn Sie die Realität auf diese Art leugnen, weiß ein Teil von Ihnen, dass er zu viel trinkt. Der andere Teil in Ihnen will diese Tatsache nicht wahrhaben. Wissen und Nichtwissen existieren gleichzeitig. Wir leugnen nicht nur Realitäten, die unsere Person betreffen, sondern auch andere unbequeme Wirklichkeiten, zu denen wir uns verhalten müssten. In einer Beziehung können Sie beispielsweise eine Affäre Ihres Partners leugnen. Sie stecken dann den Kopf in den Sand und tun einfach so, als wäre nichts. Die Beziehung soll schön und heil bleiben. Sie wollen es vermutlich nicht wahrhaben, da Sie z. B. Ihre Beziehung verändern und dafür die Verantwortung mit übernehmen müssten.

Der physische Mechanismus des Abspaltens geht einen Schritt über die Leugnung hinaus. Dabei handelt es sich um einen völlig unbewussten Prozess, in dem ein Teil einer Erfahrung abgespalten wird und dem bewussten Nachdenken nicht mehr zugänglich ist. Traumatische Erlebnisse können abgespalten werden, weil das Trauma und der Schmerz zu groß sind, um sie auszuhalten. Wenn ein Kind bei Eltern lebt, die es misshandeln, dann muss es die während der Misshandlung entstehenden Gefühle wie den Schmerz und die Angst abspalten, um zu überleben. Die posttraumatische Belastungsstörung entwickelt sich aus einer derart schmerzhaften Situation (s. das entsprechende Kapitel). Wir spalten dann eine solche Situation komplett ab. Sie verkapselt sich als Erinnerungsbruchstück, das uns nicht mehr aktiv zugänglich ist. Abspaltungen können bei allen sehr unangenehmen Erlebnissen auftreten.

Die drei Prozesse »Verleugnen«, »Verdrängen« und »Abspalten« sind nicht so scharf zu trennen, wie ich es hier beschreibe. Sie können Sie sich der Reihe nach auf einem Kontinuum angeordnet vorstellen. Auf der ersten Stufe, beim Verleugnen, sind Sie sich noch der Tatsache bewusst, dass Sie etwas leugnen. Beim Verdrängen wurde das Ereignis bereits ins Unbewusste verschoben. Beim Abspalten ist es zudem noch abgekapselt und schwerer zugänglich. Die Seele bedient sich dabei verschiedener Verfahren, je nach Schweregrad der Situation.

Wenn Sie selbst betroffen sind

Was können Sie tun, wenn Sie selbst das ungute Gefühl haben, etwas zu leugnen? Da hilft nur ein klares In-sich-Gehen und »sich selbst die Karten legen«. Die meisten Probleme werden nicht besser, wenn man sie leugnet. Wenn Sie zu viel Alkohol trinken, wird es durch Leugnen nicht weniger. Die Erkenntnis muss allerdings wie ein Ruck durch Sie gehen, z. B. weil ein Freund Ihnen sagt, dass er Ihnen die Freundschaft kündigen werde, wenn Sie weiter so viel trinken, weil Ihr Verhalten unerträglich geworden sei.

Brauchen Sie dafür Hilfe? Vielleicht ist es gut, mit einem Freund zu reden. Es ist allerdings nicht sehr wahrscheinlich, da Sie sich für das geleugnete Verhalten auch schämen – das macht es noch schwerer, darüber zu reden. Es ist also weder leicht, sich ein problematisches Verhalten selbst einzugestehen, noch ist es leicht, darüber zu sprechen. Aber wenn es einfach wäre, würden Sie das Problem auch nicht leugnen.

Also Augen zu und durch, wenn Ihnen Ihr Leben lieb ist. Wenn Sie es schaffen, verfügen Sie über mehr Zeit und mehr Energie für die Dinge, die Sie wirklich gern tun möchten.

Wenn Sie spüren, dass Sie ein schwerwiegendes Problem haben könnten, dann sollten Sie sich therapeutische Hilfe suchen. Die Psyche besitzt diese Schutzmechanismen aus gutem Grund. Für manche Menschen wäre der Schmerz zu groß und sie könnten ihn nicht aushalten. Daher müssen wir uns diesen traumatisierenden Erfahrungen sehr vorsichtig nähern, nicht jeder Mensch hat die gleiche psychische Konstitution.

Wenn ein Mitmensch betroffen ist

Was können Sie tun, wenn Ihr Partner, ein Freund oder Kollege eine unliebsame Realität leugnet? Er wird nicht leicht zu überzeugen sein, der Wahrheit ins Auge zu sehen, wird immer wieder neue Argumente finden, um die Realität zu verdrehen und im eigenen Sinne wahrzunehmen. Es hilft, wenn Sie sich vorstellen, was für den Anderen auf dem Spiel steht. Wenn Ihr Freund beispielsweise nicht sehen will, dass sich seine Partnerin verändert und fremdgeht, weil er mit dieser Einsicht seine Familie verlieren könnte, ist es fraglich, wie Sie und ob Sie ihm helfen können. Gespräche über Beziehungen sind nicht in allen Freundschaften üblich. Aber Sie könnten sich überlegen, wie Sie ihm helfen könnten, aktiv mit einer solchen Erkenntnis umzugehen. Dann können Sie ihm den Rat geben, dass nicht jeder Seitensprung zu einer Scheidung führen muss, sondern der Beziehung Anstöße und neue Energie geben kann.

Arbeitsblatt

– Verdrängen/Abspalten –

In welchen Situationen lehnen Sie Menschen ab?

Durch wen oder was ausgelöst?		Was ist der Kontext? Wieso, aus welchem Grund?	
Gespräch mit Chefin	➡	Kann nicht mehr denken	➡
	➡		➡
	➡		➡
	➡		➡

Wer oder was kann Ihnen helfen, sich zu beruhigen?

Mir erklären, dass ich okay bin

Gibt es eine Geschichte dazu? Mit wem? Was ist genau passiert?

Welche Gefühle treten noch auf?

Gibt es eine Geschichte dazu? Mit wem? Was ist genau passiert?		Welche Gefühle treten noch auf?
Schuldirektorinh hat mich immer vor die Tür gesetzt	➡	Einsam und ausgestoßen
	➡	
	➡	
	➡	

Wie könnte ein Leben ohne Abwerten der Anderen aussehen?

Weniger Angst, Fehler zu machen

Widerstand, Rationalisieren und Intellektualisieren

Unbewusster Widerstand ist ein sehr weites Feld und es ist nicht so einfach, zwischen Widerstand, versteckten Aggressionen und Leugnen zu unterscheiden. Wir können ganz allgemein Widerstand gegenüber Veränderungen empfinden, also in Bezug auf Objekte, Aktionen oder Aktivitäten. Widerstand richtet sich selten gegen eine Person, dann würde man eher von Abneigung sprechen. Versteckte Aggressionen jedoch richten sich gegen andere Menschen. Und beim (Ver)leugnen geht es darum, dass wir eine unangenehme Erkenntnis vermeiden möchten, die uns selbst betrifft. Über versteckte Aggressionen und Leugnung haben wir schon gesprochen, deswegen widmen wir uns hier dem Widerstand.

Die meisten Menschen mögen keine großen Veränderungen und bewegen sich nur ungern aus ihrer Komfortzone heraus. Wie fühlen Sie sich beispielsweise, wenn Ihr Partner möchte, dass Sie sich verändern? Das Erste, was sich in Ihnen regt, ist: Widerstand. Auch in Unternehmen erzeugen große Veränderungs- bzw. Change-Projekte Widerstand. Es gibt eine Art bewussten Widerstand, den wir in uns spüren und den wir gut selbst ergründen können. Wenn wir uns aber des inneren Widerstandes nicht bewusst sind, wird es schwieriger. Viele Verhaltensweisen, die wir im Kapitel über die passiven Aggressionen behandelt haben, könnten wir ebenfalls unter der Kategorie Widerstand einordnen. Hier sind weitere Verhaltensweisen, die ebenfalls unbewussten Widerstand ausdrücken können:

- Verbosität (ausufernde, ungebremste Monologe ohne Fokus und Kohärenz)
- Ablenkende Geschichten erzählen
- Das Thema wechseln, wenn es unangenehm wird
- Hinweise als überflüssig ablehnen
- Sich aufregen und ärgern
- Vordergründig auf den Vorschlag eingehen, ohne dann etwas zu tun

Widerstand soll Veränderungen verhindern – Sie wollen sich nicht verändern und schon gar nicht verändern lassen. Bereits Konfuzius wusste: »Das Leben geht weiter und Stillstand ist Rückschritt.« – Es gibt eben auch Situationen, in denen es notwendig wird, sich weiterzuentwickeln. Neue Menschen, sich verändernde Haltungen, neue Technologien, neue Strukturen oder neue Kollegen erfordern neue Verhaltensweisen, auf die man sich einstellen muss. Das ist nicht immer einfach, muss man doch Eingeübtes und Liebgewonnenes loslassen. Genau das ist der Grund, warum Veränderungen so schwer sind – man muss immer Vertrautes hinter sich lassen und von Bekanntem Abschied nehmen. Das kann sehr unangenehm und schmerzhaft sein.

Eva und Hannah

Eva und Hannah sind schon seit vielen Jahren ein Paar. Sie sitzen zusammen, weil Eva sich auf ein Gespräch mit ihrem Chef vorbereiten möchte. Sie möchte eine Gehaltserhöhung und es fällt ihr schwer, danach zu fragen. Als Hannah meint: »Sag doch einfach ganz klar, was du möchtest«, entgegnet ihr Eva: »Das geht bei meinem Chef nicht, das muss ich anders machen.« »Dein Chef ist wie alle anderen, dem musst du nur klar sagen, was du

willst, dann wird das schon.« Das Gespräch geht eine Weile hin und her, bis es eskaliert. Obwohl Eva Hannah um Rat gefragt hatte, endet ihr Gespräch im Streit. Eva schreit: »Immer weißt du alles besser!«. Hannah entgegnet: »Und du kannst keine Kritik vertragen.« – »Du musst immer Recht haben.« – »Du weißt doch eh nicht, was du willst, sei doch froh, dass du mich hast.«
Kommentar: Eva kommt mit Hannahs Vorschlägen nicht zurecht und fühlt sich kritisiert. Sie ist gekränkt, weil Hannah ihren wunden Punkt getroffen hat. Sie traut sich nämlich nicht, ihre Wünsche und Forderungen aktiv zu formulieren, weil sie Angst hat, dann abgelehnt zu werden. Stattdessen knickt sie bei der kleinsten Gegenfrage ein und gibt ihre Vorstellungen auf. Sie weiß das zwar, möchte aber nicht zugeben, dass das ihr wunder Punkt ist, weil sie sich dafür schämt. Also geht sie in den Widerstand, halb bewusst, halb unbewusst – in diesem Fall ist sie sogar bockig. Das Gespräch eskaliert aber auch, weil Hannah vorgibt, sich rein sachlich auf die möglichen Schwachpunkte von Evas Gesprächsführung zu konzentrieren. Allerdings verändert sich ihr Tonfall ein wenig, weil es sie nervt, dass Eva immer wieder nicht weiß, was sie will, und dass sie sich nicht festlegt. Ihr Unterton trägt dazu bei, dass Eva sich verletzt fühlt und bringt das Fass zum Überlaufen. Wenn Hannah etwas einfühlsamer reagieren und nicht versuchen würde, ihre eigene innere (vielleicht auch unbewusste) Agenda durchzusetzen, würde das Gespräch konstruktiver verlaufen.

Widerstand äußert sich durch einfache Abwehrmechanismen, also durch Verdrängen, Verleugnen und Projektionen. Die sogenannten »reifen Abwehrmechanismen«[56] spielen aktiv mit dem Widerstand. Sublimierung, Humor, Intellektualisieren und Rationalisieren sind typische Techniken, bei denen der Widerstand zwar erkannt, aber doch nicht komplett integriert ist, weil es ihn dann nicht geben würde.

In jedem Widerstand steckt der Kern für eine Veränderung. Wenn es darum geht, etwas zu verändern – wenn Eva lernen möchte, ihre Bedürfnisse klar zu formulieren –, dann ist es zunächst wichtig, ihr bisheriges Verhalten anzuerkennen und dessen Rolle bis hierhin wertzuschätzen. Ihr Schutzmechanismus hatte einen Grund und das sollte sie zunächst (an) erkennen. Das gilt für den einzelnen Menschen, dessen Sosein sich im Laufe des Lebens entwickelt hat und teilweise dazu diente, Schmerzen zu vermeiden. Sie müssen zunächst die Gegenwart und die Vergangenheit wertschätzen, um sie hinter sich zu lassen. Dazu müssen Sie traurig sein dürfen und Sie müssen sich verabschieden von dem, was war – ob gut oder schlecht. Dieser Prozess des Abschieds wird gern vermieden, weil er unangenehm und schmerzhaft ist. Aber nur im Anschluss an einen Abschied können wir uns langsam in das Neue hineinbewegen, uns hineinfühlen und hineindenken. Das braucht Zeit, und egal wie schnelllebig die Welt auch sein mag: Menschliche Prozesse sind langsam. Hinzu kommt, dass das Neue verunsichert. Wir wissen ja noch nicht, ob wir das, was auf uns zukommt, überhaupt managen können oder ob es überhaupt der richtige Weg ist. Diese Sorge führt zu weiterem Unbehagen und trägt ebenfalls zum Widerstand bei.

Deswegen flüchten wir uns gern in Ausreden – wir rationalisieren und intellektualisieren die Gründe dafür, warum eine Veränderung gerade jetzt nicht möglich ist: mit dem Rauchen aufhören, früher ins Bett gehen, das Handy weniger benutzen, mit Sport anfangen. Es gibt immer gute Gründe: lieber doch genau am 1. Januar aufhören zu rauchen; gerade heute Abend erwarte ich eine wichtige E-Mail; ich muss heute zum Zahnarzt und habe schon lange Schmerzen, die ich nicht mehr aushalte; Diskussionen mit Herrn X haben uns noch nie weitergebracht; der Chef wird meine Forderung sicherlich nicht akzeptieren. Sie merken schon, diese Rationalisierungen sind nicht hilfreich. Meistens spüren andere Menschen eher, dass Sie gerade Widerstand leisten. Leider empfinden wir in solchen Situationen Ratschläge als einen Angriff und als eine Zumutung – was sie ja im Prinzip auch sind.

Wenn Sie selbst betroffen sind

Was können Sie also tun, wenn andere Menschen Ihnen Hinweise geben, dass Sie möglicherweise den Widerstandmodus eingeschaltet haben? Oder wenn Sie selbst das Gefühl haben, festzustecken und nicht weiterzukommen? Dann ist es hilfreich, die eigene Wahrnehmung der Realität mit der von Personen zu vergleichen, denen Sie vertrauen: Vielleicht die Partnerin, eine Kollegin oder einen Freund fragen. So ein Realitätscheck kann Ihnen helfen, eine Situation aus einer anderen Perspektive zu betrachten. Das Wichtigste ist, Widerstand zunächst als etwas ganz Natürliches zu sehen und ihn anzunehmen – und somit keinen zusätzlichen Widerstand gegen das Erforschen des Widerstands zu entwickeln. Wir alle tun uns schwer mit Neuem, nur die Themen, um die es geht, und das Ausmaß, das uns noch erträglich erscheint, sind unterschiedlich. Ich will damit sagen, dass Sie Angst haben und auch widerstehen dürfen. Aber irgendwann sollten Sie sich der Wahrheit stellen und Veränderungen zulassen. Und dafür müssen Sie auch über Ihren Schatten springen. Dabei können die folgenden Fragen helfen:

- Was bereitet mir am meisten Unbehagen?
- Wovor habe ich Angst? Davor, dass man mir auf die Schliche kommt, dass ich dumm oder verletzbar wirke? Was genau befürchte ich?
- Hat es eher etwas mit mir zu tun? Oder mit der Beziehung zu Anderen?

- Schäme ich mich für das, was verändert werden soll?
- Fühle ich mich auf irgendeine Art und Weise schuldig?
- Was benötige ich, um über meinen Schatten zu springen? Ruhe, Zeit, Freundlichkeit, Wärme, Nähe, Distanz, Gespräche …

Wenn ein Mitmensch betroffen ist

Wie können Sie ein in seinem Widerstand gefangenes Gegenüber unterstützen?

Meistens ärgert man sich, wenn man bei anderen Widerstand bemerkt. Wir ärgern uns, weil die Person nicht so will, wie wir. Da hilft es zunächst, sich des eigenen Ärgers gefühlsmäßig bewusst zu werden, um den Widerstand unseres Gegenübers als solchen zu erkennen. Wenn der Widerstand beim Anderen liegt, beziehen wir ihn nicht auf uns, sondern können ihn bei anderen lassen. Unser Ärger ist außerdem ein Hinweis auf unseren eigenen verborgenen Schatten. Gut ist es, wenn Sie gelassen, freundlich und empathisch bleiben. Wir alle haben unsere Empfindlichkeiten und wenn wir bei einer Person den wunden Punkt getroffen und erkannt haben, sollten wir vermeiden, aktiv darauf herumzudrücken. Haben Sie Verständnis für Empfindlichkeiten, denn Ihnen ergeht es bei anderen Fragen ebenso. Wenn Sie es schaffen, eine Geschichte oder eine Reaktion nicht auf sich selbst zu beziehen, helfen Sie anderen und sich selbst.

Arbeitsblatt

– Widerstand und Rationalisieren –

Was genau bereitet mir Unbehagen?

Durch wen oder was ausgelöst?		Was ist der Kontext? Wieso, aus welchem Grund?	
Kritik durch Partner	➡	Wunden Punkt getroffen	➡
	➡		➡
	➡		➡
	➡		➡

Wer oder was kann Ihnen helfen, sich zu beruhigen?

Mir liebevoll zureden

Gibt es eine Geschichte dazu? Mit wem? Was ist genau passiert?		Welche Gefühle treten noch auf?
Wurde in der Schule immer abgekanzelt	➡	Dumm und ungeschickt
	➡	
	➡	
	➡	

Wie könnte ein Leben ohne ständigen Widerstand aussehen?

Ich bekomme mehr von dem, was ich möchte

Unangenehme Gefühle    

Über manche Gefühle wollen wir im Grunde nie reden, obwohl wir sie bisweilen bei uns selbst, am liebsten jedoch bei anderen, bemerken. Die Rede ist von Schuld, Scham, Enttäuschung, Neid und Eifersucht. Ich habe sie »unangenehme Gefühle« genannt, weil sie uns unangenehm sind und wir nicht gern über sie reden, wenn wir sie haben. Während wir Angst mit Schwäche verbinden, Aggressionen als zwar mehr oder weniger legitime, aber doch menschliche Gefühle im Zusammenhang mit Angriff und Verteidigung sehen, bedrohen Schuld, Scham, Enttäuschung, Neid und Eifersucht unser Selbstbild von einem erfolgreichen Menschen, der sein Leben gut im Griff hat. Wir wollen ein guter Mensch sein und uns nicht schäbig verhalten. Wir wollen uns nicht von anderen sagen lassen, dass wir doch »nur« neidisch, gefrustet und enttäuscht von uns selbst und von unseren (vermeintlichen) Fehlern und Misserfolgen sind. Es kommt hinzu, dass wir uns in unserer leistungsbezogenen Gesellschaft diese Gefühle nicht erlauben dürfen. Wir müssen perfekt aussehen, uns perfekt fühlen und auf gar keinen Fall unzufrieden mit uns selbst sein – und wenn doch, dann höchstens, damit uns diese Gefühle zu weiterer Leistung animieren. Das tut uns nicht immer gut, weil wir uns damit überfordern. Niemand kann immer nur perfekt sein.

Unangenehme Gefühle entstehen aus den Beziehungen zu anderen – wenn wir diese Beziehungen verletzen oder in unserem Selbstbild als Beziehungsmensch nicht bestehen, reagieren wir mit schlechten Gefühlen. Denn im Grunde wollen wir mit anderen verbunden sein. Daraus leitet die amerikanische Philosophin Gilligan eine Fürsorglichkeitsmoral ab, die sich von der üblichen Gerechtigkeitsmoral unterscheidet.[57] Die Kernforderung der Fürsorglichkeitsmoral entstammt dem Prinzip der menschlichen Verbundenheit. Da wir praktisch immer mit anderen Menschen verbunden sind, haben wir eine Verpflichtung, zu helfen, wenn der andere Hilfe benötigt und bedürftig ist. Die Voraussetzung für eine derartige Haltung wird in der Sozialisation und Erziehung geschaffen. Sie wird dann durch gelebte Empathie und Warmherzigkeit lebendig. Wenn jemand abgestumpft, gleichgültig oder selbstgefällig auf die Bedürfnisse eines Menschen in Not reagiert, fordert uns das moralisch heraus und wir müssen einschreiten. Das gilt auch, wenn wir uns selbst gegenüber so verhalten, auch dann müssen wir uns um uns selbst kümmern. Wenn wir jedoch die eigenen schlechten Gefühle unterdrücken und uns damit dieser Reflexion nicht stellen, können wir für uns selbst und für andere nicht moralisch fürsorglich sein.

Schuldgefühle – Die Last des schlechten Gewissens

Stellen Sie sich vor, Sie stehen vor einer Entscheidung, die ziemlich unangenehm sein kann: Sie sind als Trauzeuge auf der Hochzeit Ihrer besten Freundin eingeladen und am gleichen Wochenende haben sich Ihre Eltern sehr kurzfristig entschieden, nun doch ihren 50. Hochzeitstag zu feiern. Beide Feiern sind nicht zu verschieben und Sie müssen sich entscheiden. Eine schwierige Situation, die Ihnen schlaflose Nächte bereiten wird – denn ganz gleich, wie Sie sich entscheiden, es wird für die andere Seite nicht die richtige Entscheidung sein. Sie werden in jedem Fall Gefühle verletzen. Ihre Freundin hat den Termin lange vorher bekanntgegeben und nun kommen Ihre Eltern mit der kurzfristig geplanten neuen Feier um die Ecke – aber es sind eben Ihre Eltern. In diesem emotionalen Dilemma werden Sie in jedem Fall ein schlechtes Gewissen und Schuldgefühle haben, entweder Ihrer Freundin oder Ihren Eltern gegenüber.

Je nachdem, wie Sie veranlagt sind, werden Sie bei einer derartigen Situation nur leichte Gewissensbisse oder tiefe Schuldgefühle entwickeln.

Vielleicht entstehen Schuldgefühle bei Ihnen auch erst dann, wenn Sie etwas getan haben, was Sie wirklich zutiefst bereuen. In einem emotionalen Dilemma wie bei diesem hier kann man sich als Ausrede damit trösten, keine wirkliche Wahl zu haben.

Michaela

Michaela hat eine wunderbare Familie, drei Kinder und einen liebevollen Ehemann. Sie hat beruflich etwas zurückgesteckt, um sich um die drei Kinder zu kümmern, die heute 17, 15 und 14 sind. Als Michaela ihren zukünftigen Ehemann gerade erst kennengelernt hatte, verbrachte sie aber dann mit ihrem damaligen Partner noch einmal eine leidenschaftliche Nacht, quasi zum Abschied, obwohl sie schon mit Thomas liiert war. Als sie bald nach dem Kennenlernen von Thomas schwanger wurde, freute sie sich und ihr zukünftiger Ehemann auch. Allerdings wusste Michaela nicht, von wem das Kind denn nun stammte. Über die Zeit bildete sich das Gefühl heraus, dass ihr Erstgeborener wahrscheinlich doch die Frucht dieser einmaligen Nacht mit ihrem Expartner war. Zu diesem hatte sie seit dieser Nacht auch keinen Kontakt mehr und weiß nicht, was aus ihm geworden ist. Schuldgefühle haben sie nun die letzten 17 Jahre begleitet und es war zeitweise sehr schwierig, nicht einfach mit der Wahrheit herauszuplatzen. Aber sie hat diesem Impuls immer widerstehen können. Auf keinen Fall wollte sie in einem unbedachten Moment ihre Ehe gefährden oder ihr Kind unglücklich machen oder beides.

Nun denkt sie, dass sie entscheiden muss, was sie tun soll, da sie zunehmend darunter leidet und sich Vorwürfe macht. Ihr Sohn geht bald aus dem Haus, hat er nicht ein Anrecht auf die Wahrheit? Aber was wird ihr Ehemann sagen?

Diese moralische Frage wiegt schwer und lastet auf Michaelas Gewissen.

Kommentar: Es macht es nicht unbedingt leichter, dass

in ihrem Elternhaus die Wahrheit nicht immer eine große Rolle spielte. Ihre Mutter hatte zahlreiche Affären, während ihr Vater auf Dienstreise war, und was er tat, wusste auch niemand so genau. Sie hatte sich mühsam aus diesem Familiengespinst herausgearbeitet, hat gelernt, sich eigene Urteile zu moralischen Fragen zu bilden, die wenig mit dem zu tun hatten, was ihre Eltern taten.
Jetzt hat sie Angst, wie ihre Mutter dazustehen und als leichtlebig verurteilt zu werden. Denn das genau ist sie ja nicht. Wenn nur diese eine Nacht nicht gewesen wäre.

Aus moralischer Perspektive scheint die Sache zunächst eindeutig – eine Entschuldigung kommt im Grunde nie zu spät. Michaela sollte die Wahrheit sagen und die entsprechenden Konsequenzen in Kauf nehmen. Oder ist dieser Fall anders gelagert?

Die emotionalen Aspekte sind hier sehr vielschichtig. Zunächst kommt es auf Michaela an:

- Wagt sie es, sich und anderen diese Schuld einzugestehen?
- Leidet sie unter Schuldgefühlen?
- Leiden ihr Sohn oder ihr Ehemann unter ihrer Lebenssituation?
- Wem ist welcher Schaden entstanden?

Es kommt sehr auf die Umstände an – denn ob und wie sehr jemand gelitten hat, bewusst oder unbewusst, spielt bei der Bewertung auch eine Rolle, wenn auch nicht die einzige.

Wie würden Sie über jemanden urteilen, der eine folgenreiche Lüge auf dem Gewissen hat? Meiner Erfahrung nach schlafen wir besser mit einem guten und reinen Gewissen. Das Schuldgefühl wird Michaela vielleicht immer begleiten. Immerzu wird sie sich fragen, ob und wann sie ihre Schuld beichten soll, und darüber nachdenken, was richtig wäre. Sie kann nie ganz frei von diesen Gefühlen sein – das ist ein hoher Preis.

Falls das Schuldgefühl jedoch so groß ist, dass sie es verdrängt hat, dann hat es weitere psychische Auswirkungen, denn derartige Gefühle nehmen jenseits ihrer Wahrnehmungsschwelle Einfluss auf ihre emotionale Befindlichkeit, ihr Selbstvertrauen und ihren Umgang mit anderen Menschen.

Michaela sollte sich also fragen, warum gerade jetzt, nach so vielen Jahren, in denen sie mit der Lüge leben konnte, Schuldgefühle aufkommen. Was ist der Auslöser? Ist es eine allgemeine Lebenskrise, in der sie daran zweifelt, überhaupt das »richtige« Leben gelebt zu haben? Spürt ihr Sohn etwas? Ist er unsicher, wer er ist, jenseits der üblichen Verunsicherung in der Pubertät? Oder liegt es an Erlebnissen in ihrem Umfeld, den eigenen Kindern oder jüngeren Mitarbeitern, die mit Nachdruck moralische Verhaltensweisen einfordern? Um ihren Seelenfrieden zu finden, sollte sie sich mit diesen Fragen auseinandersetzen – die eine richtige Antwort darauf gibt es nicht. Dabei muss sie auch berücksichtigen, dass Kinder häufig unbewusst spüren, dass ihr Vater nicht der biologische Vater ist, und sehr unter diesem Gefühl leiden können, gerade weil sie nicht wissen, warum dies so ist. Viele dieser Menschen sind sehr unglücklich oder werden depressiv.

Wenn Sie selbst betroffen sind

Aus ethischer Perspektive gibt es tatsächlich nicht nur eine Antwort. In der Ethik gibt es verschiedene Ansätze, die uns helfen sollen, Antworten auf moralische Fragen zu finden. Die Verantwortungsethik fragt nach den Folgen der Handlung und ob man diese verantworten kann – hat Michaela das Richtige im Sinne der Folgen ihrer Handlung getan, als sie gelogen hat? Die Gesinnungsethik geht davon aus, dass der Zweck die Mittel heiligt – hat sie um eines guten Zweckes, wie die Familie zu schützen, nicht von dem Seitensprung erzählt? Die Tugendethik hingegen legt den Schwerpunkt auf die Situation und Persönlichkeit des Handelnden und dessen Tugendhaftigkeit. Aristoteles beispielsweise versteht unter den praktischen Tugenden Tapferkeit und Mäßigkeit, Freigebigkeit und Hochherzigkeit, gesunden Ehrgeiz, Sanftmut und für die Kommunikation Wahrhaftigkeit, Artigkeit, Freundlichkeit und im politischen Leben die Gerechtigkeit. Aus der Sicht der Tugendethik fällt eine eindeutige Antwort noch schwerer. Hat sich Michaela tugendhaft verhalten? Wohl eher nicht. Die utilitaristische Ethik fragt danach, ob die Handlung nützlich gewesen wäre, um Glück zu vergrößern, also zum Wohlergehen und der Freude einer bestimmten Gruppe von Menschen beizutragen. Hätte Michaela mit ihrer Lüge das Glück der Familie vermehrt? Das ist schwer zu sagen, aber langfristig wahrscheinlich nicht.[58]

Was soll Michaela tun? Es ist leicht, die moralische Keule zu schwingen und zu sagen: »Du musst die Karten auf den Tisch legen.«

Das könnte für Michaela und ihre Familie schwerwiegende Konsequenzen haben. Wäre jemandem damit geholfen? Sollte man eine Lüge um ihrer selbst willen aufklären? Oder sind nicht auch der Schmerz und der Schaden, der durch die Beichte ausgelöst wird, zu berücksichtigen? Will Michaela nur ihr schlechtes Gewissen erleichtern? Am besten wägen Sie die verschiedenen Aspekte gegeneinander ab: die Stärke des Schuldgefühls und des dadurch ausgelösten emotionalen Leidens und dessen Konsequenzen sowie den Schaden, den die Lüge angerichtet hat einerseits, den Schaden und die Konsequenzen, die ein Bekenntnis auslösen würde, andererseits.

Manche Menschen lösen (gern) Schuldgefühle bei anderen aus. Sie tun das, indem sie ihre Mitmenschen emotional erpressen und sie dazu bringen, zu ihrem Nutzen zu handeln. Dazu gehören immer zwei; einer, der erpresst und einer, der sich erpressen lässt. Aber wenn Sie ein guter Mensch sein wollen, so kann es schnell passieren, dass jemand Sie emotional unter Druck setzt. Diese Menschen können anderen das Gefühl geben, Schuld zu sein — an ihrer Laune, an ihrem Misserfolg, ihrer Einsamkeit, ihrer Krankheit oder was auch immer sie gerade stört. Es gibt viele Möglichkeiten, bei jemandem Schuldgefühle zu verursachen und oft sind diese Menschen Meister darin, den jeweiligen »Schuld-Knopf« zu finden. Ziel dieser manipulativen Taktik ist es, die eigenen Anliegen durchzusetzen, ohne selbst Verantwortung für das jeweilige Problem übernehmen zu müssen. Sie drängen damit ihre Mitmenschen in eine Täterhaltung und inszenieren sich selbst als Opfer ihrer »schlechten« Partner, Freunde, Mitarbeiter, Kollegen etc. Häufig werden Forderungen oder Ansprüche an emotionale Bedingungen geknüpft, wie z. B. »Wenn Du mich wirklich liebst, dann...«, »Wenn Du mich wirklich verstehst, dann...«, »Wenn Ihnen das Team wirklich am Herzen liegen würde, dann...«, »Du bist wirklich sehr egoistisch, deinetwegen muss ich jetzt/muss die ganze Familie jetzt ...« Solche Menschen können auch nonverbal durch Vermeiden von Blickkontakt, Seufzen, Augenrollen oder auch durch Schweigen Schuldgefühle bei anderen aufbauen.

Hinter einem solchen manipulativen Verhalten verbergen sich häufig Selbstzweifel, Selbstwertprobleme oder konkrete Ängste, die der Erpresser hat. Wenn Sie einen Partner haben, der zu emotionalen Erpressungen tendiert, sollten Sie zunächst darüber nachdenken, ob es sich um eine allgemeine Charaktereigenschaft handelt oder ob der Andere sich gerade in einer persönlichen Krise befindet. Das macht einen Unterschied, denn wir alle setzen hin und wieder manipulatives Verhalten ein, um besser oder einfacher ans Ziel zu gelangen

– insbesondere wenn wir persönlich unter Druck stehen. In beiden Fällen sollten Sie im Gespräch Ihre Beobachtung darstellen und darauf hinweisen, dass dieses Verhalten unangemessen ist. Falls es Ihnen gelingt, Ihren Partner dazu zu bringen, sich zu öffnen, dann können Sie gemeinsam überlegen, was er selbst tun muss und wie Sie ihn unterstützen können, damit er sein manipulatives Verhalten ändert.

Das gilt auch dann, wenn Sie spüren, dass Sie selbst eine Neigung zu emotionaler Erpressung in sich haben. Versuchen Sie, für sich herauszufinden, was die Gründe dafür sind. Wenn Sie beispielsweise an Selbstzweifeln leiden, können Sie daran arbeiten, ohne andere für Ihre Zwecke zu benutzen und zu manipulieren. Sie können auch lernen, mit ihren Ängsten umzugehen. Denken Sie stets daran: Unsere Verhaltensmuster und unser Charakter sind genauso wenig in Stein gemeißelt wie unser Gehirn und unsere Gefühlswelt – beide sind flexibel und veränderbar!

Wenn ein Mitmensch betroffen ist

Wenn Sie bei einem anderen Menschen schwere Schuldgefühle beobachten, wissen Sie, dass diese Art von Gefühlen ihm vermutlich von Menschen in seiner Kindheit eingepflanzt wurde. In der Regel ist das eine sehr lange Geschichte, derer sich Ihr Freund oder Partner nicht bewusst ist oder den Zusammenhang zwischen dem Schuldgefühl verursachenden Verhalten der Bezugspersonen und seinen heutigen Gefühlen nicht erkennt. Über diesen Zusammenhang mit demjenigen zu sprechen, ist zwar möglich, aber eher nicht von Erfolg gekrönt, denn die Tendenz zu Schuldgefühlen wird von der betroffenen Person oft gar nicht wahrgenommen. Das Einzige, was Sie tun können, ist aus meiner Sicht, dem Anderen zu schildern, wann Sie das Gefühl haben, dass er Ihnen Schuldgefühle macht, die unangemessen sind. Sie sollten diesen Menschen immer wieder darauf hinweisen und vor allem sollten Sie, wenn diese bei Ihnen entstehen, sich befragen, ob es einen Ansatzpunkt in Ihrem Verhalten dazu gibt, und wenn nicht, sollten Sie sich aktiv abgrenzen und dies deutlich formulieren. Damit hat der Andere weniger Einfluss auf Ihre Seele. Ob Sie damit langfristig eine Veränderung bewirken können? Das hängt davon ab, wie nahe Sie sich stehen, wie gut Ihre Beziehung ist und wie wichtig Sie dem Anderen sind.

Arbeitsblatt
– Schuldgefühle –

Was genau bereitet mir Unbehagen?

Durch wen oder was ausgelöst?		Was ist der Kontext? Wieso, aus welchem Grund?	
Lüge	➡	Wollte meine Familie schützen	➡
	➡		➡
	➡		➡
	➡		➡

Wer oder was kann Ihnen helfen, sich zu beruhigen?

Zeit nehmen und nachdenken

Gibt es eine Geschichte dazu?
Mit wem?
Was ist genau passiert?

Welche Gefühle treten noch oder auch dahinter auf?

Gibt es eine Geschichte dazu?		Welche Gefühle treten noch oder auch dahinter auf?
Meine Schwester hat mich einmal beim Lügen ertappt	➡	*Scham und Verunsicherung*
	➡	
	➡	
	➡	

Wie könnte ein Leben ohne Schuldgefühle aussehen?

Frei, ich kann wieder atmen

Scham empfinden

Seit einigen Jahren hat sich ein neuer Begriff etabliert, das sogenannte Fremdschämen, im Englischen als »cringe« bezeichnet. Der Begriff ist relativ neu und beruht darauf, dass wir in einer immer stärker vernetzten Gesellschaft die Möglichkeit haben, das Verhalten anderer Menschen in Echtzeit zu beobachten und uns daran zu freuen, uns darüber zu echauffieren oder lustig zu machen. Wir werden so auch Zeuge von Verhaltensweisen, die unangemessen oder peinlich sind. Bei der Betrachtung von jemandem, der (manchmal nur unbewusst) soziale Normen verletzt, schämen wir uns stellvertretend für denjenigen, außerdem amüsieren wir uns über sein Verhalten, fühlen uns überlegen oder empfinden bisweilen auch Schadenfreude. Neue TV- oder Internetformate nutzen unsere Fähigkeit, mitzufühlen und uns in andere hineinversetzen zu können, während wir uns gleichzeitig zur eigenen Selbstvergewisserung moralisch überlegen fühlen. In Reality-Formaten werden oft benachteiligte Bevölkerungsgruppen zur Schau gestellt, damit die Zuschauer sich an ihren Missgeschicken und Peinlichkeiten ergötzen können. Bewusst kalkulierte Peinlichkeiten (man denke an die wilden Bettfrisuren mancher Politiker) nutzen auch öffentliche Personen, um zu zeigen, dass sie als Individuen Grenzen überschreiten und somit eine Alternative zum politischen Mainstream darstellen.

Oft werden Schuld und Scham in einem Atemzug genannt. Die beiden Gefühle scheinen eng miteinander verwandt zu sein und vielen Menschen fällt es schwer, zwischen ihnen zu unterscheiden. Aber es sind doch zwei sehr verschiedene Gefühle mit unterschiedlichen Auswirkungen.

Schuldgefühle haben einen Bezug zum eigenen Verhalten – es geht also um die eigene Handlungsweise, für die wir uns gern entschuldigen würden oder die wir reparieren, ausgleichen möchten. Oder wir möchten eine Tat beichten, weil die Schuld, die wir auf uns geladen haben, schwer wiegt.

Scham empfinden wir für unser eigenes Sosein, für das eigene Wesen, und wir sind deswegen, wenn wir beschämt werden, im tiefsten Inneren, im Kern getroffen in dem, was uns ausmacht.

Manche Menschen neigen verstärkt entweder zu Schuld- oder zu Schamgefühlen. Die wissenschaftliche Forschung liefert hierzu interessante Erkenntnisse. Menschen, die zu Schuldgefühlen neigen, scheinen besser in der Lage zu sein, sich in andere einzufühlen und die Verantwortung für negative zwischenmenschliche Ereignisse zu übernehmen. Sie sind weniger anfällig für Wut als ihre zu Schamgefühlen neigenden Mitmenschen, die, wenn sie wütend sind, das auf eine direkte Weise ausdrücken.[59]

Menschen, die zu Schamgefühlen neigen, suchen bei unangenehmen Ereignissen gern die Schuld bei anderen, sie tendieren zu einer verbitterten, nachtragenden Art von Wut und Groll. Generell scheinen sie weniger gut in der Lage zu sein, sich in andere einzufühlen.

Scham ist zweifellos ein sehr unangenehmes und belastendes Gefühl – wir möchten um ihrer willen am liebsten im Erdboden versinken. Scham beruht auf der eigenen Vorstellung vom Blick der Anderen. Sich zu schämen heißt, sich unzulänglich zu fühlen, nicht gut genug zu sein. Scham entsteht auch aus dem Verlust von Würde, Ehre oder Selbstachtung. Sie ist eng mit dem Konzept der Schande verbunden, sei es, dass man selbst für andere zur Schande wird, weil man sich dauerhaft beschämend verhält, oder dass die eigenen Taten als schändlich empfunden werden.

Mit Scham ist die Schamangst verbunden, die Angst davor, dass ein bestimmtes beschämendes Ereignis immer wieder eintritt. Scham und Schamangst sind Gefühle, die wir gern vermeiden, die unser psychisches System zum Schutz unseres Selbstwertgefühls überdeckt – Schuldgefühle können beispielsweise Scham verdecken, weil Scham uns noch schwächer und ohnmächtiger erscheinen lässt als Schuld.

Schamgefühle haben eine Schutzfunktion. Sie zeigen uns, was wir für uns behalten wollen und was wir im sozialen Kontext teilen möchten. Im Privat- und Berufsleben gibt es eine Reihe von Ereignissen, die uns beschämen können. Wir empfinden sie nicht alle als gleich belastend und beschämend, denn die Intensität der Schamgefühle ist mit unserem Selbstwertgefühl verbunden. Je geringer das Selbstwertgefühl, umso stärker das Schamerleben und die Schamangst.

Die Auseinandersetzung mit Scham und Schamangst ist extrem wichtig, denn diese Gefühle können zu Entscheidungsblockaden oder langfristig schädlichen Kommunikationsstörungen führen, wenn sie unerkannt bleiben. Daher ist es wichtig, sie zu erkennen und konstruktiv mit ihnen umzugehen.

August

August ist immer perfekt gekleidet. Früher trug er sehr elegante Anzüge mit Einstecktuch und Maßhemden mit Manschetten. Das war in seiner Branche nicht unbedingt üblich, aber ihm gefiel es. Auch jetzt, in Post-Coronazeiten sind seine Sakkos maßgeschneidert. Mittlerweile trägt er keine Krawatte mehr, da hat er sich dem Zeitgeist angepasst. Das, so findet er, ist er sich schuldig. Er hat promoviert, seine Ehefrau stammt aus einer alteingesessenen, vermögenden Unternehmerfamilie, sie ist sehr gebildet, gutaussehend und gastfreundlich. Die

beiden haben vier wohlgeratene, gut erzogene Kinder – alles perfekt, zumindest nach außen.
Doch August hat ein Geheimnis. Er weiß nicht genau, wer sein Vater ist. Die Geschichten seiner Mutter über seinen Erzeuger sind nicht nur unschön, sie sind geradezu entsetzlich. August weiß nur, dass sein Vater vor seiner Geburt verschwunden ist. Vermutlich ist er als Alkoholiker jung gestorben. Man sagt, er sei auch in Haft gewesen. Mehr weiß er nicht, und seine Mutter mochte ihm keine Details schildern. Sie hat ihn allein erzogen und hierfür ihr ganzes Leben lang hart gearbeitet. August schämt sich seiner Herkunft. Als Kind wurde er oft gehänselt und ausgelacht, als »Bastard« bezeichnet und beschimpft. Deswegen hat er sich heute eine perfekte äußere Hülle zugelegt, nichts darf auf seine vaterlose Herkunft hindeuten. Und es gibt auch nur einen Freund aus Kindertagen, der seine Geschichte kennt.
Kommentar: Für August ist die äußere Fassade eine Festung, hinter der er sich verstecken kann. Er fürchtet eine Stigmatisierung und hat die Erfahrung gemacht, dass auch heute noch in der Gesellschaft die soziale Herkunft eine wichtige Rolle spielt. Auch wenn es Ausnahmen gibt, möchte er auf keinen Fall als eine dieser Ausnahmen wahrgenommen werden.

Sie haben sicher auch schon beschämende Situationen erlebt. Vor allem in der Kindheit passiert es häufig, dass wir ausgeschimpft werden, wenn wir etwas Ungeschicktes oder vermeintlich Schlimmes tun. Ich erinnere mich, dass ich als Kind im Alter von ungefähr sechs Jahren in eine riesige Pfütze gefallen bin. Nass und verdreckt traute ich mich vor Scham nicht nach Hause. Ich war mir sicher, dass meine Mutter mich mit Hausarrest bestrafen würde. Also ging ich zu den Eltern einer Freundin, um mich dort zu duschen und dann einigermaßen wiederhergestellt nach Hause zu gehen.

Schamgefühle entstehen, wenn wir uns im sozialen Kontext für andere sichtbar »falsch« im Sinne einer sozialen Norm verhalten oder aber, wenn uns etwas ausgesprochen Peinliches widerfährt: Wir haben den Reißverschluss der Hose nicht wieder hoch- oder den Rock nach dem Toilettengang nicht wieder ganz heruntergezogen. Sich zu beschmutzen oder zu entblößen, physisch oder emotional, ist ausgesprochen beschämend.

Scham bildet sich an der Schnittstelle von Integrität und Individualität einerseits und von Anpassung an sozialen Konsens andererseits. Was darf gezeigt werden und was sollten wir lieber vor den Anderen verstecken? Ehrlichkeit und gesellschaftliche Erwartungen in Bezug auf Kleidung sollten in einem gewissen Maße gezeigt werden, während Nacktheit und Sexualität zumeist in den Bereich des zu Versteckenden gehören.

Scham entsteht, wenn etwas gesehen wird, das wir nicht zeigen möchten, weil es uns klein, unsauber, fehlerhaft oder dumm aussehen lässt. Weil wir so nicht sein möchten, würden wir am liebsten im Boden versinken.

Scham ist also eine Art Wächter für unsere Würde. Der Begriff »Würde« kommt von Wert und hängt mit der Art zusammen, wie wir uns selbst als wertvoll inszenieren. Mit einem gesellschaftlich angemessenen Aussehen und Verhalten, einem angesehenen Beruf mit entsprechendem Status, wollen wir (manche von uns) den Wert unserer Person unterstreichen.

Schamangst hält uns vor dem Erleben entwürdigender Gefühle zurück, indem sie verhindert, dass wir in eine beschämende Situation geraten. Leider können wir das im Leben nicht immer vermeiden. Uns unterlaufen einfach peinliche

Missgeschicke oder Fehler. Im beruflichen Kontext schämen wir uns, wenn wir entlassen werden, eine Prüfung nicht bestehen oder aus Ungeschick eine Indiskretion begehen. Auch Schüchternheit kann uns mit Scham erfüllen.

Wenn Sie selbst betroffen sind

Was können Sie tun, wenn Ihnen ein peinliches Missgeschick widerfährt? Dann ist es am besten, den Stier bei den Hörnern zu packen, zu Ihrem Missgeschick zu stehen und die Peinlichkeit mit Ehrlichkeit und Offenheit zu entwaffnen oder mit Humor zu nehmen.

Wenn Sie jedoch verletzlicher als andere Menschen sind und zu Schamgefühlen neigen, sollten Sie herausfinden, warum das so ist. Wahrscheinlich wurden Sie ein- oder mehrmals außerordentlich schwer beschämt und bestraft – vielleicht erinnern Sie sich noch daran, wenn Sie in sich gehen. Es kann für Sie so schmerzhaft gewesen sein, dass Sie es verdrängt haben. Versuchen Sie, sich mit Abstand und mit anderen Augen zu betrachten. Dann nehmen Sie sich selbst in den Arm und trösten sich, denn das hat Ihnen damals gefehlt: »Damals war ich noch …, das würde mir heute nicht mehr passieren. Falls doch, dann darf ich mich selbst aufmuntern und mir Trost spenden – peinliche Dinge passieren jedem von uns.« Mitgefühl und Verständnis von anderen können die Scham verstärken, weil sie den Fehler einmal mehr verdeutlichen. Aber Sie müssen lernen, sich auch darüber hinwegzusetzen.

Wenn Sie heute öffentlich beschämt und Ihrer Würde beraubt werden, sollten Sie sich wehren. Stellen Sie sich vor, Ihr Chef würde Sie vor allen Mitarbeitern wie ein Schulkind behandeln, das immer zu spät kommt und nie die Hausaufgaben macht. In Ihrem Fall erklärt er Ihren Kollegen in Ihrem Beisein, wie unzuverlässig Sie seien, weil Sie ihm angeblich nie rechtzeitig die Unterlagen zur Verfügung stellen würden. Das mögen Sie sich einmal anhören und sich beschämt fühlen. Aber wenn Unzuverlässigkeit nun wirklich das Gegenteil dessen ist, was man Ihnen nachsagen kann, werden Sie sich beim zweiten oder dritten Mal nicht nur ungerecht behandelt fühlen, sondern sich überlegen müssen, wie Sie Ihrem Chef Grenzen aufzeigen können. Sie müssen nicht hinnehmen, Ihrer Würde beraubt und entmenschlicht zu werden. Ihr Chef möchte Sie gern zum Verstummen bringen und kleinmachen. Das müssen und dürfen Sie nicht zulassen. Wehren Sie sich in ruhiger Form: »Das ist so nicht richtig.« oder »Bitte sprechen Sie nicht in dieser Weise über mich.« Machen Sie ruhig den Mund auf und lassen Sie nicht zu, dass Ihre Würde verletzt wird. Sie sollten Ihre Scham nicht überspielen, mit vertrauten Menschen über Ihre Gefühle sprechen, um sich emotional zu entlasten.

Exkurs: Selbstwertgefühl und Containment – der Schlüssel zum emotionalen Selbstmanagement

Scham und Schamangst berühren uns vor allem dann, wenn unser Selbstwertgefühl insgesamt nicht so gut ist oder wir uns aus anderen Gründen gerade etwas angegriffen fühlen, weil wir beispielsweise unter großem Druck stehen. Selbstwertgefühl, also das Gefühl, einen eigenen, positiven Wert zu haben und sich als wertvollen Menschen wahrzunehmen, ist entscheidend für die Art und Weise, wie wir im Leben stehen, wie wir in Beziehung mit uns selbst und mit anderen Menschen treten und wie wir mit Schwierigkeiten im Leben umgehen. Ein gesundes Selbstvertrauen und Selbstwertgefühl stabilisieren uns. Sie helfen beim Navigieren durch die unruhige See des Lebens. Dieses Selbstwertgefühl basiert auf dem sogenannten Urvertrauen, das vor allem Erik H. Erikson untersucht hat.[60] Urvertrauen hängt von der erlebten Geborgenheit als Kind ab. Es hilft uns, vertrauensvolle und liebevolle Beziehungen mit anderen Menschen einzugehen. Insbesondere in den ersten Lebensjahren werden die Grundlagen dafür gelegt. Dafür muss das Kind auch die andere Seite, nämlich Misstrauen, erleben dürfen – beides gehört zusammen. Für ein Kind ist es wichtig, sich bei seinen Bindungspersonen geborgen zu fühlen und die Welt aus dieser Geborgenheit zu erkunden, aber dem Fremden darf und soll es auch mit Misstrauen begegnen. In seiner ersten Entwicklungsphase ist das Kind noch sehr unselbstständig und muss darauf hoffen, dass es von seinen Bindungspersonen versorgt wird. Etwas anderes als diese Hoffnung hat es nicht, das ist seine einzige Überlebenschance. Nach ungefähr 18 Monaten, wenn diese Phase abgeschlossen ist, entwickelt das Kind erste Wünsche nach Autonomie und eigenem Willen. Dem stehen auf der anderen Seite Scham und Zweifel gegenüber. In dieser Phase bis ungefähr zum dritten Lebensjahr vermitteln die Bezugspersonen dem Kind erste soziale Regeln. Es wird für seine »Eigenwilligkeit« gelobt oder bestraft, wenn es den Regeln nicht folgt. In der dritten Phase, im Vorschul- und Spielalter, lernt das Kind, mit anderen Kindern zusammen zu sein. Hierzu muss es die Spannung zwischen Eigeninitiative und Schuldgefühlen bewältigen. Bezugspersonen bestimmen mit ihrem Verhalten, wie sehr sich das Kind erlaubt, eigenständig zu handeln oder sich für zu viel Eigenmächtigkeit schuldig zu fühlen. Diese Spannungsfelder sind Teil unseres Entwicklungsprozesses und ein eventuelles Zuviel oder Zuwenig bestimmt, wie wir uns später fühlen werden. Unser gesamtes Leben ist im Sinne dieser Weiterentwicklung angelegt. In jeder Lebensphase gibt es eine neue Aufgabe zu bewältigen.

Eltern und andere Bezugspersonen spielen bei der Entwicklung des Selbstwertgefühls eine wichtige Rolle, insbesondere weil sie das Kind spiegeln und halten. Das nennt man »Containment«. Zu Beginn unseres Lebens sind unsere Eltern für die Befriedigung unserer physischen und emotionalen Bedürfnisse zuständig, sodass wir uns entwickeln und wachsen können. Dazu gehört vor allem das Halten und die Vermittlung von Geborgenheit. Der Begriff »Halten« bezieht sich auf das physische Halten und Umarmen des Kindes, mit dem wir dem Kind Sicherheit, Fürsorge und Schutz bieten. Es vermittelt ein Gefühl der Geborgenheit. Durch das Spiegeln fühlt sich der Säugling beachtet und bestätigt – das Kind erlebt sich in den Augen der Bezugsperson. Die Art, wie es wahrgenommen wird, ob es freudigen Glanz, Abwehr oder keine Gefühlsregung erzeugt, kann das Kind sehen und spüren. Nach Heinz Kohut ist »der Glanz in den Augen der Mutter«, also das Gespiegeltwerden, lebenswichtig.[61] Das Kind fühlt sich gesehen und erlebt, dass es existiert. Die Art des Spiegelns bestimmt maßgeblich, wie es sich selbst erfährt und wie sich sein Selbstwertgefühl entwickelt. Kein Spiegeln, also keine Gefühlsregung durch die Mutter, hat einen verheerenden Effekt auf die Psyche des Kindes. Denn wenn es nicht positiv oder ausreichend gespiegelt wird, können psychische Störungen wie narzisstische Verletzungen auftreten. Unzureichende Spiegelung kann zu einer unterentwickelten Fähigkeit führen, die eigenen (negativen) Emotionen zu bewältigen. Dabei muss die spiegelnde Bezugsperson eigentlich nur »gut genug« sein, nicht perfekt. Kohut hat hierfür den Begriff der »good enough mother« geprägt.[62] Nur wenn das Kind auch negativen oder nicht befriedigenden Reizen ausgesetzt wird, lernt es, durch normale menschliche Unvollkommenheit mit den Schwierigkeiten des Lebens umzugehen, was wiederum die weitere Entwicklung des Selbst und der Identität fördert.

Containment[63] umfasst beides, das Halten und das Spiegeln, und ermöglicht es dem Kind, zu lernen, mit den ersten schwierigen Erfahrungen und eigenen negativen Gefühlen umzugehen. Es bedeutet, dass das Kind – vor allem bevor es sprechen kann – seiner Bezugsperson negative Gefühle übermittelt, die diese dann verarbeitet und in »verdauten Stücken« wieder zurückgibt – die Bezugsperson hilft dem Kind, unangenehme und schwierige Gefühle zu verarbeiten und zu verdauen, sie wirkt als Behälter/Container, in dem dieser psychische Prozess des Containments stattfindet. Dies geschieht, indem sie sich auf die Emotionen des Säuglings einstellt, sie versteht und auf sie eingeht, indem sie auf eine tröstliche, beruhigende Weise reagiert und auch erklärt, warum negative Emotionen auftreten können (z. B. Verdauungsprobleme oder Zahnen). Auf diese Weise integriert das Kind diese schwierigen Gefühle und lernt, mit ihnen zu leben. Dieser Prozess ist Teil der Entwicklung seiner Identität und seines Selbstbewusstseins.

Containment benötigen wir unser ganzes Leben lang und es ist auch das Merkmal, durch das sich gesunde von destruktiven Beziehungen unterscheiden. Wer ein offenes Ohr hat, zuhört, ohne zu werten, und aufgeschlossen ist, der ist auch zu Containment fähig.

Wenn ein Mitmensch betroffen ist

Kehren wir nun kurz zurück zur Scham. Was können Sie tun, wenn Sie das Gefühl haben, das sich ein Freund, Partner oder Kollege schämt? Sie ahnen, dass sein Selbstwertgefühl aus irgendeinem Grund nicht intakt ist und sich der Betroffene vielleicht sogar seiner Würde beraubt fühlt.

Wie gehen Sie mit der beschämten Person um? Wie können Sie helfen, deren Würde wiederherzustellen? Sie sollten herausfinden, was »die Würde wiederherzustellen« in dem jeweiligen Kontext bedeutet. Mitleid hilft nicht weiter, das macht es eher noch schlimmer. Wie man jemandem hilft, seine Würde wiederherzustellen, hängt davon ab, wie sie verletzt wurde. Ein achtsames, liebevolles, zugewandtes Verhalten kann dem Beschämten helfen, sein Gesicht nicht zu verlieren. Jedes Zuviel an Lob oder Anerkennung kann hingegen schnell das Gegenteil bewirken. Es ist ein schwieriger Balanceakt – hören Sie in sich selbst hinein. Was würden Sie sich wünschen? Denken Sie jedoch bitte auch daran, dass der

Andere vielleicht gerade das nicht möchte. Der eine Mensch möchte reden, die andere Person lieber selbst damit fertigwerden. Hier ist viel Einfühlungsvermögen gefragt.

Wenn Sie erlebt haben, dass eine Person durch einen Freund oder Kollegen beschämt wurde, sollten Sie mit diesem ein offenes Gespräch darüber führen und konstruktives Feedback zu der beschämenden Situation geben. Der Beschämende will aus einem bestimmten, oft unbewussten emotionalen Grund den Anderen kleinmachen und sich selbst erhöhen. Es könnte auch sein, dass der Freund oder Kollege diese Beschämung nicht gemeint oder nicht bemerkt hat.

Arbeitsblatt

– Schamgefühle –

Wofür schäme ich mich?

Durch wen oder was ausgelöst?	Was ist der Kontext? Wieso, aus welchem Grund?
Meine Herkunft	*Will dazugehören*

Wer oder was kann Ihnen helfen, sich zu beruhigen?

Meine Familie

Gibt es eine Geschichte dazu?
Mit wem?
Was ist genau passiert?

Welche Gefühle treten noch auf?

Gibt es eine Geschichte dazu?		Welche Gefühle treten noch auf?
Wurde immer gehänselt	➡	Schmutzig und abstoßend
	➡	
	➡	
	➡	

Wie könnte ein Leben ohne Schamgefühle aussehen?

Unbekümmert und fröhlich sein

Wenn Erwartungen nicht aufgehen und Träume platzen

Enttäuschungen gehören zum Leben, das wissen wir alle. Menschen sind nicht immer so, wie wir denken. Beziehungen entwickeln sich nicht immer, wie wir hoffen. Kinder machen nicht das, was wir möchten, sondern haben ihren eigenen Kopf. Im Beruf ist es nicht anders. Damit können wir in der Regel umgehen. Doch manchmal trifft uns eine Enttäuschung unerwartet hart. Für manche Menschen scheint das gesamte Leben aus einer Kette von Enttäuschungen zu bestehen. Enttäuschung spielt auch eine Rolle im Prozess des Abschiednehmens und des Loslassens von geplatzten Träumen, die es immer wieder gibt im Leben, die aber wohl vor allem in der Lebensmitte eine Rolle spielen.

Susanne

Susanne ist Mitte 50 und Architektin in einem familiengeführten Bauunternehmen. Der nächste Karriereschritt steht an, denn wenn Günther, ihr Vorgesetzter, in den Ruhestand geht, soll sie ihm nachfolgen. Alles ist bereits seit zwei Jahren vorbesprochen, vor allem auch mit dem Gesellschafter Werner. Günther hat sie schon mit ihren neuen Aufgaben vertraut gemacht. Sie freut sich auf die neue Rolle und den Zuwachs an Verantwortung. Im Dezember soll es so weit sein, da Günther zum Jahresende aufhört. Doch nach dem Sommerurlaub spürt Susanne eine Veränderung im Unternehmen. Ein neuer Kollege, deutlich jünger als sie und mit einer juristischen Ausbildung, sitzt nun ein paar Tische weiter im Großraumbüro. Ihre anfängliche Neugier verwandelt sich bei der nächsten Sitzung in Verwunderung: Der neue Kollege sitzt unerwarteterweise mit am Tisch und – Sie ahnen es bereits – einige Wochen vor Jahresende bittet Werner sie zu einem Gespräch. Er erläutert ihr, dass sich seine Pläne verändert hätten und dass der neue Kollege nun der Nachfolger von Günther werde. Sie bleibe selbstverständlich ein wichtiges Mitglied im Team. Sie fragt nach und erfährt, dass der neue Kollege Werners Neffe ist und damit zum Eigentümerkreis gehört. Werner erklärt, dass das Unternehmen in jüngster Vergangenheit immer mehr juristische Fragen zu klären gehabt habe. Deswegen sei der neue Kollege nun der Richtige. Es läge nicht an ihr und ihrer Arbeit. Susanne fühlt sich wie vor den Kopf geschlagen, ist wütend und zutiefst enttäuscht – von Günther, von Werner und von der Eigentümerfamilie, die alle ihr Wort gebrochen haben. Zudem sieht es nach außen so aus, als würde man ihr die Aufgabe nicht zutrauen. Was für ein Gesichtsverlust! Der lang gehegte Traum ist nun wieder in die Ferne gerückt. Was für eine riesige Enttäuschung! Sie verlässt den Raum und setzt sich an ihren Schreibtisch – weglaufen bringt nichts, das weiß sie auch. Sie versucht, sich ihre Gefühle nicht anmerken zu lassen und den Tag über die Runden zu bringen. Während der nächsten Wochen lenkt sie sich ab, stürzt sich erst einmal mehr in die Arbeit und verbringt viel Zeit bei Kunden. Sie bemüht sich, Klarheit über ihre Zukunft zu gewinnen. Sie hat nur zwei Möglichkeiten: im Unternehmen zu bleiben und vielleicht lange warten zu müssen, bis sich eine neue Gelegenheit ergibt, oder sich nach einem neuen Arbeitgeber umzuschauen, um ihre beruflichen Träume vielleicht dennoch zu erfüllen.

Kommentar: Die Frage, wie Susanne sich beruflich positionieren soll, ist nur eine Seite des Problems. Aber wie geht sie emotional mit der Enttäuschung um und wie hängen diese beiden Aspekte zusammen? Wenn Sie in einer derartig emotional überwältigenden Situation sind, sollten Sie zunächst einmal Abstand gewinnen, um nicht eine unüberlegte voreilige Entscheidung zu treffen. Das macht Susanne also gut und richtig. Sie hat Glück, denn sie hat Freunde und Kollegen, die sie trösten, die mit ihr traurig, wütend und enttäuscht sind und die ihr Bestätigung geben, indem sie ihr sagen, dass sie ihre Arbeit bisher sehr gut gemacht hat. Sie zeigen ihr, wie sehr sie wertgeschätzt wird und wie ungerecht die Bevorzugung des neuen Kollegen ist. Zu hause agiert sie ihre Wut und Enttäuschung am Sofakissen aus und reagiert sich durch Sport ab.

In solchen Momenten heißt es grundsätzlich, einen kühlen Kopf zu bewahren. Sie sollten die Ursache der Enttäuschung nicht als Niederlage sehen, sondern als Chance. Das ist in der Situation leichter gesagt als getan. Versuchen Sie, den Ärger und die Wut an Dingen und nicht an Menschen auszulassen. Mit etwas Abstand wird es Ihnen gelingen, über den geplatzten Traum und seine Bedeutung ebenso nachzudenken, wie über Ihre angemessene Reaktion.

Wenn sich jedoch das gesamte Leben wie eine einzige Enttäuschung anfühlt oder sich aus vielen kleinen und großen Enttäuschungen zusammensetzt und Sie immer unzufrieden sind, dann liegt das Problem vermutlich tiefer. Auch wenn nach außen hin alles toll aussieht, heißt das nicht, dass es sich innerlich so anfühlt. Vielleicht nagt eine ständige innere Unzufriedenheit an Ihnen und alles, was Sie tun und erreichen, ist für Sie nie gut genug? Man könnte meinen, dass Sie vielleicht von Ehrgeiz zerfressen sind, aber das ist es nicht. Gut gemeinte Ratschläge und aufmunternde Worte helfen da nicht weiter.

Claus

Einem meiner Coaching-Fälle ging es so: Nie war Claus zufrieden, kaum hatte er ein Ziel erreicht, war er schon auf dem Weg zum nächsten. In unseren Sitzungen vertieften wir uns in seine Lebensgeschichte. Seine Eltern waren ihm nicht besonders zugewandt. Für seinen Vater zählten nur seine beiden großen Brüder und auch zu seiner Mutter hatte er keine innige Beziehung. Er war der jüngste von drei Brüdern. Beide Eltern wollten eigentlich kein drittes Kind mehr, mit zwei Jungen hatten sie schon genug zu tun. Er war ein »Verhütungsunfall«. Wenn schon ein drittes Kind, dann hätten sie lieber ein Mädchen bekommen. In dem Fall hätten sich die Eltern mit der erneuten Schwangerschaft zumindest besser anfreunden können. Leider hatte der Arzt sich bei der Ultraschalluntersuchung verguckt, sodass es bei der Geburt eine Überraschung gab: Es war wieder ein Junge. Die Enttäuschung der Eltern war groß und wurde nie überwunden. Claus lernte, sich anzupassen und keine Aggressionen zu zeigen. Er war immer brav und folgsam, strengte sich auch in der Schule an und versuchte auf diese Art, seine Eltern glücklich zu machen. Doch das konnte er nicht, denn er war einfach nicht das, was die beiden sich gewünscht hatten. So entwickelte sich in ihm das Gefühl, seine Eltern ständig zu enttäuschen. Er fühlte sich als personifizierte Enttäuschung. Ein furchtbares Gefühl, das durch keine Leistung – und sei sie noch so perfekt – zu befrieden war. Seine Seele hatte das zu schmerzliche Gefühl ausgeblendet. Stattdessen hat sie als Schutzmechanismus dieses Gefühl nach außen gerichtet und auf das Außen projiziert, so geriet ihm alles zur Enttäuschung. Er war nicht gut genug, also war nichts gut genug für ihn. Seine Seele hat den Spieß herumgedreht, um das schmerzhafte Gefühl der Ablehnung und Verkennung aushalten zu können.

Kommentar: Es hat lange gedauert, bis wir diesem Muster auf die Schliche gekommen sind. Danach begann die eigentliche Arbeit, denn immer dann, wenn das Gefühl, wieder enttäuscht zu werden, aufkam, sollte er sich das Muster vergegenwärtigen und die Grundenttäuschung von seiner aktuellen Situation trennen. Denn er ist hilfsbereit, engagiert, freundlich und erfolgreich, er bekommt viel Anerkennung und Wertschätzung von Freunden und Kollegen. Die muss er auch in sich selbst finden und sie sich selbst geben. Er muss sich »selbst gute Eltern sein« und sich nicht von der alten Stimme seiner Eltern vereinnahmen lassen.

Diese Geschichte zeigt, wie komplex und vertrackt manche Lebensgeschichten sind. Für Claus war es nicht einfach, sich seine Geschichte zu vergegenwärtigen und sich seinen Wunden zu stellen. Manches Mal haben ihm auch Gespräche mit seinen älteren Brüdern und mit seinen Freunden geholfen.

Die Auseinandersetzung mit geplatzten Träumen in der Lebensmitte ist ein völlig anderer Prozess, den viele von uns beim Älterwerden durchlaufen. Gemeinhin sprechen wir dabei von der »Midlife-Crisis«. Leider ist diese Phase häufig mit Klischees besetzt, wird beispielsweise mit älteren Männern, die in Begleitung von jungen Partnerinnen in Sportwagen herumrasen, gleichgesetzt. Diese sehr oberflächliche Betrachtung macht es uns schwer, den Schmerz zu sehen, der die Midlife-Crisis begleitet. Diese Art von Krise tritt nicht nur zur Lebensmitte auf, sondern kann in allen größeren Veränderungsmomenten passieren: nach dem Studium, nach dem ersten Kind, in den ersten Jahren des Berufslebens etc. Es kann in jedem Fall sehr quälend sein, die Differenz zwischen den Träumen, Hoffnungen und Plänen, die wir einmal hatten, und dem Menschen, der wir geworden sind, zu erkennen.

Vielleicht gehören Sie zu den Menschen, die ihre eigenen Erwartungen übertroffen haben, und haben mehr erreicht, als Sie sich ausgemalt hatten? Dann freue ich mich für Sie. Häufig ist das jedoch nicht der Fall und Sie müssen aushalten, dass sich einige Träume nicht realisiert haben – vielleicht einfach nur aus Pech oder aus mangelnder realistischer Selbsteinschätzung. Vielleicht denken Sie auch, eine falsche Entscheidung getroffen zu haben. In der jeweiligen Situation wird sie zwar die richtige gewesen sein, sonst hätten Sie sie ja nicht gefällt – aber im Rückblick sehen die Dinge oft anders aus. Der dänische Philosoph Kierkegaard sagte einmal, man müsse das Leben nach vorne leben, könne es aber erst rückwärts verstehen.[64] Zu akzeptieren, dass sich unsere Träume nicht erfüllt haben, ist nicht so einfach, auch weil wir uns insbesondere in unserer Lebensmitte der eigenen Endlichkeit bewusst werden. Der Tod kommt in Sicht und es bleibt vielleicht nicht mehr genug Zeit für alles, was man noch machen möchte?

Vielleicht möchten Sie das Thema auch lieber etwas beiseiteschieben? Damit sind Sie nicht allein. Die meisten Menschen denken nicht gern über ihr eigenes Ende nach. Auch wenn sich die eigene Endlichkeit zwar verdrängen lässt, verschwindet sie dadurch nicht. Wir wissen nicht, wie viel Zeit uns bleibt und ob wir noch erreichen können, was uns bisher nicht gelungen ist. Die Einsicht, dass einige Hoffnungen sich nicht mehr erfüllen werden, ist schmerzlich und macht uns traurig. Manche Menschen kompensieren das dadurch, dass sie noch einmal von vorne anfangen wollen – mit einem neuen Partner und neuen Kindern, in einer neuen Umgebung, mit einem neuen Job – in der Hoffnung, dass so alles anders wird. Doch wir nehmen uns selbst, unser Wesen und »Gewordensein« auch in diesen neuen Lebensabschnitt mit. Insofern besteht die Gefahr, dass der vermeintlich neue Weg auf ausgetretenen Pfaden verläuft.

»Du musst Dein Leben ändern«, das ist der letzte Satz in Rainer Maria Rilkes Gedicht »Archaïscher Torso Apollos«, den der Philosoph Peter Sloterdijk ins Zentrum eines seiner Essays stellte.[65] Rilke meint damit nicht, dass Sie noch einmal über Los gehen und von vorn beginnen sollen. Es geht Rilke um die Verwirklichung des Selbst, des eigenen inneren Potenzials. Was steckt in Ihnen an ungelebtem Leben? Was sagt Ihnen Ihre Seele? Die Verbindung mit etwas Größerem als uns selbst hat mit dem Sinn des Lebens zu tun – und den suchen wir alle irgendwann.

Wenn Sie selbst betroffen sind

Auf diesem Weg können Sie sich fragen:

- Warum habe ich bestimmte Ziele nicht erreicht? Welche Faktoren haben dazu beigetragen?
- Warum hatte ich diese Träume überhaupt? Was steckt dahinter? Welcher eigentliche Wunsch ist nicht erfüllt worden?
- Beispielsweise steht hinter dem Wunsch nach Berühmtheit und Einfluss oft die Hoffnung, es einem Elternteil zu zeigen, endlich gesehen zu werden und die nicht erhaltene Wertschätzung endlich zu bekommen.
- Wenn ich meine bisherigen Ambitionen beiseitelege, was würde mich dann wirklich erfüllen? Was würde ich gern tun? Womit möchte ich meine Zeit verbringen? Was kann ich gut und womit kann ich einen (sinnvollen) Beitrag in der Welt leisten? Was würde ich gern gestalten oder erschaffen?

Dahinter stehen noch weitere Fragen, die Ihnen helfen, noch tiefer in sich zu gehen:

- Wer bin ich wirklich? Was macht mich aus? Was ist mein Wesenskern?
- Was fehlt mir zu einem Gefühl der Ganzheit? Wann und wie würde ich mich als ein Ganzes erleben?
- Nach welchen Maximen möchte ich mein Leben gestalten? Was genau bedeutet »ein gelungenes Leben führen«?

Die Beschäftigung mit diesen Fragen ist herausfordernd und bietet die Chance, sich selbst besser zu verstehen und neue Wege im Leben zu entdecken. Es kann sehr erfüllend sein, wenn Sie sich öffnen und Neues ausprobieren. Mit der Zeit werden Sie vielleicht bemerken, dass sich ein Gefühl der Zufriedenheit und Gelassenheit einstellt. Die Auseinandersetzung mit Ihnen selbst mag Sie zwar anfangs beunruhigen, aber nur Mut, sie kann Ihnen auch helfen, Aspekte und Seiten Ihrer Persönlichkeit zu erkennen, die Sie bisher übersehen haben. Nutzen Sie die Zeit, die Sie haben, sowohl für sich selbst als auch für die Menschen um Sie herum.

Wenn ein Mitmensch betroffen ist

Wenn Sie spüren, dass Ihr Partner oder Freund sehr unter seinen geplatzten Träumen leidet und vom Leben enttäuscht ist, und wenn Sie ihn unterstützen wollen, sollten Sie sich bitte erst einmal Klarheit über Ihre eigene Situation verschaffen. Das könnte Ihnen dann helfen, ein gemeinsames Gespräch zu führen über das Geträumte und Verpasste, das Erhoffte und Nicht-Gelungene, das Geglückte und das Verlorene. Es ist eine Form des Philosophierens über den Sinn des Lebens und das eigene Leben, das Sie im Prinzip in jeder Lebensphase und bei anstehenden größeren Veränderungen immer wieder mit sich selbst und mit Ihrem Freund oder Partner führen können. Die oben formulierten Fragen können Sie auch für ein gemeinsames Gespräch nutzen.

Arbeitsblatt

– Enttäuschung 1 –

Was waren die letzten großen Enttäuschungen?

Durch wen oder was ausgelöst?	Was ist der Kontext? Wieso, aus welchem Grund?
Eigentlich immer	Nie läuft es einfach gut

Wer oder was kann Ihnen helfen, sich zu beruhigen?

Mein Hobby (Basteln)

Gibt es eine Geschichte dazu? Mit wem? Was ist genau passiert?		Welche Gefühle treten noch auf?
Ich war eine Enttäuschung für meine Eltern	➡	Ungeliebt und nicht anerkannt
	➡	
	➡	
	➡	

Wie könnte ein Leben ohne ständige Enttäuschungen aussehen?

Ich fühle mich dann normal und gut

Arbeitsblatt
– Enttäuschung 2 –

Welche Träume hatten Sie, die unerfüllt sind?

Durch wen oder was ausgelöst?		Was ist der Kontext? Wieso, aus welchem Grund?	
Berühmt werden	➡	Gesehen werden	➡
	➡		➡
	➡		➡
	➡		➡

Was würden Sie eigentlich gern machen?

Mein Hobby zum Beruf machen

Gibt es eine Geschichte dazu?
Mit wem?
Was ist genau passiert?

Mein Vater hat mich immer übersehen, ich existierte für ihn nicht

Welche Gefühle treten noch auf?

Traurig und ängstlich

Wie könnte ein Leben ohne enttäuschte Träume aussehen?

Weniger Geld, aber mehr Zufriedenheit

Neid und Eifersucht

Ein spannendes Beispiel für Neid und Eifersucht ist das 2021 von Ridley Scott verfilmte Drama der italienischen Gucci-Familie mit dem Titel »House of Gucci«.

Gucci

Guccio Gucci beginnt als Händler von Lederwaren und verkauft vor allem Lederkoffer. Im Jahr 1921 gründet er die Firma Gucci, nach dem Zweiten Weltkrieg überträgt er seine Anteile an seine drei Söhne Aldo, Vasco und Rodolfo. Vasco stirbt 1974 an Lungenkrebs, Aldo und Rodolfo erwerben dessen Anteile von seiner Witwe.
Was dann folgt, ist kein Märchen, sondern eine wüste Geschichte von Aufstieg und Untergang eines Modeimperiums. Nachdem das Unternehmen in den 1950er und 1960er Jahren weltweit expandiert hatte, überträgt Aldo, der älteste der drei Söhne, bereits in den 1970er Jahren seinen drei Söhnen Anteile. Rodolfo hingegen überwirft sich mit seinem einzigen Sohn Maurizio, weil dieser aus Sicht des Vaters die falsche Frau geheiratet hat, und behält seine Anteile. Aldo findet ungerecht, dass sein Bruder mit seinen 50 Prozent vergleichsweise zu viele Anteile besitzt und zu gut verdient. Er ist neidisch auf ihn. Daher gründet er mit seinen Söhnen die Gucci Accessoires Collection, auch »Canvas Collection« genannt. Sie wird später zur Destabilisierung der Familie und der Firma beitragen, da durch ihre Besonderheit – Verwendung von Stoff anstelle von Leder – die besondere

Qualität der ursprünglich reinen Lederprodukte verloren geht. Zudem können Canvas-Produkte einfacher kopiert werden. Aldo baut dieses Geschäft vor allem in den USA erfolgreich auf und verdient gut daran. Aus Neid und Gier betrügt Aldo seinen jüngeren Bruder Rodolfo, dessen Erfolg ihm ungerecht erscheint.

Die Geschichte geht noch weiter: Rodolfo hat seinen Sohn Maurizio enterbt, weil dieser es wagte, ein eigenes, von ihm unabhängiges Leben zu führen – aus Eifersucht oder Neid oder beidem? Aldo hingegen schätzt Maurizio und überträgt ihm zunächst viele Aufgaben, vor allem in den USA.

Einige Jahre bevor Rodolfo stirbt, wird das amerikanische Canvas-Geschäft mit dem restlichen unter einem Dach konsolidiert und Rodolfo versöhnt sich mit Maurizio und dessen Frau Patrizia. Maurizio übernimmt dann größtenteils die Führung im Gesamtunternehmen und verändert und modernisiert das Image. Nach Rodolfos Tod 1983 sorgt Maurizio dafür, dass sein Onkel Aldo, der ihn und das US-Geschäft aufgebaut hat, wegen Steuerhinterziehung verurteilt wird – Rache, Geldgier, Neid, was mögen die Motive sein? Er besitzt dann fast 100 Prozent der Unternehmensanteile und veräußert knapp die Hälfte an die Firma Investcorp. Eine Reihe weiterer Dramen spielt sich vor allem zwischen Aldos Söhnen ab, aber auch Maurizio trennt sich nach einer langjährigen Affäre mit einer Amerikanerin von seiner Frau, um 1994 seine Jugendliebe aus Italien zu heiraten. 1995 wird Maurizio von Auftragskillern getötet, die wohl seine Ex-Ehefrau Patrizia aus Eifersucht auf ihn angesetzt hat.

Trotz dieser vielen dunklen, von Neid und Eifersucht geprägten Momente gibt es auch Lichtblicke, Momente gegenseitiger Unterstützung, Momente der Freundschaft, Liebe, Nähe und Versöhnung. Dennoch bleiben

Fragen: Was ging in dieser Familie vor? Was war an der ursprünglichen Familienkonstellation so schwierig, dass diese toxischen Emotionen so mächtig werden konnten? Oder liegt es einfach in der menschlichen Natur begründet, sich von Neid und Gier leiten zu lassen?

Neid ist ein schmerzhaftes Gefühl, das auftritt, wenn ein anderer mehr besitzt als wir selbst und wir gleichzeitig davon überzeugt sind, dieses »Mehr« stünde uns ebenfalls zu. Es kann sich um materiellen oder immateriellen Besitz handeln, z. B. auch um Einfluss, Macht, Erfolg oder Liebe. Mit Neid geht der häufig unbewusste Wunsch einher, den Anderen, auf den wir neidisch sind, zu zerstören. Er soll es nicht nur nicht besser haben als wir selbst, sondern er gehört vernichtet. Schadenfreude zu empfinden, wenn dieses Ziel erreicht wird, ist oft Bestandteil des Neids.

Anders als bei Neid sind bei Eifersucht drei Personen beteiligt. Zu Eifersucht gehört die Furcht, einen geliebten Menschen an den Dritten zu verlieren. Oft wird eine intime oder enge Beziehung zwischen dem Dritten und dem Menschen, den man nicht verlieren möchte, nur unterstellt, sie findet gar nicht statt.

Sowohl Neid als auch Eifersucht sind sehr starke Gefühle, die von uns Besitz ergreifen können. Sie sind wie Dämonen oder Monster, die uns gefangen nehmen, alles und jeden überschatten und unseren klaren Verstand vernebeln.

Wenn Sie selbst betroffen sind

Ich meine hier nicht die kleinen, alltäglichen Anflüge von Neid oder Eifersucht, die wir alle ab und an erfahren. Beides gehört in gewissem Umfang zum Leben dazu. Sondern ich meine Situationen, in denen wir aus Neid oder Eifersucht die Realität aus dem Blick verlieren, wie es in der Familie Gucci der Fall war. Unter derartigen Umständen können wir uns in diese Gefühle immer mehr hineinsteigern, um uns dann ganz in ihnen zu verlieren und sie für die Wirklichkeit zu halten. Oft tauchen solche überwältigenden Gefühle von Neid und Eifersucht in Momenten der Unsicherheit, Abhängigkeit oder Verletzlichkeit auf. Daher ist es von großer Bedeutung, die eigenen Schwachpunkte und Empfindsamkeiten zu erkennen, zu wissen, wann und warum wir uns unsicher oder abhängig fühlen, weil gerade dann unsere eigene Verletzlichkeit steigt. Neid und Eifersucht treten nicht plötzlich auf, sondern entwickeln sich schleichend und werden immer mächtiger, wenn Sie ihnen nicht Einhalt gebieten. Achten Sie also schon auf die kleinsten Anzeichen von Neid und Eifersucht und besonders darauf, ob sie nicht eine Art Sog entwickeln. Diese Gefühle können sehr verführerisch sein, weil sich durch sie auch angestaute Aggression Luft verschaffen kann.

Entscheidend ist es, Ihre wunden Punkte besser kennenzulernen, denn dort setzen Neid und Eifersucht an. Sie können sich fragen:

- Bei welchen Themen reagieren Sie empfindlich? Was darf man bei Ihnen nicht ansprechen?
- Was sollte man Ihnen nicht absprechen, weil Ihnen das wehtut?
- Welchen Preis glauben Sie, für Ihren Erfolg zahlen zu müssen? Zahlen Sie diesen Preis gern oder ungern?
- Für welche Schmeicheleien sind Sie empfänglich? Wie kann man Sie leicht eifersüchtig oder neidisch machen?
- Wann empfinden Sie sich selbst als schwach?
- Wer kennt Ihre wunden Punkte und könnte sie ausnutzen, indem er Sie neidisch oder eifersüchtig macht?

Lassen Sie uns noch einen kurzen Ausflug in die Literatur machen. Kennen Sie Shakespeares Drama »Othello«? Iago, ein Offizier von niederem Rang, ist neidisch auf Cassio, den

Hauptmann, weil er meint, dessen Position stünde ihm zu. Zusätzlich ist er neidisch auf Othello, den schwarzen Heeresführer, weil er der Anführer ist. Othello gilt als schwach und fühlt sich auch so, weil er bereits älter ist, nicht mehr gut sieht und aufgrund seiner Hautfarbe ein Außenseiter ist. Iago nutzt Othellos Schwäche aus, denn dieser ist auf ihn angewiesen, weil er nicht mehr gut sehen kann. Er manipuliert ihn und macht ihn eifersüchtig, sodass er zuerst seine frisch angetraute Frau Desdemona und dann sich selbst tötet. Iago bringt schließlich Rodrigo, der Desdemona ebenfalls liebt, dazu, Cassio zu töten. Iago ist ein Beispiel für einen von Neid innerlich zerfressenen Menschen, wenn er Othello dazu bringt, seine eigene, unschuldige Frau aus Eifersucht und sich selbst aus Reue darüber zu töten, und danach Cassio durch Rodrigo aus dem Weg räumt.[66]

Neid und Eifersucht sind also extrem zerstörerische Gefühle. Sie sollten sich vor diesen Emotionen hüten und versuchen, sie in sich zu erkennen, bevor sie unkontrollierbar werden. Auch wenn diese Gefühle zutiefst menschlich sind, bedeutet das nicht, dass wir ihnen freien Lauf lassen können. Die größte Herausforderung besteht darin, sie zu akzeptieren und sich aktiv mit ihnen auseinanderzusetzen, anstatt sie zu verdrängen. Da beide als Laster gelten und stark schambesetzt sind, fällt es schwer, sich Neid und Eifersucht einzugestehen. Bei diesen Monstern ist es besonders wichtig, sie zu erkennen und zu bekämpfen, solange sie noch klein sind.

Sie müssen vor allem lernen, besser mit Ihrem Gefühl der vermeintlichen Schwäche umzugehen, sonst stellen Sie ein leichtes Opfer für Neid, Missgunst und Eifersucht dar. Man kann üben, diese Unsicherheit auszuhalten und sich nicht von ihr verführen zu lassen. Manchmal scheint es leichter, Neid und Eifersucht zu verfallen, statt an sich zu arbeiten. Das Verführerische daran ist, dass sie uns vorgaukeln, besser mit einer unangenehmen Situation fertigwerden zu können. Genau das ist das giftige Elixier, das uns diese Monster in die

Seele träufeln. Damit schaden Sie jedoch zunächst sich selbst, auch weil Sie andere Menschen vertreiben. Kein Mensch ist gern mit einer Person zusammen, die dauernd neidisch, missgünstig oder eifersüchtig ist.

Wenn ein Mitmensch betroffen ist

Wie können Sie reagieren, wenn Sie Neid oder Eifersucht bei einem Freund oder Kollegen beobachten? Meist sind diese Gefühle nicht einfach zu erkennen, weil sie sehr gut versteckt sind. Allerdings sind sie mit etwas mehr Abstand bei Dritten leichter zu beobachten als bei sich selbst, denn den Splitter im Auge des Anderen sehen wir leichter als den Balken in unserem eigenen Auge. Ob wir Neid und Eifersucht erkennen können, hängt vom Objekt der Begierde ab. Es gibt vielfältige Gründe, neidisch oder eifersüchtig zu werden. Neid und Eifersucht gehen immer mit dem Gefühl einher, nicht gut genug zu sein. An dieser Stelle können Sie ansetzen, indem Sie den Anderen unterstützen, bestätigen und ihm Mut machen. Eine kleine positive Bemerkung hin und wieder kann wahre Wunder wirken. Wir freuen uns alle, wenn wir versuchen, unsere Schwachpunkte zu überwinden und wenn das von anderen gesehen wird und wir dafür Anerkennung erhalten.

Arbeitsblatt
– Neid –

Auf wen sind Sie neidisch?

Welche Menschen lösen Neidgefühle aus?	Was ist der Kontext? Wieso, aus welchem Grund?
Bruder	Hat viel mehr als ich

Wer oder was kann Ihnen helfen, sich zu beruhigen?

Wenn ich meine Sachen mache

Gibt es eine Geschichte dazu? Mit wem? Was ist genau passiert?		Welche Gefühle treten noch auf?
Er wurde immer bevorzugt, weil er immer "hier" schrie	➡	Angst, nichts wert zu sein, unsicher
	➡	
	➡	
	➡	

Wie könnte ein Leben ohne Neidgefühle aussehen?

Mehr Freude und Energie

Ernste Erkrankungen

Zum Glück hat die Offenheit im Umgang mit psychischen Erkrankungen zugenommen und es ist keine Schande mehr, seelisch zu erkranken. Auch das Tabu, darüber zu sprechen, ist kleiner geworden. Denn eine psychische Krankheit kann – völlig unerwartet – jeden von uns treffen. Wir verdanken diese neue Offenheit vor allem auch Schriftstellern und Prominenten, die ihre eigenen Gefühle und Erfahrungen mit der Öffentlichkeit geteilt haben, in Autobiographien, Erzählungen, Romanen[67] und in Vorträgen. Das Interesse ist groß, wohl auch, weil wir spüren, dass es uns ebenfalls einmal so ergehen könnte. Wir waren vielleicht selbst schon einmal in einer ähnlichen Situation oder kennen eine seelisch erkrankte Person. Oder es ist genau andersherum: »Zum Glück bin ich bisher davon verschont geblieben.«

Es gibt noch weitere Auslöser für die fortschreitende Akzeptanz psychischer Krankheiten und die Offenheit im Umgang mit ihnen. Der Wunsch nach Individualisierung und Selbstoptimierung ist einer davon. Unterstützt durch Apps, die unsere Performance in vielen verschiedenen Aspekten messen, versuchen wir, psychisch und physisch immer besser und immer fitter zu werden. Viele scheitern jedoch an ihren überzogenen Ansprüchen an sich selbst, weil sie sich überfordern, an ihre Grenzen stoßen und sie sogar überschreiten. Das wiederum hat unmittelbare Auswirkungen auf unsere Psyche. Denn im Grunde möchten wir vor allem uns und anderen gefallen. Dabei vergessen wir, dass die angesprochenen Apps so konstruiert sind, dass sie uns belohnen, wenn wir performen, und bestrafen, wenn es nicht so gut läuft. Sie bauen damit einen konstanten psychischen Druck auf, dem wir uns nur schwer entziehen können. Dieser Druck kommt zu unserem allgemeinen Leistungsdruck hinzu. Das kann für manche Menschen zu viel sein und unerträglich werden.

Die sozialen Medien haben ebenfalls zur größeren Akzeptanz von psychischen Erkrankungen beigetragen – zunächst durch einen erhöhten Selbstdarstellungsdruck und außerdem durch die damit einhergehenden psychischen Belastungen. Unser Alltag hat sich – auch schon vor der Covidpandemie – verändert. Er ist schneller, unruhiger und rastloser geworden. Dazu hat u. a. die fortschreitende Digitalisierung beigetragen. Viele persönliche Netzwerke wurden durch virtuelle Netzwerke ersetzt und familiäre Strukturen, die häufig diese Erkrankungen aufgefangen haben, spielen heute eine weniger große Rolle. Insgesamt ist also das Risiko, psychisch zu erkranken, aus all diesen Gründen gestiegen. Wenn es mehr kranke Menschen gibt, werden die entsprechenden Krankheiten sichtbarer und können auch auf gesellschaftlicher Ebene nicht mehr geleugnet werden. Fast jeder dritte Mensch entwickelt im Laufe seines Lebens eine psychische Erkrankung.

Außerdem werden psychologische und psychiatrische Erkrankungen besser erforscht, was zu besseren Symptombeschreibungen, genaueren Diagnosen und besseren Behandlungen führt. Mittlerweile findet auch an Schulen und Universitäten eine Sensibilisierung für das Thema statt und es wird mehr aufgeklärt. In den sozialen Medien kann man Gleichgesinnte finden, mit denen man sich austauschen kann, als Betroffener ebenso wie als Angehöriger. Auch die Gesundheitspolitik geht das Thema der psychischen Krankheiten offener und aktiver an. Das alles trägt zu einer Enttabuisierung und Entstigmatisierung bei. Besser wäre es noch, wenn es uns gelänge, die beschriebenen gesellschaftlichen Rahmenbedingungen zu verändern.

Mit den folgenden Beschreibungen möchte ich Ihnen helfen, einige der psychischen Erkrankungen, die uns häufiger begegnen, besser zu verstehen und sich in sie einzufühlen. Die intellektuelle Beschäftigung mit ihnen kann jedoch keine qualifizierte Therapie ersetzen. Sollten Sie an einer der Erkrankungen leiden, müssen Sie sich bitte unbedingt an einen Therapeuten wenden. Mit diesen Krankheiten ist nicht zu spaßen, sie können sogar lebensbedrohlich werden.[68]

Posttraumatische Belastungsstörungen

Der Begriff des Traumas bezeichnet jede Art von Folgen auf ein Ereignis, das uns zutiefst seelisch erschüttert. Das können Krieg, starke physische wie sexuelle Gewalt, schwere Erkrankungen, schwere Naturkatastrophen und auch schwere Unfälle sein – wenn sie einem selbst widerfahren oder wenn man sie aus nächster Nähe beobachtet. Manche Menschen können die damit einhergehende seelische Belastung nicht verarbeiten und reagieren mit einer posttraumatischen Belastungsstörung (PTBS) darauf. Sie unterscheidet sich von einer akuten Belastungsstörung, die unmittelbar im Anschluss an das traumatisierende Ereignis auftritt und »normal« ist, weil wir irgendwie auf die Krise reagieren müssen. Zur sofortigen Verarbeitung gehören Bewusstseinseinengung, die Unfähigkeit, Reize zu verarbeiten, Desorientiertheit ebenso wie Angst und Überreaktion oder sozialer Rückzug. Es können auch körperliche Beschwerden auftreten wie Schwitzen, Herzrhythmusstörungen u. a. Diese klingen in der Regel nach einigen Stunden oder Tagen ab.

Bei einer posttraumtischen Belastungsstörung reagiert man jedoch verzögert und immer wieder neu, z. B. mit wiederholten Erinnerungsschüben an das bedrohliche Ereignis, sogenannten Flashbacks. Eine posttraumatische Belastungsstörung kann sich auch aus wiederholten Mangelerfahrungen speisen, die ein Kind immer wieder erlebt hat, ohne dagegen etwas tun zu können. Ein Bespiel ist konsequenter Liebesentzug als Bestrafung für kindliches Fehlverhalten. In jedem Fall handelt es sich um eine ernsthafte psychische Erkrankung, die qualvoll und furchtbar für den Betroffenen ist. Zum ersten Mal hat man die PTBS während der beiden Weltkriege des 20. Jahrhunderts diagnostiziert. Aber die sogenannte »Kriegsneurose« oder der »Granatschock« waren erste Versuche, das Leiden der Soldaten nach dem Krieg zu beschreiben. Viele konnten nicht mehr sprechen, nicht mehr schlafen, erstarrten physisch und psychisch oder hatten Gesichtszuckungen. Damals galten die Reaktionen noch als Schwäche, die angeblich nur neurotisch vorbelastete Soldaten erlebten. Aber im Laufe der Zeit zeigte sich, dass es diesen Zusammenhang nicht gibt. Übrigens wurden auch deswegen erste psychologische Selektionsverfahren im amerikanischen Militär eingesetzt – sie gelten als die Vorläufer heutiger Einstellungstests und Assessment Center.

Die Symptome posttraumatischer Belastungsstörungen sind vielfältig und lassen sich in drei Gruppen unterteilen.

1. Wiederholtes und vor allem plötzliches und unkontrollierbares Erleben des Traumas in Flashbacks, Träumen und Albträumen. Dies führt dazu, die Ereignisse wieder und wieder zu erleben, immer mit ähnlichen körperlichen und psychischen Reaktionen.
2. Sozialer Rückzug: Man verliert die Lust am Leben, am Zusammensein mit anderen Menschen, fühlt sich betäubt und abgestumpft und meidet alle Situationen, die dem Trauma ähnlich sein könnten, also beispielsweise bestimmte Orte oder soziale Zusammenhänge.
3. Übererregung und erhöhte Wachsamkeit, übermäßige Schreckhaftigkeit und Reizbarkeit, Schlaf- und Konzentrationsstörungen

Bei manchen Menschen werden die Symptome chronisch, sie können dann zu einer Persönlichkeitsveränderung führen.

Die Begriffe sind alle klinisch geprägt und klingen sehr abstrakt, doch wie fühlt sich der Mensch dabei konkret?

Der Begriff »posttraumatisch« trifft den Kern des Leidens nicht, denn im Grunde wiederholt sich das Trauma immer wieder, allerdings nur in Bildern, für die es keine Worte gibt. Die schrecklichen Bilder tauchen völlig unvermutet auf und haben dieselbe (re)traumatisierende Wirkung wie das Ereignis selbst. Aber die Betroffenen können nicht darüber sprechen, weil es keine Worte zu den Bildern gibt. Die Bilder und die Worte finden nicht zueinander. Ein Teil der Therapie ist es, diese zu einer gemeinsamen Erzählung zu integrieren, die angeschaut, besprochen und bewältigt werden kann. Bilder, die auf diese Art aufsteigen, machen Angst, viel Angst. Es fühlt sich an wie ein Gang durch die Hölle, alle Hoffnung ist verloren, nichts macht mehr Sinn. Das Wertesystem und der Selbstwert sind zertrümmert, ein unendlich großes schwarzes Loch tut sich auf, ein Abgrund. Wir fühlen uns nichts und niemandem zugehörig, sondern außerhalb von allem. Es gibt keine Zukunft mehr, nur noch existenzielle Verzweiflung und Hilflosigkeit, keine Balance mehr, nur noch Ausgeliefertsein. Jeglicher Sinn kommt abhanden. Dieser psychische Modus hilft uns zu überleben, allerdings auf Kosten des wahren, wirklichen Lebens.

Es ist eine furchtbare und unendlich erscheinende Erfahrung. Dies gilt für ein durch ein schlimmes Ereignis ausgelöstes Trauma ebenso wie für eine zweite Form des Traumas, das sich durch wiederholte Ablehnung normaler emotionaler kindlicher Bedürfnisse bildet. Später kann der Mensch sich nicht an die vielen Situationen der Ablehnung erinnern, es gibt auch keine Flashbacks. Stattdessen entsteht im Inneren dieses Menschen ein großes schwarzes Loch, das wie ein Schlund alle positiven und guten Erlebnisse auffrisst und sich nie füllen lässt. Verzweiflung, Angst und Hilflosigkeit werden überspielt, sodass sich von außen niemand diese schreckliche Innenwelt vorstellen kann. Es ist ein dauernder Kampf gegen das schwarze Nichts.

Karl

Karl hat immer wieder das Gefühl, dass sein Herz stehenbleibt. Er hat Angst, dass es aussetzt, er kann nicht mehr schlafen, nicht mehr arbeiten, nichts mehr. Da die Ärzte keine organischen Ursachen finden können, überweisen sie ihn in eine psychosomatische Klinik. Er war vorher schon einige Zeit berufsunfähig, obwohl er immer gern gearbeitet hat.
Nach einigen Therapiesitzungen beschreibt Karl, wann er zum ersten Mal diese Herzbeschwerden verspürt hat. Als er noch berufstätig war, erlebte er eines Tages eine kurze, aber sehr beängstigende Situation. Der Aufzug blieb stehen und Karl war in der Dunkelheit eingesperrt. Sein Herz raste, er hatte große Angst, es würde gleich stehen bleiben und er würde im Fahrstuhl sterben. Auf einmal tauchten Bilder auf, über die er bisher mit niemandem gesprochen hatte. Es war ihm peinlich und er schämte sich dafür. In seinen Bildern sah er einen kleinen Jungen, der allein in einem dunklen, engen Keller eingesperrt und an die Heizung gekettet war. Der Junge konnte nicht zur Kellertür gelangen und auf sein Schreien reagierte niemand. Irgendwann gab er völlig verzweifelt auf. Diese und ähnliche Bilder stiegen immer wieder auf.
In der Therapie gelingt es Karl, eine Verbindung zu seiner Geschichte herzustellen. Er wurde als Kind alkoholkranker Eltern häufig in den Keller gesperrt und an die Heizung gekettet. Die Fahrstuhlsituation im Erwachse-

nenleben hat diese alten, abgespaltenen Erinnerungen ans Tageslicht gebracht. In dem Fahrstuhl war es eng und dunkel und niemand schien ihn zu hören. Seitdem leidet Karl an den Bildern und an Herzbeschwerden. Er fühlt sich immer wieder, als wäre er dort im Keller, allein, angekettet, hilflos und mit unbeschreiblicher Angst. Eine spezielle Traumatherapie hilft ihm, sich einen sicheren und geschützten Ort vorzustellen, in dessen Schutz er sich innerlich zurückziehen kann. Seine Herzbeschwerden lassen mit der Zeit nach.

Wenn Sie selbst betroffen sind

Wenn Sie an PTBS leiden, suchen Sie unbedingt einen Traumatherapeuten auf. Es gibt spezielle Techniken in der Traumatherapie, die die Integration der Erfahrungen möglich machen, wie beispielsweise das EMDR-Verfahren. EMDR steht für »Eye Movement Desensitization and Reprocessing«. Auf Deutsch bedeutet es „Desensibilisierung und Verarbeitung durch Augenbewegung“. Es handelt sich um eine noch junge, aber sehr effektive Psychotherapieform, die bei der Bewältigung schwerer Traumata hilft. In jeder Traumatherapie geht es darum, sich den traumatisierenden Ereignissen aus einer sicheren Entfernung und gemeinsam mit dem Therapeuten zu nähern. Das Ziel ist, eine neue Perspektive auf das Geschehene zu entwickeln und damit eine Art Geschichte zu erzählen, die es ermöglicht, besser mit den Erlebnissen umzugehen. Scheuen Sie sich nicht, sich helfen zu lassen. Es gibt eine Reihe weiterer Techniken und auch Medikamente können, wenn notwendig, eingesetzt werden. Sie sind nicht allein!

Wenn ein Mitmensch betroffen ist

Wenn Sie vermuten, dass ein Ihnen nahestehender Mensch unter den Spätfolgen eines Traumas leidet, sollten Sie sich Hilfe suchen. Im Internet gibt es eine Vielzahl von Angeboten:

- Weisser Ring e. V., Hilfe für Opfer von Gewaltverbrechen: www.weisser-ring.de
- Das psychosoziale Netzwerk der Bundeswehr: www.ptbs-hilfe.de
- Hilfsorganisation für Angehörige von Gewaltopfern: www.anuas.de
- Hilfetelefon sexueller Missbrauch: 0800 22 55 530, www.save-me-online.de
- Hilfetelefon berta: Betroffene organisierter sexualisierter und ritueller Gewalt: Telefon: 0800 3050 750, www.nina-info.de/berta
- Telefonseelsorge: 0800 111 0 111, www.telefonseelsorge.de
- Notfalltelefon und Notfallchats: 0800 111 0 222

Depressionen

Wir kennen alle das Gefühl, schlecht drauf zu sein, uns nicht aufraffen zu können, einen November-Blues zu verspüren. Solche Stimmungstiefs sind jedoch noch keine Depression. Bei einer Depression sind diese Gefühle sehr viel ausgeprägter. Die innere Leere, der graue Schleier, der über allem liegt, die Bewegungsunfähigkeit, die zu dieser Erkrankung gehören können, führen in manchen Fällen sogar zu Suizidgedanken oder tatsächlich zu Suizid.

Christina

Christina arbeitet erfolgreich bei einem großen Bauunternehmen als Vorstandssekretärin. Neben ihrem Job hat sie noch eine ganze Reihe Ehrenämter inne. Auch ihr Mann ist voll berufstätig, die Kinder sind aus dem Gröbsten heraus und kommen ganz gut allein klar. Christina engagiert sich mehr und mehr, ihre Arbeit, ihre Leistungen, ihr Netzwerk sind ihr wesentlicher Lebensinhalt. Oft sitzt sie bis spät in die Nacht hinein am Schreibtisch, denn es gibt schließlich immer etwas zu tun. Irgendwann stellen sich die ersten physischen Beschwerden ein, aber Kopfschmerzen, Rückenschmerzen und Bandscheibenvorfälle sind ihr noch keine Warnung. Da sie nicht weiß, was sie anstelle von arbeiten tun könnte, macht sie einfach weiter – bis sie eines Abends vor Erschöpfung weinend zusammenbricht. Endlich ist sie so weit, sich helfen zu lassen. Der Psychiater weist Christina in eine psychosomatische Klinik ein. Dort lernt sie, besser auf sich zu achten. Vor allem lernt sie in der Gruppen- und Einzeltherapie, dass es auch ein Leben und Lieben ohne Leistung und Performance gibt und dass sie »einfach so, wie sie ist« ein liebenswerter Mensch ist und dass es neben der Arbeit viele andere Aktivitäten gibt, die das Leben schön machen.

Diese Fallgeschichte beschreibt nur eine der vielen Depressionsformen. Seien Sie achtsam mit sich und achten Sie auf andere mögliche Anzeichen.

Depressionen sind keine Erkrankung der Neuzeit. Schon in der Antike sprach man von Melancholie und schwarzer Galle im Rahmen der Viersäftelehre von Hippokrates. Die Lehre besagt, dass der Mensch gesund sei, wenn alle vier Säfte – Blut,

Schleim sowie gelbe und schwarze Galle – im Gleichgewicht sind. Diese Lehre galt bis ins 18. Jahrhundert und wurde dann mit der Temperamenten- und Elementen-Lehre verbunden. Die gelbe Galle entspricht dem Feuer und dem Choleriker, Blut der Luft und dem Sanguiniker. Schleim entspricht dem Wasser und dem Phlegmatiker, die schwarze Galle der Erde und dem Melancholiker. Damals galten Körpersäfte und deren gestörtes Verhältnis zueinander als die Ursache für psychische Erkrankungen. Heute wissen wir, dass es bei der Entstehung einer Depression ein Zusammenspiel von körperlichen (somatischen und endogenen), genetischen, sozialen, psychischen, biografischen Faktoren und Persönlichkeitsfaktoren gibt.

Wenn sich die Depression mit einer manischen, also hyperaktiven, Periode abwechselt, spricht man von einer bipolaren Störung. Depressionen sind heute sehr weit verbreitet. Etwa acht Prozent der Bevölkerung, d. h. fünf Millionen Menschen, leiden gegenwärtig hierzulande an einer behandlungsbedürftigen Depression. Allerdings werden faktisch nur 50 Prozent behandelt, der Rest wird von den Ärzten nicht erkannt.[69] Das liegt daran, dass eine Depression viele Gesichter hat. Sie kann sich in einer inneren Leere und Antriebslosigkeit zeigen, die mit Schlafstörungen und Erschöpfung einhergeht. Dabei geht die Lebensfreude verloren. In diesen Fällen ist eine Depression gut erkennbar. Sie kann sich aber auch als larvierte Depression nur in körperlichen Symptomen äußern. Dabei stehen Organbeschwerden, körperliche Missempfindungen wie Enge- und Druckgefühl in der Brust, Appetitlosigkeit und Verstopfung im Vordergrund. Auch Rückenschmerzen, Herzbeschwerden und Atembeschwerden können Ausdruck einer Depression sein. Es gibt auch eine Depressionsform, die mit vermehrten Zwangshandlungen einhergeht. Eine weitere Form drückt sich in Unruhe, starken Stimmungsschwankungen, körperlicher Hyperaktivität, übertriebener Selbstoptimierung und Körperkult aus. Auch übertriebene aggressive

Reizbarkeit, ängstliche Getriebenheit und unproduktiv-hektisches Verhalten können Symptome einer (agitierten) Depression sein.

Wenn Sie selbst betroffen sind

Menschen, die an Depressionen leiden, gehören unbedingt in die Hände von Spezialisten (Neurologen und Psychiater). Sie wissen, wie man Depressionen diagnostiziert und behandelt. Scheuen Sie sich nicht, zu einem Facharzt zu gehen, wenn Sie Symptome einer Depression bei sich bemerken. Sie sind nicht »verrückt«, sondern psychisch erkrankt. Dafür kann es viele Ursachen geben. Eine Reihe von neurologischen, endokrinologischen, kardiologischen und sonstigen körperlichen Erkrankungen können eine Depression ebenso auslösen wie bestimmte Medikamente. Auch Lebensereignisse können die Krankheit ausbrechen lassen. So ist es »normal«, den Verlust zu betrauern, wenn man einen geliebten Menschen verliert. Diese Trauer kann sich ganz verschieden äußern, denn jeder Mensch hat seine ganz eigene Art zu trauern. Aber manchmal verselbstständigt sie sich und nimmt nach mehreren Monaten den ganzen Menschen ein. Dann könnte es sich um eine Depression oder zunächst auch nur um eine depressive Episode handeln. Das kann nur ein Fachmann beurteilen. Aber ich rate Ihnen: Lassen Sie sich begleiten! Auch durch eine Depression können Sie viel über sich selbst lernen.

Wenn ein Mitmensch betroffen ist

Wenn Sie bei einem Menschen, der Ihnen nahesteht, eine Depression vermuten, sollten Sie auf jeden Fall das Gespräch suchen. Die meisten depressiven Menschen schämen sich, sie fühlen sich unwert und wertlos. Deshalb brauchen Sie für ein derartiges Gespräch Takt- und Fingerspitzengefühl. Es ist immer gut, zu sprechen und Anteil zu nehmen, denn depressive Menschen fühlen sich häufig einsam und allein gelassen. Oberflächliche Sprüche wie »Reiß dich doch mal zusammen!« oder »Was hast du den bloß? Dein Leben ist doch gar nicht so schlecht!« helfen nicht weiter. Sie können die Situation sogar verschlimmern, weil sich der Betroffene noch unverstandener und dadurch noch schlechter fühlt. Er hat den Eindruck, vollständig versagt zu haben. Denn depressive Menschen können sich gerade nicht »zusammenreißen«. Dafür fehlt die Kraft, das ist Teil der Erkrankung. Als Angehöriger können Sie sich das nur schwer vorstellen. Das Gehirn und der Körper verändern sich unter einer Depression. Deswegen ist es nicht möglich, eine Depression allein mit dem Willen zu bewältigen. Mithilfe einer Therapie kann sie bewältigt werden; eine depressive Episode oder eine leichte Depression können auch von allein ausheilen. Es gibt ein wunderbar hilfreiches Buch von Matthew Johnstone, das Sie unbedingt lesen sollten.[70]

Und hier finden Sie Hilfe:

- Info-Telefon Depression: 0800 334 4533
- www.deutsche-depressionshilfe.de

Burn-out

Aus meiner Sicht ist ein wichtiger Aspekt beim Burn-out-Syndrom nicht die Überarbeitung und Überanstrengung, sondern der persönlich wahrgenommene Mangel an Anerkennung und Wertschätzung für die eigene Leistung. Oft haben diese Menschen das Gefühl, gegen Windmühlen zu kämpfen. Sie erleben sich nicht nur als nicht wirksam, sondern erhalten keine Anerkennung und keinen Beifall für ihren Einsatz. Hinzu kommt manchmal, dass sie keine oder wenig Unterstützung bei ihrer Arbeit erhalten. All das ist extrem frustrierend und kränkend. Gepaart mit der Überarbeitung und Überforderung kann daraus eine Burn-out-Problematik entstehen.

Es scheint Persönlichkeitstypen zu geben, die eher zu einem Burn-out neigen als andere: sehr ehrgeizige, leistungsbezogene Menschen, denen äußerliche Anerkennung sehr wichtig ist, die nach Perfektionismus streben und dadurch ständig zu viel arbeiten. Dies hängt sicher mit ihrer Lebensgeschichte zusammen. Wir haben bereits an vielen Stellen über mangelndes Selbstwertgefühl, übermäßige Selbstkritik und einen Mangel an positiver Zuwendung in der Kindheit gesprochen.

Das 12-Stufen-Modell von Herbert Freudenberger und Gail North[71] veranschaulicht, wie sich ein Burn-out entwickelt.

- »Phase 1: Der Zwang sich zu beweisen – Diese Phase ist durch übersteigerten Ehrgeiz und Perfektionismus gekennzeichnet, der Mitarbeiter möchte seine Sache besonders gut machen, beinahe zwanghaft ist die Vorstellung, nicht mehr als 100 Prozent zu geben, angstbesetzt.
- Phase 2: Verstärkter Einsatz – Das Gefühl aus Phase 1 baut sich weiter auf, häufig verknüpft mit dem Gefühl, alles selbst und insbesondere dringlich machen zu müssen. Aufgaben werden besonders rasch erledigt. Etwas zu delegieren fällt schwer.
- Phase 3: Vernachlässigung der eigenen Bedürfnisse – Betroffene empfinden diesen beruflich »toughen« Zustand als normal und beschreiben ihn sogar als angenehm. Soziale Bedürfnisse werden sekundär empfunden. Arbeitskollegen, die diesen Bedürfnissen nachgehen, werden manchmal sogar abgewertet. Der Lebensstil wird zunehmend ungesünder und es treten erste kleinere Fehlleistungen auf.
- Phase 4: Verdrängung von Konflikten und Bedürfnissen – Zunehmende Konflikte mit Arbeitskollegen, der Partnerin werden ebenso wenig wahrgenommen wie Schlafmangel und erste körperliche Symptome.

Außerdem mehren sich Fehlleistungen wie vergessene Termine, Terminkumulationen, Unpünktlichkeit, sonstige Fehler etc.

- Phase 5: Umdeutung von Werten – Die Wahrnehmung verändert sich, die Betroffenen stumpfen ab, werden oft hart und berechnend. Der Zeitbegriff ist gestört, es gibt nur mehr die Gegenwart, Personen und Dinge, die den Betroffenen vormals wichtig waren, treten hinter die Arbeit zurück. Der persönliche Horizont verengt sich.
- Phase 6: Verleugnung der Probleme – Betroffene begegnen ihrer Umwelt zunehmend zynisch, verbittert und mit Härte, in weiterer Folge beginnen sie, sich abzukapseln. Ungeduld, Intoleranz, latente und/oder overte Aggressivität prägen den Umgangston. Die Leistungseinbußen sind deutlich merkbar, ebenso körperliche Beschwerden.
- Phase 7: Rückzug – Partner, Familie und Freunde werden jetzt als Belastung, oft sogar als feindlich erlebt. Kritik wird nicht mehr ertragen; die Betroffenen beschreiben sich als orientierungslos und ihren Zustand als hoffnungslos. Um sich eine Freude zu machen, stürzt man sich in Ersatzbefriedigungen. Beruflich leisten Betroffene oft nur noch Dienst nach Vorschrift.
- Phase 8: Verhaltensänderung – Den Betroffenen wird zunehmend alles egal, sie werden im Sinne von Martin Seligman apathisch und häufig zeigen sich jetzt auch paranoide Tendenzen; alles wird als Angriff erlebt. Jede zusätzliche Arbeitsanforderung empfindet man als Belastung; die Betroffenen greifen auf Ausflüchte zurück.
- Phase 9: Depersonalisation – Menschen in dieser Phase haben das Gefühl, nicht mehr sie selbst zu sein; sie beschreiben sich als »Maschinen, die funktionieren (müssen)« und sehen ihr Leben als sinnlos und unentrinnbar. Sie vernachlässigen ihre eigene Gesundheit.

- Phase 10: Innere Leere – In dieser Phase sind die Betroffenen bereits völlig mutlos, leer, nutzlos, ausgezerrt, ängstlich bis panisch. Phobien und Panikattacken sind möglich.
- Phase 11: Depression – Das Stadium der Depression ist von tiefer Verzweiflung, Selbsthass, Erschöpfung, dem Wunsch, nicht mehr aufwachen zu müssen und Suizidgedanken geprägt.
- Phase 12: Völlige Erschöpfung – In dieser Phase kommt es zum körperlichen (Krankheit), psychischen und emotionalen Zusammenbruch; es handelt sich nun um einen absoluten Notfall.«[72]

Martin

Martin ist endlich am Ziel seiner beruflichen Träume angekommen: Er wird Bereichsleiter in einem Unternehmen der Pharmabranche. Er ist überaus motiviert und kann endlich seine Fähigkeiten beweisen. Im Laufe der letzten Jahre hat er sich sehr viele fachliche und persönliche Kompetenzen angeeignet, um sich auf diese neue Rolle vorzubereiten, und er freut sich auch darauf. Er will unbedingt besser sein als sein Vorgänger und geht davon aus, dass er das auch locker schaffen kann. Eine neue Rolle geht zwar immer auch mit mehr Arbeit einher, das macht ihm jedoch nichts aus. Denn schließlich kann er als Führungskraft keinen Nine-to-five-Job erwarten. Seine Arbeit macht ihm Freude und die zunehmende Komplexität begeistert ihn geradezu. Er kommt allerdings immer erst spät nach Hause, sodass die ganze Familie schon im Bett ist. Morgens ist er der Erste, der aufsteht, denn er muss auch noch seinen Körper fit halten und Sport treiben. Urlaub ist nur für Schwächlinge da. Wenn er doch einmal Urlaub nimmt, ist er trotzdem für seine Mitarbeiter erreichbar. Sein Chef ist so ähnlich veranlagt und führt das Unternehmen nach dem Motto: »Kein Tadel ist auch ein Lob«. Nach zwei bis drei Jahren verändert sich etwas. Es fängt ganz langsam an. Zuerst ist Martin zunehmend müde und fühlt sich ausgelaugt. Mit seiner Frau streitet er nur noch und die Kinder haben keine Lust mehr, mit ihm Zeit zu verbringen. Die Herausforderung, über die er sich so gefreut hatte, ist zu einer großen Belastung geworden. Außerdem wird gerade das ganze Unternehmen umstrukturiert, also muss er noch mehr arbeiten. Manchmal kann er allerdings den Meetings nicht mehr folgen, so müde ist er. Auch nach einem Familienurlaub, den er früher zumindest teilweise zum Auftanken genutzt hätte, verändert sich nichts, er ist genauso angestrengt wie vorher. Er reagiert zunehmend aggressiv und zynisch auf die an ihn gerichteten Anforderungen und mit seinen Mitarbeitern geht er nicht gerade zimperlich um. Seine alten Magenbeschwerden treten wieder auf und joggen kann er schon lange nicht mehr, dafür ist er zu erschöpft. Nachdem ihm seine Frau die Pistole auf die Brust gesetzt hat, geht er endlich zu seinem Hausarzt, der einen Burn-out diagnostiziert und ihn in eine psychosomatische Klinik einweist. Dort lernt Martin sich selbst zum ersten Mal besser kennen. Seine Sorge, nicht gut genug zu sein, seine Angst vor dem Altern, sein übertriebener Perfektionismus – all das wird ihm klar. Er übt, sich selbst und seine Gefühle besser wahrzunehmen und vor allem, sich selbst gut zuzusprechen, um anstrengende Situationen in einem positiven Licht zu sehen. Außerdem lernt er, dass er nicht alles selbst erledigen muss, sondern viele der Aufgaben, die er übernommen hatte, auch delegieren kann.

Wenn Sie selbst betroffen sind

Es gibt psychologische Testverfahren, die messen können, ob Sie an einem Burn-out erkrankt sind. Es hilft auch, sich die eben geschilderten 12 Phasen genau anzuschauen und zu überlegen, ob einige der Beschreibungen auf Sie zutreffen. Wenn Sie sich noch ganz am Anfang eines Burn-outs befinden, kann es gelingen, noch rechtzeitig gegenzusteuern. Dafür müssen Sie bereit sein, einige Dinge in Ihrem Leben grundlegend zu verändern. Dazu gehört es, den eigenen Arbeitseinsatz realistisch zu betrachten und sich zu fragen, warum Sie eigentlich so übermäßig arbeiten? Warum sind Sie ein Workaholic? Um wessen Anerkennung kämpfen Sie eigentlich? Was würde passieren, wenn Sie die Überstunden für andere Dinge nutzen würden? Was macht Ihnen Freude? Falls Sie »vergessen« haben sollten, was Ihnen Freude macht, dann versuchen Sie, sich an Aktivitäten zu erinnern, die Sie früher gern gemacht haben. Auch wenn die Arbeit Spaß bringt, brauchen Geist, Seele und Körper echte Erholungsphasen – und damit meine ich nicht den Marathon oder sogar Triathlon, der mittlerweile zum Manageralltag zu gehören scheint. Sprechen Sie darüber mit einem Menschen, dem Sie vertrauen, der Sie gut kennt und gern hat. Ein Burn-out in den letzten Phasen ist eine sehr schwere Erkrankung. Sie sollten nicht stolz darauf sein, dass Sie sich bis zur Erschöpfung verausgabt haben. Burn-out beruht auf dysfunktionalen, also nicht hilfreichen, sondern zerstörerischen Verhaltensmustern. Solche Muster sind eine Art von Suizid auf Raten und es gibt viele Menschen, die insgeheim meinen, sie seien nur dann etwas wert, wenn sie maximale Leistung bringen. Aber das Leben ist nicht nur zum Leisten da, sondern die Leistung dient Ihrem Leben und Ihrem Genuss.

Hier können Sie Hilfe finden:

- www.psychenet.de/de/hilfe-finden/schnelle-hilfe/krisenanlaufstellen
- www.bvbud.de

Wenn ein Mitmensch betroffen ist

Wenn Sie den Eindruck haben, dass Ihr Freund, Partner oder Kollege an einer Burn-out-Erkrankung leidet, gehen Sie in Gedanken zunächst einmal die 12 Stufen von Freudenberger durch. Auf welcher Stufe mag sich der Andere wohl befinden? Welche Anzeichen lassen sich beobachten?

Die meisten Menschen, die an einem Burn-out erkranken, möchten es weder sich selbst eingestehen noch einem Dritten gegenüber zugeben, zu groß ist die Sorge, schwach und verwundbar gesehen zu werden. Denn häufig geht es einher mit einem stationären Klinikaufenthalt – das würde die Erkrankung sichtbar machen. Gerade die besonders leistungs- und erfolgsorientierten Menschen finden es schwierig bis unmöglich, nicht mehr leisten zu dürfen. Die hohen Leistungsanforderungen haben häufig eine Geschichte, aber oft können diese Menschen ihre Gefühle nicht mehr spüren und können daher auch die Zusammenhänge nicht erkennen.

Wenn es Ihnen möglich ist, wäre es gut, wenn Sie auf eine medizinische Abklärung bestehen – mit einem Burn-out ist nicht zu spaßen und ein »weiter so« kann schwere gesundheitliche Schäden nach sich ziehen.

Substanzmissbrauch und andere Abhängigkeiten

Viele Menschen nehmen hin und wieder Schlaf- oder Aufputschmittel, trinken Alkohol oder nehmen auch von Zeit zu Zeit eine Partydroge. Solange wir diese Dinge in Maßen und nicht täglich benutzen, sollten wir zwar über die möglichen gesundheitlichen Schäden nachdenken, aber es muss sich dabei nicht gleich um einen Substanzmissbrauch oder um eine Sucht handeln.

Unter Sucht versteht man eine psychische und physische Abhängigkeit, d. h. ein unwiderstehliches Verlangen nach der Substanz. Ihre Einnahme wird als lustmachend oder unlustvermeidend erlebt. Auf der körperlichen Ebene bedeutet Abhängigkeit, dass die betroffene Person immer mehr von der Substanz benötigt und unter einem Entzug physisch leidet. Offiziell liegt eine Abhängigkeit dann vor, wenn im Laufe des letzten Jahres mindestens drei der folgenden sechs Kriterien erfüllt wurden:

- Starkes, unwiderstehliches Verlangen oder Zwang, ein bestimmtes Rauschmittel zu konsumieren
- Verminderte Kontrollfähigkeit über Menge, Beginn und Ende der Zufuhr
- Körperliche Entzugserscheinungen
- Stetige Dosissteigerung aufgrund der Toleranzentwicklung
- Wachsender Interessenverlust, fortschreitende Vernachlässigung anderer Vergnügen und zunehmende Bedeutung der Substanzbeschaffung bzw. Erholung vom Konsum der Substanz
- Anhaltender Konsum trotz nachweisbarer schädlicher gesundheitlicher oder sozialer Folgen[73]

Nicht nur Substanzen wie Alkohol, Nikotin oder Koffein können süchtig machen, sondern auch bestimmte Beruhigungs-

und Schlafmittel wie Benzodiazepine oder Barbiturate, flüchtige Lösungsmittel und Drogen wie Cannabis, Ecstasy, Kokain und Heroin. Es gibt auch bestimmte Verhaltensweisen, die süchtig machen: Computerspiele, Internetnutzung, Arbeit und Sex.

Auch wenn Süchte immer noch ein Tabuthema sind, gehen Schätzungen davon aus, dass 23 Prozent der erwachsenen Bevölkerung rauchen, 4 Prozent alkohol- und 1,5 bis 1,9 Prozent medikamentenabhängig sind. Ca. 1 Prozent der erwachsenen Bevölkerung ist drogenabhängig.[74] Wenn man bedenkt, dass in Deutschland über 60 Millionen Erwachsene leben, dann entspricht 1 Prozent bereits einer ganzen Stadt!

Sucht dient in der Regel dazu, dem unerfreulichen Alltag und dem häufig damit verbundenen Stress zu entfliehen. Wir wollen uns besser fühlen, aktiv, unternehmungslustig und glücklich sein und uns konzentrieren können. Wir möchten Konflikte und unangenehme Episoden vergessen, Spaß haben und lustig sein oder einfach nur entspannt und gelassen. Der darauffolgende Kater ist allerdings sehr unangenehm, sodass daraus ein Teufelskreis entstehen kann.

Frank

Bereits als 12-Jähriger kommt Frank das erste Mal mit Alkohol in Berührung. Er wohnt mit seinen Eltern auf dem Dorf, aber sie kümmern sich nicht viel um ihn. Aus Spaß bieten ihm junge Bauarbeiter ein Bier an. Obwohl es ihm nicht schmeckt, trinkt er es, um dazuzugehören. Er gewöhnt sich an den Geschmack und schnell werden aus den ersten Schlucken ein oder zwei Flaschen. Als er älter wird, trinkt er auf Partys auch harten Alkohol wie Wodka oder Whisky. Er gilt als hyperintelligent und sehr sensibel und kann sich so aus einer Außenseiterrolle heraus Zugehörigkeit verschaffen. Wenn er Alkohol trinkt, ist er entspannt, locker und kann seine vielen Gedanken abschalten.

Zu diesem Zeitpunkt hat er nicht den Eindruck, dass ihm der Alkoholgenuss große Probleme bereitet. Er fängt an zu studieren, aber da er sich nicht so richtig konzentrieren kann, bricht er das Studium ab und macht eine Lehre als Maurer. Er heiratet mit Anfang 20 und gründet eine Familie. Später kauft er ein altes Haus, das er in seiner Freizeit renoviert. Doch die Tage auf seiner eigenen Baustelle erscheinen ihm lang, denn seine Frau, seine Kinder oder seine Freunde sieht er nur noch sehr selten. Er kann nicht einschlafen, fühlt sich gelangweilt und einsam. Sein Alkoholkonsum wächst stetig weiter. Bald trinkt er schon morgens Bier und mittags Schnaps. Als seine Frau ihn wegen seines Alkoholproblems anspricht, beschwichtigt er sie und ändert nichts. Auch sein Chef spricht ihn an und droht mit der Kündigung. Frank wird alles gleichgültig, er nimmt die Kündigung hin. Seine Frau zieht aus. Das schmerzt ihn sehr und er beginnt nachzudenken. Bei einem täglichen Konsum von mindestens sieben Flaschen Bier und einer Flasche Schnaps wird ihm selbst langsam klar, dass er Hilfe braucht. Erst nach vielen Klinikaufenthalten kann er sich seine Sucht eingestehen und bei der Behandlung mitmachen. Für ihn ist es vor allem wichtig zu lernen, mit seiner hohen Empfindsamkeit und Reizwahrnehmung besser umzugehen.

Wenn Sie selbst betroffen sind

Nicht jeder Mensch ist anfällig für Abhängigkeiten. Es gibt wohl eine genetische Prädisposition, aber es kommen biografische, soziale, kulturelle und situative Faktoren hinzu. Häufig stecken hinter dem Suchtverhalten emotionale Ursachen, die nicht aktiv bewältigt werden können. Auch dafür kann es viele Gründe geben. Denen müssen Sie versuchen, auf den Grund zu gehen. Viele wissen außerdem nicht, dass übermäßiger Substanzkonsum psychologisch wie ein Suizid auf Raten verstanden wird. Sich selbst zerstören zu wollen, ist häufig das unbewusste Ziel einer Sucht. Die betroffene Person fühlt sich unwert und unattraktiv für andere, überflüssig und als Anhängsel, einsam und allein auf dieser Welt. Diese Gefühle sind ein Nährboden für die Entwicklung einer Sucht. Schlaf- und Aufputschmittel werden genommen, wenn ein Mensch sich überfordert oder in einer angespannten Situation fühlt und dieses Gefühl nicht beherrschen oder bewältigen kann. Zunächst benötigen die Betroffenen Schlafmittel, um entspannen und einschlafen zu können, und am nächsten Morgen brauchen sie Aufputschmittel, um wach zu werden.

Es gibt viel mehr Menschen, als man denkt, die unter einem Alkohol-, Tabletten- oder Kokainproblem leiden. Wer in einer derartigen Abhängigkeit steckt, mag sie sich oft nicht eingestehen und leugnet sie. Dass eine Person Druck und Stress nicht aushalten kann, wird als Schwäche angesehen. Man muss durchhalten, stark sein, sich durchbeißen, nur dann gilt man als produktiv und leistungsfähig. Dass dieser Druck aber mit der Gesellschaft zu tun hat oder sie ihm zu lange ausgesetzt waren, bedenken viele Betroffene nicht. Sie wollen vor allem sehr gut performen, um sich und andere zu beeindrucken. Das geht allerdings auf Kosten ihrer Gesundheit oder sogar ihres Lebens. Also versuchen Sie bitte, sich helfen zu lassen. Suchtprobleme entstehen nur, wenn eine genetische Veranlagung vorhanden ist, und es ist keine Schande, sich einzugestehen, dass man allein nicht aus der Sucht herausfindet.

Wenn ein Mitmensch betroffen ist

Nicht immer, aber häufig haben Süchtige in ihrem nahen Umfeld (Partner, Geschwister, Eltern) Co-Abhängige, die unbewusst die Sucht der Abhängigen fördern. Abhängiger und Co-Abhängiger sind in einem Beziehungsmuster verstrickt, das beiden nützt. Der Co-Abhängige kann ein Helfersyndrom haben oder erlaubt es, dass sich sein Leben nur noch um den Anderen dreht. Dadurch vermeidet er, sein eigenes Leben mit seinen eignen Konflikten und Widrigkeiten zu leben und kann sich an der sozialen Anerkennung für seinen Einsatz freuen.

Das Thema Sucht und Abhängigkeit ist so komplex, dass ich es auf wenigen Seiten nicht vollständig darstellen kann. Jede Art der Sucht hat ihre eigenen Krankheitsverläufe, bestimmte Ursachen und spezifische Heilmethoden. Falls Sie betroffen sind, suchen Sie sich Hilfe! Jeder Körper hält nur ein begrenztes Maß an Substanzmissbrauch aus, darüber hinaus werden wesentliche Teile des Gehirns und des Köpers unwiederbringlich zerstört.

Hier finden Sie Hilfe:

- www.bundesdrogenbeauftragter.de/service/beratungsangebote/
- Einrichtungen der Suchthilfe finden Sie hier: www.suchthilfeverzeichnis.de
- Sucht & Drogen Hotline: Telefonnummer 01806 31303 für Menschen mit Suchtproblemen und deren Angehörige, Freunde oder Kollegen
- www.anonyme-alkoholiker.de

Schlusswort

Mit dem »Schlüssel zur emotionalen Freiheit« gebe ich Ihnen ein Buch an die Hand, das Sie auf dem Weg zur besseren emotionalen Selbstkontrolle begleiten soll. Es ist tatsächlich eine Kunst, sich frei zu entfalten und die schwierigen negativen Gefühle zu integrieren. Wir können unsere Monster, also unsere negativen Gefühlsmuster, kennen- und verstehen lernen, sie dadurch einhegen, kleiner und weniger bedrohlich machen. Sie werden dann ein beherrschbarer Teil von uns. So wird ihr guter Kern sichtbar, der immer auch mit Selbstschutz zu tun hat. Das Ziel soll nicht sein, die Monster zur Strecke zu bringen, denn sie sind Teil unserer Lebensgeschichte. Sie helfen uns dabei, unter schwierigen emotionalen Bedingungen zu überleben, und bilden dabei besondere Stärken in uns aus. Das Ziel soll sein, sich mit ihnen anzufreunden, ihre freundliche Seite zu entdecken und dadurch negative Erfahrungen aushalten zu können, ohne dem Monster die Führung zu überlassen.

Das Buch ist eine Tour de Force durch unangenehme Emotionen. Es ist übrigens genauso schwer, über negative Gefühle zu schreiben, wie über sie zu reden. Aber nachdem ich mich einmal überwunden hatte, war es eine große Erleichterung für mich. Der Meinung waren auch Carl Gustav Jung und Sigmund Freud, als sie die Psychoanalyse als Rede-Kur oder auch »talking cure« konzipierten. Es tut gut, einige dunkle Ecken auszukehren, den Kamin immer mal wieder zu fegen – das nennt man »chimney sweeping« –, denn Staub und irgendwelches Viehzeug fangen sich doch immer wieder in nicht ganz perfekt geputzten Ecken. Es ist ein gutes Gefühl, in uns und in unserem Leben etwas aufzuräumen. Sie können stolz darauf sein, die ersten Schritte dahin unternommen zu haben. Viele Menschen trauen sich leider nicht, sie bleiben lieber in ihrem Elend und ihrer Traurigkeit sitzen. Angst und Unwissenheit halten sie zurück – dabei ist es doch eine wichtige Lebensaufgabe, sich selbst zu verstehen, die Last der Vergangenheit abzustreifen und emotionale Gefängnisse und Monster hinter sich zu lassen. Oft steht die Tür des Gefängnisses in die emotionale Freiheit schon offen und wir merken es nicht, weil wir verlernt haben, uns als aktive, lebensgestaltende Menschen zu erleben.

Selbsterkenntnis ist nicht immer einfach und so manche dunkle Stunde wird auf Sie warten – aber ich weiß aus eigener Erfahrung und aus vielen Beobachtungen, dass nach dem Dunkel das rettende Licht kommt. In alten Mythen und Märchen wird von Heldenreisen gesprochen: Ein tapferer Held muss eine ganze Reihe von schweren Prüfungen bestehen, die ihn verzweifeln lassen und ihm Angst einflößen, bevor er endlich König wird oder die Prinzessin heiraten darf. König werden heißt symbolisch, frei über sich und seine Gefühlswelt herrschen zu können, zu seinem eigenen inneren Kern gefunden zu haben. Die Prinzessin zu heiraten, steht für die Verbindung mit der weiblichen, emotionalen Seite. Ob König oder Königin, Prinz oder Prinzessin, die Geschlechter sind hier nicht so wichtig. Es geht vor allem darum, das jeweils Andere in sich zu entdecken, sich mit ihm zu verbinden, sich von alten Lasten, Kobolden und Monstern zu befreien, um ein ganzer, sich als vollständig erlebender Mensch zu werden.

Eine völlig andere Seite der inneren Freiheit wird in philosophischen Traditionen ebenso wie in spirituellen Überlieferungen und Religionen thematisiert. Auch wenn viele von uns sich davon entfernt haben oder in fernöstlichen Traditionen nach Achtsamkeit und innerem Frieden suchen, verspüren wir das tiefe Bedürfnis, die eigene Identität zu entwickeln, etwas Besonderes zu sein und so einen eigenen individuellen Beitrag zum Leben und zur Welt zu leisten. Nur dann empfinden wir unser Leben als sinnvoll. Wir können diesen Sinn nur finden, wenn wir uns auf den Weg zu unserem inneren Selbst machen. Denn nur aus dieser konstruktiven Energie heraus gelingt es uns, für uns selbst und für andere da zu sein, zu lieben und uns mit ihnen zu verbinden.

Nicht nur Therapeuten oder Coaches können dabei helfen. Sie müssen auch keine Psychoanalyse machen – ein sinnvolles Leben gelingt auch ohne. Aber gute Freunde und Partner spielen eine wichtige Rolle in einem solchen Prozess. Manche Freundschaften werden sich auf dem Weg zu mehr innerer Freiheit als weniger wichtig herausstellen, vielleicht werden Sie einige gar abbrechen. Aber es kommen neue hinzu, die besser zu Ihnen passen. Haben Sie Mut, vertrauen Sie sich und dem Leben. Alles können Sie nicht gestalten, das Schicksal redet immer ein Wort mit. Aber Sie können einen wesentlichen Beitrag dazu leisten, dass Ihr Leben gelingt, indem Sie sich öffnen und immer weiter lernen, was es heißt, Sie selbst zu sein.

Dank

Ein Buch schreibt man nie ganz allein. Es gibt viele Menschen, die daran direkt und indirekt beteiligt sind. Dazu gehört die Fülle an großen Vordenkern und Theoretikern, auf deren Schultern ich stehe und die mein Denken und Fühlen beeinflusst haben: Psychoanalytiker, Psychologen, Philosophen, Neurowissenschaftler, Romanautoren und viele andere mehr. Ein Teil von ihnen hat Eingang in mein Literaturverzeichnis gefunden, manche sind ungenannt und waren dennoch wichtig.

Bedanken möchte ich mich auch bei dem Remote Verlag, mit dem ich das erste Mal zusammengearbeitet habe. Meine Lektorin Heike Maillard war außerordentlich hilfreich und hat geholfen, so manchen unverständlichen oder zu akademischen Satz umzuschreiben und verständlicher zu machen. Das war sicher nicht ganz einfach, aber aus meiner Sicht hat sie es sehr gut gemacht. Meine Projektmanagerin Melanie Krauß, die die Fäden für die Gesamtproduktion in den Händen hielt, war trotz einiger Sonderwünsche immer freundlich und konstruktiv. Es hat Freude gemacht, mit Euch zu arbeiten. Das gilt natürlich auch für alle anderen, von der Illustratorin bis zum Copy-Editor. Habt herzlichen Dank dafür.

Viel Unterstützung finde ich immer bei meinem Partner und meinen Freunden. Dieses Mal möchte ich zwei Freunde besonders hervorheben, Konrad Wenzel und Frank Brand. Sie haben mich mit ihren jeweiligen, sehr verschiedenen Kompetenzen begleitet. Konrad ist ein Experte in kreativen Themen und in Fragen des Designs und der Vermarktung. Ohne Frank wäre dieses Buch vielleicht gar nicht entstanden. Dafür danke ich Euch beiden.

Mein Partner Heiner liest immer als Erster, was ich schreibe. Er hilft mir, den richtigen Tonfall zu finden und das große Ganze nicht aus den Augen zu verlieren. Wenn er etwas kritisiert oder hinterfragt, kann ich sicher sein, dass ich das, was er gefunden hat, noch einmal überdenken sollte. Vielen Dank für Deine liebevolle und unermüdliche Unterstützung!

Über die Autorin

Prof. Dr. Claudia Nagel ist Professorin an der VU Amsterdam. Dort bekleidet sie im Fachbereich Organisationswissenschaften einen Lehrstuhl für Change und Identity. Nachdem sie viele Jahre lang große Beratungsprojekte im Bereich Change und Strategie geleitet hat, konzentriert sie sich nun auf die Begleitung und das Coaching von Führungskräften in der Wirtschaft. Bis 2023 war sie Präsidentin und CEO der »International Society for the Psychoanalytic Study of Organizations (ISPSO)«.

Als Wirtschaftswissenschaftlerin (Dipl.-Kauffrau), Organisationspsychologin (Dr. phil.), und diplomierte Psychoanalytikerin ist Claudia Nagel Expertin für strategisches Management, Führung und Veränderungsprozesse. Sie hält weltweit Vorträge und hat zahlreiche Publikationen zur Psychodynamik von Führung und Strategieentwicklung veröffentlicht.

Im Rahmen ihrer internationalen Coachingaktivitäten kombiniert Claudia Nagel ihre eigenen Führungserfahrungen mit psychodynamischen Konzepten, Psychotherapieerfahrungen sowie Finanz- und Strategie-Know-how. In ihrem Ansatz »High Impact Executive Coaching« verbindet sie die Reflexion der verschiedenen Rollenansprüche an Führungskräfte mit der Idee persönlichen und menschlichen Wachstums. Sie ist davon überzeugt, dass eine gute Führungskraft nur dann außergewöhnlich ist, wenn sie ihre inneren Konflikte bewältigt und aus einer inneren emotionalen Freiheit heraus handelt. Nur so gelingt es, mit Mut, Weitblick und Empathie zu führen und gute Entscheidungen zu fällen. Zu diesen Themen hat sie bereits mehrere Bücher auf Deutsch und Englisch veröffentlicht.

Prof. Dr. Claudia Nagel verfügt über einen ungewöhnlichen beruflichen Erfahrungshintergrund. Sie verbindet Führungserfahrung im globalen Finanzwesen (Investmentbanking) und Beratungskompetenz in den Bereichen Strategieentwicklung, Organisationspsychologie, Psychoanalyse und Psychotherapie mit akademischer Forschung.

Claudia Nagel studierte an der Universität Köln und an der HEC in Paris Betriebswirtschaft mit den Schwerpunkten Finanzen, Einkauf und Produktmanagement, Internationales Management sowie Organisations- und Sozialpsychologie. Sie promovierte mit einem Stipendium der Volkswagen AG zum Dr. phil. in Organisationspsychologie und schloss ihre Ausbildung zur Psychoanalytikerin 2008 mit einem Postgraduierten-Diplom der ISAP (International School of Analytical Psychology) in Zürich ab.

Bevor sie 2005 ein eigenes Unternehmen gründete, bekleidete sie in New York, London und Paris Führungspositionen bei zwei großen Investmentbanken, im akademischen Bereich und in internationalen Beratungsunternehmen. Darüber hinaus ist sie Mitbegründerin eines Start-up-Unternehmens und rief 2015 einen gemeinnützigen Verein für die Opfer des Erdbebens in Nepal ins Leben, den sie auch finanziell unterstützt. Claudia Nagel ist ehrenamtlich in verschiedenen Gremien und Institutionen tätig, u. a. als Kuratoriumsmitglied der Hochschule für Gestaltung in Offenbach, als Handelsrichterin am Hessischen Landgericht und als Mitglied der IHK-Vollversammlung Offenbach.

Im Jahr 2020 wurde Claudia Nagel an der VU (Vrije Universiteit Amsterdam) zur ordentlichen Professorin mit einem

Lehrstuhl für Change und Identity im Fachgebiet Organisationswissenschaften ernannt. Sie lehrt außerdem in verschiedenen Executive-Education- und Master-Programmen. Von 2016 bis 2021 war sie Gastprofessorin für Behavioral Strategy an der Hull University Business School in England.

Seit 2016 ist sie Mitglied des internationalen Beirats des »Organisational and Social Dynamics«-Journals und fungiert gegenwärtig als dessen Herausgeberin. Seit 2023 ist sie auch Herausgeberin einer neuen wissenschaftlichen Buchreihe bei Springer: »The Psycho- and Sociodynamics of Organizations«.

Ihr letztes Buch »Leading with Depth. How Emotions and Relationships impact Leadership« beschäftigt sich mit der Psychodynamik der Führung. Es erforscht auf eine leicht zugängliche Weise, wie Führungskräfte durch ihre Gedanken und Gefühle beeinflusst werden, woher diese Einflüsse stammen und wie sie mit ihnen umgehen können.

Endnotenverzeichnis

[1] Zweite Pythische Ode, übersetzt von Friedrich Hölderlin, in: Friedrich Beißner (Hg.), Friedrich Hölderlin - Sämtliche Werke, Fünfter Band, Kohlhammer, Stuttgart 1974 (Unveränd. Nachdr. der 1. Aufl. 1952). S. 74.

[2] Kant, I. (2003): Kritik der praktischen Vernunft, hg. v. Heiner Klemme, Hamburg, Meiner, KrV, A 805/B 833

[3] Cozolino, L. (2014): The Neuroscience of Human Relationships - Attachment and the Developing Social Brain (2nd edn), W. W. Norton, New York.
Cromwell, H. C., Lowe, L. J. (2022): The Human Affectome project - A dedication to Jaak Panksepp. Neuroscience & Biobehavioral Reviews, 138 (104693).
Damasio, A. R. (1994): Descartes' Error - Emotion, Rationality and the Human Brain, Putnam, New York, S. 352.
Damasio, A. R. (1999): The Feeling of What Happens - Body and Emotion in the Making of Consciousness. Harcourt Brace, New York.
Damasio, A. R. (2010): Self Comes to Mind: Constructing the Conscious Brain, Pantheon/Random House, New York.
Feldman Barrett, L. (2020): Seven and a Half Lessons about the Brain. Picador, Dublin.
Feldman Barrett, L. (2018): How Emotions are made - The Secret Life of the Brain, Penbooks, London.
Grossmann, K., Grossmann, K. E. (2004): Bindungen - Das Gefüge psychischer Sicherheit, Klett-Cotta, Stuttgart.
Holmes, J. (2020): The Brain has a Mind of its Own - Attachment, Neurobiology, and the new Science of Psychotherapy. Confer Books, London.
LeDoux, J. (1998): The Emotional Brain - The Mysterious Underpinnings of Emotional Life, Weidenfeld & Nicolson, London.
Panksepp, J. (1998): Affective Neuroscience - The Foundations of Human and Animal Emotions, Oxford University Press, Oxford.
Panksepp, J. (2006): Emotional endophenotypes in evolutionary psychiatry, Progress in Neuro-Psychopharmacology and Biological Psychiatry, 30/5, 774-784.
Panksepp, J., Biven, L. (2012): The Archeology of Mind - Neuroevolutionary Origins of Human Emotions, W. W. Norton, New York.
Solms, M. (2014): A neuropsychoanalytical approach to the hard problem of consciousness. Journal of Integrative Neuroscience. 13/2, 173-185.

Solms, M. (2013): The Conscious Id. Neuropsychoanalysis, 15/1, 5-19.
Solms, M. (2015): Depression - A neuropsychoanalytic perspective. In: M. Solms (Ed): The Feeling Brain - Selected Papers on Neuropsychoanalysis. Karnac, London, 95-108.
Solms, M (2017): A Practical Introduction to Neuropsychoanalysis - Clinical Implications. NPSA Workshop. Frankfurt am Main 27.-28.5.2017.
Solms, M. (2018): The scientific standing of psychoanalysis. British Journal of Psychiatry International, 15/1, 5–8.

[4] Bowlby, J. (1969): Attachment and Loss - Vol. 1: Attachment, Hogarth Press, London.
Bowlby, J. (1973): Attachment and Loss - Vol. 2: Separation, Anxiety and Anger, Hogarth Press, London.
Bowlby, J. (1980): Attachment and Loss - Vol. 3: Loss, Sadness and Depression, Hogarth Press, London.
Bowlby, J. (1988): Parent-child attachment and healthy human development, Routledge, London.
Bowlby, J. (1988): A Secure Base - Parent–Child Attachment and Healthy Human Development, Basic Books, New York.

[5] Feldman Barrett, L. (2018): How Emotions are made. The Secret Life of the Brain. Penbooks, London.

[6] S. Endnote 5

[7] S. Endnote 5

[8] Damasio, A. R. (1999): The Feeling of What Happens - Body and Emotion in the Making of Consciousness. Harcourt Brace, New York.

[9] Danziger S., Levav J., Avnaim-Pesso L. (2011): Extraneous factors in judicial decisions, Proceedings of the National Academy of Sciences, 108/17, 6889–6892.

[10] S. Endnote 5

[11] Goleman, D. (1995): Emotional Intelligence - Why It Can Matter More Than IQ, Bantam, New York.

[12] S. Endnote 5

[13] S. Endnote 5

[14] S. Endnote 5

[15] Rosenberg, M.B. (2003): Gewaltfreie Kommunikation - Aufrichtig und einfühlsam miteinander sprechen - Neue Wege in der Mediation und im Umgang mit Konflikten, Junferman, Paderborn.

[16] Seligman, M. E. P., Csikszentmihalyi, M. (2000): Positive Psychology - An Introduction, American Psychologist, 55/1, 5-14.

[17] Seligman, M. (2011): Flourish - Wie Menschen aufblühen - Die positive Psychologie des gelingenden Lebens, Kösel, München.

[18] Oishi, S., Kurtz, J. L. (2011): The positive psychology of positive emotions - An avuncular view - Sheldon, K. M., Kashdan, T. B., Steger, M. F. (Hrsg.): Designing positive psychology - Taking stock and moving forward, Oxford University Press, Oxford, 101-114.

[19] Fredrickson, B. L., Cohn, M. A. (2008): Positive emotions - Lewis, M., Haviland-Jones, J. M., Barrett, L. F. (Hrsg.): Handbook of emotions, 3. Auflage, 777-796.

[20] S. Endnote 17

[21] S. Endnote 18

[22] Fredrickson B. L. (1998): What good are positive emotions? Review of General Psycholoy, 2/3, 300-319.

[23] Roth, L. H. O., Laireiter, A. R. (2021): Factor Structure of the "Top Ten" Positive Emotions of Barbara Fredrickson, Frontiers in Psychology, 12/2021.

[24] Fredrickson, B. L. (2013): Positive emotions broaden and build, Advances in experimental social psychology. Academic Press. 47, 1-53.

[25] Nagel, C. (2024): Leading with Depth - The Impact of Emotions and Relationships on Leadership, Phoenix, Bicester.

[26] Nussbaum, M. (2018): The Monarchy of Fear: A Philosopher Looks at Our Political Crisis. New York: Simon & Schuster.

[27] S. Endnote 26

[28] S. Endnote 18

[29] Panksepp, J., Biven, L. (2012): The Archeology of Mind - Neuroevolutionary Origins of Human Emotions. W. W. Norton, New York.

[30] Hall, B (2016): Surprise, Surprise: ‚Passive Aggression' coined by US Military. https://military.id.me/news/passive-aggression-military/ last accessed 7.4.2024

[31] Sachse, R., Sachse, M. (2017): Klärungsorientierte Psychotherapie der schizoiden, passiv-aggressiven und paranoiden Persönlichkeitsstörung - Vol. 8, Hogrefe, Göttingen.

[32] Bodenmann, G. (2023): Streitet euch - Wie Konflikte Paare und ihre Kinder stärken, Patmos, Ostfildern.
Bodenmann, G. (2012): Verhaltenstherapie mit Paaren - Ein bewältigungsorientierter Ansatz, Hogrefe, Göttingen.

[33] Cohen, J. (2022): How to Live. What to Do: In Search of Ourselves in Life and Literature, Ebury, London.

[34] Bianchi, R. Schonfeld, I. S., Verkuilen, J. (2020): A fivesample confirmatory factor analytic study of burnout-depression overlap, Journal of Clinical Psychology, 76/4, 801-821.
Niconchuk, J. Hyman, S.A. (2020): Physician Burnout, Current Anesthesiology Reports, 10, 227-232.
Bokenberger, K., Pedersen, N. L., Gatz, M., Dahl, A. K. (2014): The Type A behavior pattern and cardiovascular disease as predictors of dementia, Health Psychology, 33/12, 1593.

[35] Tyra, A.T., Brindle, R.C., Hughes, B.M., Gibty, A.T. (2020): Cynical hostility relates to a lack of habituation of the cardiovascular response to repeated acute stress. Psychophysiology, 57/12, e13681.
Frumer, D. S., Fishman, Y., Gothelf, D. (2019): Cynicism - A commonly used concept with relevance to mental health. Israel Journal of Psychiatry, 56/3, 3-10.
Kriegbaum, M., Lund, R., Schmidt, L., Rod, N. H., & Christensen, U. (2019):

The joint effect of unemployment and cynical hostility on all-cause mortality - results from a prospective cohort study, BMC Public Health, 19/1, 1-8.

[36] Männer (1984) Songtext: Writers: Herbert Gronemeyer, Daniel Finke, Adulis Ghebreyesus, Goekhan Gueler, Tim Mundinger Lyrics powered by www.musixmatch.com, Album Unplugged, https://www.musixmatch.com/de/album/Herbert-Grönemeyer/Unplugged und Track 2 Album Herbert Grönemeyer, 4630 Bochum

[37] Gilbert, D.T. (2008): Ins Glück stolpern - Suche Dein Glück nicht, dann findet es Dich von selbst. Goldmann, München, S. 41.

[38] Ende, M. (2004/1963): Jim Knopf und Lukas der Lokomotivführer. 21. Auflg, Thienemann Verlag.

[39] Nussbaum, M. C. (2018): The Monarchy of Fear - A Philosopher Looks at Our Political Crisis, Simon & Schuster, New York.

[40] Winnicott, D. W. (2023): Babies und ihre Mütter, Psychosozial-Verlag, Giessen.

[41] Gottman, John M. (1993): A theory of marital dissolution and stability. Journal of Family Psychology. 7/1, 57-75.

[42] Freud, S. (1914): Zur Einführung des Narzissmus, Vol. 4, Internat. Psychoanalyt. Verlag, o.O.

[43] Ogger, G. (1992): Nieten in Nadelstreifen - Deutschlands Manager im Zwielicht. Droemer Knauer, o.O.

[44] Ovid, Metarmophosen, Liber III, Verse 3.339-510

[45] S. Endnote 37

[46] S. Endnote 37

[47] Meyer, J.U. (2011): Das Edison-Prinzip. Was die Lehre vom erfolgreichsten Erfinder aller Zeiten lernen kann. In Koop, C., Steenbuck, O. [Hrsg.]: Kreativität: Zufall oder harte Arbeit? Frankfurt, M.: Karg-Stiftung 2011, S. 41-44. - (Karg-Hefte. Beiträge zur Begabtenförderung und Begabungsforschung; 2)

[48] Lütkehaus, L. (2005): Dieses wahre innere Afrika - Texte zur Entdeckung des Unbewussten vor Freud. Psychosozial, Giessen.

[49] Otabe, T. (2013): Das Unbewusste im letzten Viertel des 18. Jhds aus ästhetischer Sicht, Journal of the Faculty of Letters, The University of Tokyo, Aesthetics, Vol 38, 59-70.

[50] Lipps, T. (1896): Das Unbewusste in der Psychologie. Vortrag auf dem III. internationalen Congress für Psychologie in München. J.F. Lehmann, München.

[51] Whyte, L. L. (1978): The Unconscious before Freud. F. Pinter, o.O.

[52] MacIntyre, A.C. (1969): The Unconscious - A Conceptual Study, Routledge, London.

[53] Kets de Vries, M. F. R. (2004): Organizations on the couch - A clinical perspective on organizational dynamics. European Management Journal, 22/2, 183-200.

[54] Shapiro, E. R. (2019): Finding a Place to Stand - Developing Self-Reflective Institutions, Leaders and Citizens, Phoenix, Bicester.

[55] https://www.nzz.ch/schweiz/empfehlungen/margrit-wollte-nicht-sterben-bestsellerautor-martin-suter-ueber-den-tod-seiner-frau-ld.1764205, 23.2.2024.

[56] Freud, A. (1936/2003): Das Ich und die Abwehrmechanismen, 18. Ausgabe, Fischer, Frankfurt.
Mentzos, S. (2009): Lehrbuch der Psychodynamik - Die Funktion der Dysfunktionalität psychischer Störungen, Vandenhoeck u Ruprecht, Göttingen.

[57] Gilligan, C. (1982): In a Different Voice - Psychological Theory and Women's Development, Harvard University Press, Cambridge, MA.

[58] Anzenbacher, A. (2001): Einführung in die Ethik. Patmos, Ostfildern.

[59] Tangney, J. P., Dearing, R. L. (2003): Shame and guilt. Guilford press, New York.

[60] Erikson, E. H. (1950): Childhood and Society, W. W. Norton, New York.

Erikson, E. H. (1968): Identity - Youth and Crisis, W. W. Norton, New York.

[61] Kohut, H. (1973): Narzissmus. Suhrkamp, Frankfurt am Main

[62] Kohut, H. (1966): Forms and transformations of narcissism, Journal of the American Psychoanalytic Association, 14/2, 243-272.

[63] Bion, W.R. (1970): Attention and Interpretation - A Scientific Approach to Insight in Psycho-Analysis and Groups, Routledge, London.
Winnicott, D. W. (1960). The theory of the parent-infant-relationship, International Journal of Psychoanalyis, 41, 585-595.

[64] Kierkegaard, S. (1923): Tagebücher 1834-1855, Die Tagebücher. Deutsch von Theodor Haecker. Brenner-Verlag 1923, S. 203

[65] Rainer-Maria Rilke, Archaïscher Torso Apollos.
Sloterdijk, P. (2010): Du mußt dein Leben ändern - Über Anthropotechnik, Suhrkamp, Frankfurt.

[66] Stein, M. (2005): The Othello conundrum - The inner contagion of leadership, Organization Studies, 26/9, 1405-1419.

[67] Haushofer, M. (2014): Die Wand. List
Melle, T. (2018): Die Welt im Rücken, Rowohlt, Berlin
Raether, T. (2021): Sind das schon Depressionen oder ist das noch Leben? Rowohlt, Hamburg
Stuckmann-Rade, B. (2016): Panikherz, Kiepenheuer & Witsch, Köln.

[68] Möller, H.-J., Laux, G. & Deister, A. (2009): Psychiatrie und Psychotherapie. 3. Auflage, Thieme, Stuttgart.

[69] https://www.seelischegesundheit.net/depressionen/, 24.2.2024

[70] Johnstone, M. (2013): Mein schwarzer Hund - Wie ich meine Depression an die Leine legte, Antje Kunstmann, München.

[71] Freudenberger, H. J. (1974): Staff burn-out. Journal of social issues, 30/1, 159-165.

[72] Ponocy-Seliger, E., Winkler, R. (2014): 12-Phasen-Burnout-Screening, ASU Arbeitsmed Sozialmed Umweltmed, 49, 927-935, o. S.

[73] https://www.seelischegesundheit.net/suchterkrankungen/, 24.2.2024

[74] S. Endnote 69

Quellenverzeichnis

Bianchi, R. Schonfeld, I. S., Verkuilen, J. (2020): A fivesample confirmatory factor analytic study of burnoutdepression overlap, Journal of Clinical Psychology, 76/4, 801-821.

Bion, W.R. (1970): Attention and Interpretation - A scientific Approach to Insight in Psycho-Analysis and Groups, Routledge, London.

Bodenmann, G. (2012): Verhaltenstherapie mit Paaren - Ein bewältigungsorientierter Ansatz, Hogrefe, Göttingen.

Bodenmann, G. (2023): Streitet euch - Wie Konflikte Paare und ihre Kinder stärken, Patmos, Ostfildern.

Bokenberger, K., Pedersen, N. L., Gatz, M., Dahl, A. K. (2014): The Type A behavior pattern and cardiovascular disease as predictors of dementia, Health psychology, 33/12, 1593.

Bowlby, J. (1969): Attachment and Loss - Vol. 1: Attachment, Hogarth Press, London.

Bowlby, J. (1973): Attachment and Loss - Vol. 2: Separation, Anxiety and Anger, Hogarth Press, London.

Bowlby, J. (1980): Attachment and Loss - Vol. 3: Loss, Sadness and Depression, Hogarth Press, London.

Bowlby, J. (1988): A Secure Base - Parent–Child Attachment and Healthy Human Development, Basic Books, New York.

Bowlby, J. (1988): Parent-Child Attachment and Healthy Human Development, Routledge, London.

Cohen, J. (2022): How to live and what to do - In search of ourselves in life and literature, Ebury, London.

Cozolino, L. (2014): The Neuroscience of Human Relationships - Attachment and the Developing Social Brain (2nd edn), W. W. Norton, New York.

Cromwell, H. C., Lowe, L. J. (2022): The Human Affectome project - A dedication to Jaak Panksepp. Neuroscience & Biobehavioral Reviews, 138 (104693).

Damasio, A. R. (1994): Descartes' Error - Emotion, Rationality and the Human Brain, Putnam, New York, S. 352.

Damasio, A. R. (1999): The Feeling of What Happens - Body and Emotion in the Making of Consciousness. Harcourt Brace, New York.

Damasio, A. R. (2010): Self Comes to Mind: Constructing the Conscious Brain, Pantheon/Random House, New York.

Danziger S., Levav J., Avnaim-Pesso L. (2011): Extraneous factors in judicial decisions, Proceedings of the National Academy of Sciences, 108/17, 6889-6892.

Erikson, E. H. (1950): Childhood and Society, W. W. Norton, New York.

Erikson, E. H. (1968): Identity - Youth and Crisis, W. W. Norton, New York.

Fredrickson B. L. (1998): What good are positive emotions? Review of General Psycholoy, 2/3, 300-319.

Feldman Barrett, L. (2018): How Emotions are made - The Secret Life of the Brain, Penbooks, London.

Feldman Barrett, L. (2020): Seven and a Half Lessons about the Brain. Picador, Dublin.

Fredrickson, B. L. (2013): Positive emotions broaden and build, Advances in experimental social psychology. Academic Press. 47, 1-53.

Fredrickson, B. L., Cohn, M. A. (2008): Positive emotions - Lewis, M., Haviland-Jones, J. M., Barrett, L. F. (Hrsg.): Handbook of emotions, 3. Auflage, 777–796.

Freud, A. (1936/2003): Das Ich und die Abwehrmechanismen, 18. Ausgabe, Fischer, Frankfurt.

Freud, S. (1914): Zur Einführung des Narzissmus, Vol. 4, Internat. Psychoanalyt. Verlag, o.O.

Freudenberger, H. J. (1974): Staff burn-out. Journal of Social Issues, 30/1, 159-165.

Frumer, D. S., Fishman, Y., Gothelf, D. (2019): Cynicism - A commonly used concept with relevance to mental health. Israel Journal of Psychiatry, 56/3, 3-10.

Gilbert, D.T (2008): Ins Glück stolpern - Suche Dein Glück nicht, dann findet es Dich von selbst. Goldmann, München, S. 41.

Gilligan, C. (1982): In a Different Voice - Psychological Theory and Women's Development, Harvard University Press, Cambridge, MA.

Goleman, D. (1995): Emotional Intelligence - Why It Can Matter More Than IQ, Bantam, New York.

Grossmann, K., Grossmann, K. E. (2004): Bindungen - Das Gefüge psychischer Sicherheit, Klett-Cotta, Stuttgart.

Haushofer, M. (2014): Die Wand. List

Holmes, J. (2020): The Brain has a Mind of its Own - Attachment, Neurobiology, and the new Science of Psychotherapy. Confer Books, London.

https://www.nzz.ch/schweiz/empfehlungen/margrit-wollte-nicht-sterben-bestsellerautor-martin-suter-ueber-den-tod-seiner-frau-ld.1764205, 23.2.2024.

https://www.seelischegesundheit.net/depressionen/, 24.2.2024

https://www.seelischegesundheit.net/suchterkrankungen/, 24.2.2024

Johnstone, M. (2013): Mein schwarzer Hund - Wie ich meine Depression an die Leine legte, Antje Kunstmann, München.

Kets de Vries, M. F. R. (2004): Organizations on the couch - A clinical perspective on organizational dynamics. European Management Journal, 22/2, 183-200.

Kohut, H. (1966): Forms and transformations of narcissism, Journal of the American Psychoanalytic Association, 14/2, 243-272.

Kohut, H. (1973): Narzissmus. Suhrkamp: Frankfurt am Main

Kriegbaum, M., Lund, R., Schmidt, L., Rod, N. H., & Christensen, U. (2019): The joint effect of unemployment and cynical hostility on all-cause mortality - results from a prospective cohort study, BMC Public Health, 19/1, 1-8.

LeDoux, J. (1998): The Emotional Brain - The Mysterious Underpinnings of Emotional Life, Weidenfeld & Nicolson, London.

Lütkehaus, L. (2005): Dieses wahre innere Afrika - Texte zur Entdeckung des Unbewussten vor Freud. Psychosozial, Giessen.

MacIntyre, A.C. (1969): The Unconscious - A Conceptual Study, Routledge, London.

Melle, T. (2018): Die Welt im Rücken, Rowohlt, Berlin

Mentzos, S. (2009): Lehrbuch der Psychodynamik - Die Funktion der Dysfunktionalität psychischer Störungen, Vandenhoeck u Ruprecht, Göttingen.

Möller, H.-J., Laux, G. & Deister, A. (2009): Psychiatrie und Psychotherapie. 3. Auflage, Thieme, Stuttgart.

Nagel, C. (2024): Leading with Depth - The Impact of Emotions and Relationships, Phoenix, Bicester.

Niconchuk, J. Hyman, S.A. (2020): Physician Burnout, Current Anesthesiology Reports, 10, 227–232.

Nussbaum, M. C. (2018): The Monarchy of Fear - A Philosopher Looks at Our Political Crisis, Simon & Schuster, New York.

Ogger, G. (1992): Nieten in Nadelstreifen - Deutschlands Manager im Zwielicht. Droemer Knauer, o.O.

Oishi, S., Kurtz, J. L. (2011): The positive psychology of positive emotions - An avuncular view - Sheldon, K. M., Kashdan, T. B., Steger, M. F. (Hrsg.): Designing positive psychology - Taking stock and moving forward, Oxford University Press, Oxford, 101-114.

Otabe, T. (2013): Das Unbewusste im letzten Viertel des 18. Jhds aus ästhetischer Sicht, Journal of the Faculty of Letters, The University of Tokyo, Aesthetics, Vol 38, 59-70.

Otermin Cristeta, S. (2018): Prokrastination: Entwicklung und Evaluation einer Intervention - Doktorarbeit, Universität Tübingen.

Panksepp, J. (1998): Affective Neuroscience - The Foundations of Human and Animal Emotions, Oxford University Press, Oxford.

Panksepp, J. (2006): Emotional endophenotypes in evolutionary psychiatry, Progress in Neuro-Psychopharmacology and Biological Psychiatry, 30/5, 774-784.

Panksepp, J., Biven, L. (2012): The Archeology of Mind - Neuroevolutionary Origins of Human Emotions. W. W. Norton, New York.

Ponocy-Seliger, E., Winkler, R. (2014): 12-Phasen-Burnout-Screening, ASU Arbeitsmed Sozialmed Umweltmed, 49, 927-935

Raether, T. (2021): Sind das schon Depressionen oder ist das noch Leben? Rowohlt, Hamburg

Rainer-Maria Rilke, Archaïscher Torso Apollos.

Rosenberg, M.B. (2003): Gewaltfreie Kommunikation - Aufrichtig und einfühlsam miteinander sprechen - Neue Wege in der Mediation und im Umgang mit Konflikten, Junferman, Paderborn.

Roth, L. H. O., Laireiter, A.-R. (2021): Factor Structure of the "Top Ten" Positive Emotions of Barbara Fredrickson, Frontiers in Psychology, 12/2021.

Sachse, R., Sachse, M. (2017): Klärungsorientierte Psychotherapie der schizoiden, passiv-aggressiven und paranoiden Persönlichkeitsstörung - Vol. 8, Hogrefe, Göttingen.

Seligman, M. (2011): Flourish - Wie Menschen aufblühen - Die positive Psychologie des gelingenden Lebens, Kösel, München.

Seligman, M. E. P., Csikszentmihalyi, M. (2000): Positive Psychology - An Introduction,

Shapiro, E. R. (2019): Finding a Place to Stand - Developing Self-Reflective Institutions, Leaders and Citizens, Phoenix, Bicester.

Sloterdijk, P. (2010): Du mußt dein Leben ändern - Über Anthropotechnik, Suhrkamp, Frankfurt.

Solms, M. (2013): The Conscious Id. Neuropsychoanalysis, 15/1, 5-19.

Solms, M. (2014): A neuropsychoanalytical approach to the hard problem of consciousness. Journal of Integrative Neuroscience. 13/2, 173-185.

Solms, M. (2015): Depression - A neuropsychoanalytic perspective. In: M. Solms (Ed): The Feeling Brain - Selected Papers on Neuropsychoanalysis. Karnac, London, 95-108.

Solms, M (2017): A Practical Introduction to Neuropsychoanalysis - Clinical Implications. NPSA Workshop. Frankfurt am Main 27.-28.5.2017.

Solms, M. (2018): The scientific standing of psychoanalysis. British Journal of Psychiatry International, 15/1, 5–8.

Stein, M. (2005): The Othello conundrum - The inner contagion of leadership, Organization Studies, 26/9, 1405-1419.

Stuckmann-Rade, B. (2016): Panikherz, Kiepenheuer & Witsch, Köln.

Tangney, J. P., Dearing, R. L. (2003): Shame and Guilt. Guilford press, New York.

Tyra, A.T., Brindle, R.C., Hughes, B.M., Gibty, A.T. (2020): Cynical hostility relates to a lack of habituation of the cardiovascular response to repeated acute stress. Psychophysiology, 57/12, e13681.

Whyte, L. L. (1978): The Unconscious before Freud. F. Pinter, o.O.

Winnicott, D. W. (2023): Babies und ihre Mütter, Psychosozial-Verlag, Giessen.

Winnicott, D. W. (1960): The theory of the parent-infant-relationship, International Journal of Psychoanalyis, 41, 585-595.

Abbildungsverzeichnis